方 勇 著

核心素养视阈下的
中学历史教学设计

上海大学出版社
·上海·

图书在版编目(CIP)数据

核心素养视阈下的中学历史教学设计 / 方勇著. —
上海：上海大学出版社,2019.8(2023.9重印)
ISBN 978-7-5671-3655-7

Ⅰ.①核… Ⅱ.①方… Ⅲ.①中学历史课—教学设计
Ⅳ.①G633.512

中国版本图书馆 CIP 数据核字(2019)第 148882 号

责任编辑　傅玉芳
封面设计　柯国富
技术编辑　金　鑫　钱宇坤

核心素养视阈下的中学历史教学设计
方　勇　著
上海大学出版社出版发行
(上海市上大路 99 号　邮政编码 200444)
(http://www.shupress.cn　发行热线 021-66135112)
出版人　戴骏豪

*

南京展望文化发展有限公司排版
江阴市机关印刷服务有限公司印刷　各地新华书店经销
开本 710mm×1000mm　1/16　印张 16.5　字数 270 千
2019 年 8 月第 1 版　2023 年 9 月第 3 次印刷
ISBN 978-7-5671-3655-7/G·3018　　定价　50.00 元

序 | Preface

这本书,书名叫作《核心素养视阈下的中学历史教学设计》,是一本从时代要求出发,结合实践与理论,运用分解与分析方法,论述中学历史教学观念、原则、要求及设计策略,给基层历史教师以教益与启迪的读本。

当下,关于核心素养概念的提出和其对于核心素养内容及表述的界定,与我们今天所生存的社会、所依托的时代需求密不可分。这个话题,说过的人不少,本书中也有相应的引证与说明,教育总是由时代的大环境所造就,这想来也是共识,无须赘言。去岁年初,教育部颁布的《普通高中历史课程标准(2017年版)》,将学科核心素养界定为"学科育人价值的集中体现,是学生通过学科学习而逐步形成的正确价值观念、必备品格和关键能力"[①]。尽管"价值观念""必备品格"和"关键能力"的指称在概念上或有交叉,但大的方向还是一目了然的。从某种意义上讲,这大概也是在中华人民共和国历史上第一次以政府文件的形式,对基础教育及学科育人的归宿点提出这样的说法,即从基础教育所立足的终身学习和发展的长远目标出发,认定学科的关键能力、价值观念和必备品格是素养的"核心",其较之狭义的知识更具价值,但也并不因此而否定知识,包括狭义的知识在能力形成、观念确立、品格健全中的地位与作用——这从包括历史在内的各门"课程标准"中对于"课程内容"的规定及说明就可看得明白。基于此,本书在谈论中学历史教学设计,尤其在呈现教学设计的案例时,少有空谈的意味,能做到立足学科知识、基于历史史实论说能力、方法、策略等,使学科核心素养的践行有了具体的依托,这可以说是本书的第一个特点。

在对核心素养作出概念界定的基础上,《普通高中历史课程标准(2017年

[①] 中华人民共和国教育部:《普通高中历史课程标准(2017年版)》,人民教育出版社2018年版,第4页。

版)》进一步提出唯物史观、时空观念、史料实证、历史解释、家国情怀为中学历史学科的核心素养。鉴于上位概念界定可能存在的交叉,采用对应方式确定的这五大核心素养自然不是并列关系。应该说,唯物史观为价值观念,属"统领",体现主流意识形态,又兼具世界观和方法论的导向指引;时空观念、史料实证、历史解释均指向史学思想方法,是为学科关键能力(其实"时空观念"具有历史主义的本质特征,在某种程度上也是史料实证,尤其是历史解释的基本原则,将其归之"关键能力"并不是最妥当,好在时空"观念"的形成,就中学历史教学而言,有一个从"技能"到"能力"再到"观念"的过程,绝大多数情况下,时空"技能"与"能力"的要求显得更日常化些);家国情怀是导出口,即之前四项素养的达成最终均是为了践行、达成这样的必备品格。本书作者对这五大核心素养之间的关系比较敏感,因而同样认真梳理了它们的内在逻辑关系,而且意识到采用对应式的分类方法确定本书一级目录,读者或有陷入割裂其内在逻辑误区的可能,所以在具体的行文、包括案例的分析说明中不忘时时提醒,即如何整体而不是单一、机械地在教学实践中审视及运用,以求达成核心素养的本质要求。由观念而实践,知足知不足,这可以说是本书的第二个特点。

  由教育部通过"课程标准"的形式颁布学科的核心素养,意在表明核心素养终究不是供人有口无心诵读的"经文",也不是可以望文生义、穿凿附会的"说辞",任何对学科核心素养"贴膏药""万金油"式的诠释均是无意义的,甚至是庸俗化的。同样道理,历史学科的这五大核心素养在教学实践中的落实,必须对其作出大家普遍认可的目标化分解,方有获得实效的可能。这种分解,包括对素养内涵及其具体指向的分类、作为目标层面循序渐进实施的分层、针对可依托的具体知识内容载体的分配等。目标的分类、分层和分配需要一定的课程教学理论作支撑,更需要对以往各主要阶段中学历史教材教法理论及经验的熟稔。本书在叙写历史学科核心素养的认识及其教学实践时,能够依托如上理论,又重视其与实践的有机结合,经验与创新的彼此观照,不只是具有对核心素养作出分类、分层、分配的目标分解意识,更有在教学观念及践行运用中追求继承与发展的企图,因而也就更加贴合基层教学不同层面、不同层次的实际需求,这应当是本书的第三个特点。

  这本书的对象感以及由这种受众意识所造就的风格,可以用"视角下倾"来概括。作者曾不止一次地和我说起想编撰一本针对"一线历史教师最为关心和迫切需要解决(的问题)"的书,想编一本"立足区级研训,既有时代追求,又可总结、辐射历年经验,多少给人借鉴"的小册子。本书作者所在的单位是区级教育学院,在区域教育发展和教师专业发展中,承担着师德引领、专业传承、教改创新的艰巨使命,是区域教育发展的"现代化立交桥",发挥着"连通"和"转化"功能,研究、指导、服务是其工作的三大基本定位。这种定位,从某种程度上决定了其问题导向、需求导向的行动研究思路,也决定了文本研究与田野研究的结合会成为其最主要的研究方式。由此,每一个对近30年上海市中学历史课程教材改革、对徐汇区中学历史课改实践较为熟悉的教师,都不难从这本书中看到"彰显史学思想方法""把握课程内容主旨""完善历史学习方式"的改革诉求,找到曾经听过的公开课和口耳相传的经典教学示例,回味似曾相识的教学困境和攻坚克难的心路历程,投射下类似乃至相同的追寻足迹与谦和身影。因此,这本书可以说是连通了历史与现实、融通了经验与实证、沟通了理智与情感,它的篇幅或许算"小",但它所承载的决不能以"小"字来概括,这应当是本书的第四个特点。

至于本书基本结构、案例选取、点评解析中的诸般特点乃至特色,见仁见智,难以众口一词,不再说了。好在中学历史教学的成效,最终总是聚焦在学生身上,总是以学生的行为变化为评判的标准,不同学生的学习经历与能力等,决定着我们对于教学"适切性"及其"有效性"的认识与实践。从这个意义上讲,未来的路还很长,需要与时俱进的观念与不断进取的信心,需要对于教育教学研究包容的胸怀和持久的韧性,抬头看路,勇敢前行,众人拾柴,勉力为之。

是为序。

於以传

2019年7月25日

自 序 | Preface

2014年3月,"核心素养"首次出现在《教育部关于全面深化课程改革落实立德树人根本任务的意见》中,并被置于深化课程改革、落实立德树人根本任务的首要位置,成为研制学业质量标准、修订课程方案和课程标准的重要依据。2017年9月,基于学科核心素养的高中新课程标准在全国颁布,核心素养开始全面进入课程,中国基础教育迈入核心素养的新时代。

那么,学科核心素养是什么?为何要从三维目标走向核心素养?学科核心素养形成的机制和路径是什么?学科核心素养究竟如何落地?课堂教学又该怎样培育学生的学科核心素养?这些问题就成为一线教师最为关心和迫切需要解决的问题。其根本与关键在于架构理论与实践相结合的桥梁,在问题导向、需求导向的行动研究基础上,将国家课程政策与课程标准、学校课改实践、教材与课堂现场、教育理论与教育实践、先进经验与本土实践及教师的教与学生的学等诸要素环节进行"连通"和"转化",搭建理念、方法、技巧和策略的支架,在文本研究基础上深入问题的实践研究,结合学科的育人价值、学科的内涵要义寻找可操作的路径和方法。

教学不仅仅是展示教师的思维及方法,更是为学生提供暴露个性思维过程和方法的学习情境与学习实践,让学生经历学习探索的过程,在对结果的个性发现中实现知识建构和思维能力的提升,从而成为"有意义的学习与保持"。面临社会转型时期的教学,其研究领域也从单纯以学科课堂教学为主的分散研究,转变为学科"课程——教学——评价"的整体性研究,从基于经验的静态研究,转变为证据与经验相结合的动态研究,从教研员自身权威式的个人研究转向"合作共同体"式的研究,构建"学习——实践——研究"的教研共同体,让教研回归到基层学校、教师、学生的需求上。

我试图从核心素养的出台、到学科核心素养的意义、再到学科核心素养的践行思考,逐层论述核心素养的相关概念和基本原理,揭示学科核心素养形成的机制和规律,规避核心素养在教学实践中的误区。在此,我衷心感谢"上海市历史教育教学研究基地"以及为书著提供教学案例的老师。

笔耕陋作,只是基于我的所见、所闻、所思、所为,对近几年的教研作一简陋的瞻顾。章节内容无论是理论的解读或是案例的解剖,只是想呈现我对历史课程理论宏观的浅显思考,以及对历史课程教学实践的微观体会,无非是想忠实地记录近几年教研生涯的点滴印记罢了。

方 勇
2019 年 8 月 8 日

目录 | Contents

第一章 新课标下的历史学科核心素养 ………………………… 1
    一、核心素养 ……………………………………………………… 1
    二、历史学科核心素养 …………………………………………… 12

第二章 唯物史观是教学设计的根本 …………………………… 21
    一、唯物史观的概念解析 ………………………………………… 21
    二、唯物史观教学的实践 ………………………………………… 26
    三、唯物史观教学的实践反思 …………………………………… 47

第三章 时空观念是教学设计的线索 …………………………… 74
    一、时空观念素养落实的基本方法 ……………………………… 74
    二、时空观念素养落实的教学实践 ……………………………… 99
    三、时空观念素养落实的实践反思 ……………………………… 111

第四章 史料实证是教学设计的抓手 …………………………… 118
    一、史料实证素养的初步了解 …………………………………… 118
    二、落实史料实证素养的教学实录及赏析 ……………………… 134
    三、史料实证素养落实的实践认识 ……………………………… 143

第五章 历史解释是教学设计的支撑 …………………………… 168
    一、历史解释素养达成的基本方法 ……………………………… 168
    二、历史解释素养达成的教学实践 ……………………………… 174
    三、历史解释素养达成的实践启示 ……………………………… 192

第六章　家国情怀是教学设计的归宿 …………………………………… 212
　一、家国情怀素养落实的要点解读 ………………………………… 212
　二、家国情怀素养落实的教学实践 ………………………………… 233
　三、家国情怀素养落实的实践启示 ………………………………… 243

第一章 新课标下的历史学科核心素养

一、核心素养

2016年9月13日上午,中国学生发展核心素养研究成果发布会在北京师范大学举行。北京师范大学校长董奇、教育部基础教育二司副司长申继亮出席会议并致辞。来自教育学界和心理学界的知名专家学者、教育行政部门人员和一线教育工作者代表等参加了会议[①]。

谁能想到,这样一则平淡无奇、波澜不惊的报道却立刻引起了中国知识界、教育界的轩然大波,很快,"核心素养"一词如同长了翅膀般在中国大地广泛传播开来,进而成为中国教育的大热之词。

其实,核心素养并非来势突兀而是早有端倪的,撇开国际不讲,早在2014年,《教育部关于全面深化课程改革落实立德树人根本任务的意见》中就有出现,文件指出:"研究制订学生发展核心素养体系和学业质量标准,要根据学生的成长规律和社会对人才的需求,把对学生德智体美全面发展总体要求和社会主义核心价值观的有关内容具体化、细化,深入回答'培养什么人、怎样培养人'的问题。教育部将组织研究提出各学段的学生发展核心素养体系,明确学生应具备的适应终身发展和社会发展需要的必备品格和关键能力,突出强调个人修养、社会关爱、家国情怀,更加注重自主发展、合作参与、创新实践。研究制订中小学各学科学业质量标准和高等学校相关学科专业类教学质量国家标准,根据核心素养体系,明确学生完成不同学段、不同年级、不同学科学习内容后应该达到的程度要求,指导教师准确把握教学的深度和广度,使考试评价更加准确反映人才培养要求。各级各类学校要从实际情况和学生特点出发,把核心素养和学业质量要求落实到各

[①] 中国教育新闻网—中国教育报,2016年9月14日。

学科教学中。"①

那么,学生发展核心素养到底指什么?为什么要出台?学生发展核心素养的重要性到底在哪里?

(一)时代呼唤核心素养

21世纪是知识经济、全球化、信息化的时代,这使得社会变迁和社会面貌呈现出不同于以往的新特点,社会更复杂,变化更快,相互依赖加强,相互竞争加剧,不确定性增大。

知识经济是建立在知识的生产、分配和使用之上的经济。知识经济进一步强化了科技创新对于经济发展的重要性,这就要求教育把培养学生的"创新能力"放在突出甚至首要的位置;信息化极大地改变了人们的工作方式和生活方式,在信息时代,知识和信息呈爆炸性增长,以知识记忆为主要特征的教育明显滞后于时代发展,高效获取、甄别、运用信息的能力,在就业竞争中变得更为重要。全球化创造出了超越民族国家的新型经济、社会和文化空间,使得组成世界共同体的国家或地区之间相互作用、横向联系、相互依赖都大大强化,更要求提高人的交流与合作能力。

经济发展和劳动力市场的变化对于教育产生倒逼效应,促使教育发生变革。当前,我国基础教育改革发展已进入一个新的阶段,内外环境、供求关系、资源条件、评价标准都发生了深刻变化,不能再用"老办法"来解决"新矛盾"。在新的国际背景下,提升国民素质、培养创新人才成为中国教育的重要使命,也是中国教育现代化的主旨性要求。提升国民素质、培养创新人才,在本质上,是人的现代化的问题,中国要实现真正的国家现代化,必须以人的现代化为基础。为此,教育部在《教育部关于全面深化课程改革落实立德树人根本任务的意见》中指出:立德树人是发展中国特色社会主义教育事业的核心所在,是培养德智体美全面发展的社会主义建设者和接班人的本质要求。

学生发展核心素养,主要指学生应具备的,能够适应终身发展和社会发展需要的必备品格和关键能力。研究学生发展核心素养是落实立德树人根本任务的一项重要举措,也是适应世界教育改革发展趋势、提升我国教育国际竞争

---

① 《教育部关于全面深化课程改革落实立德树人根本任务的意见》(教基二〔2014〕4号),2014年4月。

力的迫切需要。

北京师范大学博士生导师、中国学生发展核心素养联合课题组组长林崇德教授说:"我们梳理不同时期党的教育方针,发现这些教育方针相对来说比较宏观,要落实到具体的教育教学过程中,还需要将它们进一步具体化、系统化和细化,转化为学生应该具备的、适应终身发展和社会发展需要的素养要求,进而贯穿到各学段,融合到各学科,最后体现在学生身上。尽管素质教育已深入人心并取得了显著成效,但我国长期存在的以考试成绩为主要评价标准的问题,影响了素质教育的实效。全面系统地凝练和描述学生发展核心素养指标,建立基于核心素养发展情况的评价标准,是对素质教育内涵的具体阐述,也是对素质教育过程中存在问题的反思与改进,从而深入回答'教育要培养什么人'的问题。"[①]

林崇德教授提出的问题其核心用一句话来概括就是:时代变化了,"人"的培养目标和评价标准也要变化。

古代社会,农商经济主导下,人才培养重视道德品行,这是因为农商经济形态下,人与人之间的交往是社会生产关系的主导,衡量人才的标准也就是将高尚的道德品行列为第一位的尺度,道德品行的高低体现了古代先哲们对素养的内在理解。如:苏格拉底指出"把精力用在高尚和善良的事上",引导人们"努力成为有德行的人",最为耳熟能详的是,苏格拉底提出"美德即知识"的命题,这个命题本质是人只有知道善恶美丑才能趋善避恶。柏拉图和亚里士多德继承了苏格拉底的观点,他们认为古代时期的公民必须拥有正义、智慧、勇敢、节制等美德;中国春秋战国时期的思想家们更为重视健全人格的养成,孔子的思想核心是"仁","仁"就是仁者爱人,己所不欲勿施于人,做到"仁"首先要有一颗爱心,在此基础上,将爱心外化为"礼"。春秋战国以后,中国历代统治者和思想家们大多秉承这一基本的人才观,所谓"修身、齐家、治国、平天下"。

近代工业社会,商品经济主导下,对专门的行业技能和职业能力的培养成为选取人才的主要标准,培养人才的内容和目标更为重视"能力"。以能力为中心的知识、技能的教育与学习成为当时那个时代的主流。班级授课制、学科教学兴起,尤其是学科越分越细,在学科教学中也更强调学科知识和能力的高

---

① 林崇德:《21世纪学生发展核心素养研究》,北京师范大学出版社2016年版。

精尖。看一下新中国成立以来,我们对教育目标的表述就清晰明确了:

1949年,《中国人民政治协商会议共同纲领》中指出:中华人民共和国的教育是新民主主义的教育。它的主要任务是提高人民文化水平,培养国家建设人才,肃清封建的、买办的、法西斯的思想,发展为人民服务的思想。

1957年,《关于正确处理人民内部矛盾的问题》中提出:我们的教育方针应该使受教育者在德育、智育、体育几方面都得到发展,成为有社会主义觉悟有文化的劳动者。

1958年,《关于教育工作的指示》指出:培养有社会主义觉悟有文化的劳动者正确地解释了全面发展的含义,是我国教育的目的。党的教育方针是教育为无产阶级政治服务,教育与生产劳动相结合。

1981年,《关于建国以来党的若干历史问题的决议》对于我国教育目的作了这样的表述:坚持德智体全面发展、又红又专、知识分子与工人农民相结合、脑力劳动与体力劳动相结合的教育方针。

1982年,《中华人民共和国宪法》规定:中华人民共和国公民有受教育的权利和义务。国家培养青年、少年、儿童在品德、智力、体质等方面全面发展。

1985年,《中共中央关于教育体制改革决定》指出,教育必须面向现代化、面向世界、面向未来,为90年代至下世纪初叶我国经济和社会的发展,大规模地准备新的能够坚持社会主义方向的各级各类合格人才。要造就数以亿计的工业、农业、商业等各行各业有文化、懂技术、业务熟练的劳动者。要造就数以千万计的具有现代科学技术和经营管理知识,具有开拓能力的厂长、经理、工程师、农艺师、经济师、会计师、统计师和其他经济、技术工作人员。还要造就数以千万计的能够适应现代科学文化发展和新技术革命要求的教育工作者、科学工作者、医务工作者、理论工作者、文化工作者、新闻和编辑出版工作者、法律工作者、外事工作者、军事工作者和党政工作者。所有这些人才,都应该有理想、有道德、有文化、有纪律,热爱社会主义祖国和社会主义事业,具有为国家富强和人民富裕而艰苦奋斗的献身精神,都应该不断追求新知,具有实事求是、独立思考、勇于创造的科学精神。

1986年,中共中央《关于教育体制改革的决定》指出:教育体制改革的根本目的是提高民族素质,多出人才,出好人才。同年通过的《中华人民共和国义务教育法》规定了我国义务教育的目的:义务教育必须贯彻国家的教育方针,努力提高教育质量,使儿童、少年在品德、智力、体质等方面全面发展,为提高全民族的素质,培养有理想、有道德、有文化、有纪律的社会主义建设人才奠定基础。

1993年2月13日,正式印发的《中国教育改革和发展纲要》提出:各级各类学校要认真贯彻教育必须为社会主义现代化建设服务,必须与生产劳动相结合,培养德、智、体全面发展的建设者和接班人的方针。

1995年3月,在《中华人民共和国教育法》中对《纲要》提出的教育方针进一步确认,重新表述为:教育必须为社会主义现代化建设服务,必须与生产劳动相结合,培养德、智、体等方面全面发展的社会主义事业的建设者与接班人。

1999年,《中共中央国务院关于深化教育改革全面推进素质教育的决定》:以培养学生的创新精神和实践能力为重点,造就有理想、有道德、有文化、有纪律的德智体全面发展的社会主义建设者和接班人。

2000年,《2000年中国教育绿皮书》将素质教育归纳如下:面向全体学生,促进学生全面发展,重视学生创新精神与实践能力,发展学生的主动精神,注重学生个性发展,着眼学生终身可持续发展。

2001年,《国务院关于基础教育改革与发展的决定》指出:要高举邓小平理论的伟大旗帜,教育要面向现代化、面向世界、面向未来和江泽民同志"三个代表"的重要思想为指导,坚持教育必须为社会主义现代化建设服务,为人民服务,必须与生产劳动和社会实践相结合,培养德智体美劳等全面发展的社会主义事业建设者和接班人。

2006年,《中华人民共和国义务教育法》规定:义务教育必须贯彻国家的教育方针,努力提高教育质量,使适龄儿童、少年在品德、智力、体质等方面全面发展,为培养有理想、有道德、有文化、有纪律的社会主义的建设者和接班人奠定基础。

2007年,党的十七大报告指出:坚持育人为本、德育为先,实施素质教育,提高教育现代化水平,培养德智体美全面发展的社会主义建设者和接班人,办好人民满意的教育。

2012年,党的十八大报告指出:努力办好人民满意的教育。要坚持教育优先发展,全面贯彻党的教育方针,坚持教育为社会主义现代化建设服务、为人民服务,把立德树人作为教育的根本任务,培养德智体美全面发展的社会主义建设者和接班人。

由以上我们可以看出:我国教育目标演变的进程体现了我国教育事业曲

折发展的历史,也是对我国政治、经济、文化发展的客观反映。从最初新中国成立时单纯地为了建设社会主义国家、发展新民主主义,培养有文化的劳动者,到改革开放后建设中国特色社会主义,培养中国特色社会主义所需要的人才,坚持德智体美劳全面发展。这些教育目标的改变都是根据社会政治、经济的发展而改变的。从上述我国的教育目标演变来看,新中国成立以来我国教育目标的基本精神主要体现在三个方面:一是坚持社会主义方向;二是坚持培养劳动者;三是坚持培养全面发展的人。社会主义教育目标的制定,对于规范我国教育事业的健康发展和对各级社会主义事业人才的培养,发挥了重大历史作用。总的来看我国的教育目标具有三个鲜明的特点:强调德育、突出知识技能、重视社会本位。

20世纪90年代以来,随着以Google、Facebook、Twitter等全球化网络信息科技为代表的"现代社会"及"后现代社会"的到来,为了适应复杂多变与快速变迁的信息化时代的多元需求,传统的能力、技能等概念已经不再适用。人们对这些概念的内涵进行了扩展与升级,提出了同时包括"知识""能力"与"态度"的"三维目标"概念,并从"关键"或"核心"的角度加强了论证,强调"核心素养"才是培养能自我实现与社会和谐发展的高素质国民与世界公民的基础。

"素养"受到世界各国重视并将之纳入教育改革与课程改革的核心,主要源于联合国教科文组织、欧洲联盟、经合组织等国际组织的影响。1996—2003年,联合国教科文组织提出"五大学习支柱",这就对能力本位的人才培养观进行了反思和革新。2000年于里斯本召开的欧盟高峰会,则确认要从"终身学习"的角度,为教育与训练系统建构一套"关键能力"。1997—2005年,经合组织广泛邀请哲学、人类学、心理学、经济学、社会学等各领域专家开展了为期近九年的"素养的界定与遴选"研究项目,对素养进行了深入探讨。

(二)学生发展核心素养的关键

1. 核心素养是横空出世吗?

核心素养是当今世界各国课程改革的风向标、主基调,核心素养既是培育一代新人的关键元素,也是教育转型的趋势方向。核心素养概念的演变与人类进步和社会发展密切相关。核心素养是社会生产力与生产方式发展变化的产物,历史上不同时期人们所持的不同理解,反映的都是当时社会发展的需求,是当时的人们对"教育应培养什么样的人"这一问题的答案。在以农业经济形态为主导的古代社会背景下,人才的培养重视道德品行,在以工业经济形态为主导的现代社会背景下,人才的培养重视能力本位,而在以信息经济、低碳经济等经济形态为主导的当代社会背景下,人才的培养则需要重视核心素养,它反映了当今时代社会发展的需求①。

林崇德教授的这一段表述为我们正确理解核心素养这一概念奠定了基础,他其实告诉我们,核心素养绝不是空穴来风,更非专家学者们凭空杜撰出来的,而是古今中外早已有之,只不过不同历史时期、不同社会环境下名称不同、要求不同而已。也因此,面对核心素养时代的到来,我们要积极迎接、热忱欢迎、努力改变,这才是新时期教育工作者应有的态度和精神风貌。

2. 核心素养与三维目标是什么关系?

核心素养是一个复杂的结构,其所涉及的内涵,并非单一维度,而是多元维度的。素养不只重视知识,也重视能力,更强调态度的重要性。一个人即便再有能力,如果没有正当的态度,仍称不上具备"素养"。因此,"素养"要比"能力"的内涵更为宽广,可超越传统的知识和能力,并能纠正过去重知识、重能力、忽略态度的教育偏失;核心素养的范畴超越了行为主义层面的能力,涵盖态度、知识与能力等方面,体现了全人素养或全方位的素养,契合我国传统文化"教人成人"或"成人之学"的特色育人观,与《国家中长期教育改革和发展规划纲要(2010—2020年)》提出的"促进人的全面发展、适应社会需要"的教育质量根本标准一致,有利于在实际教育教学工作中培养德智体美全面发展的社会主义建设者和接班人,完成党的十八大报告所强调的"立德树人"的教育工作根本任务②。

核心素养与三维目标所强调的都是知识、能力、情感态度价值观的并重,而其中都更为重视情感态度价值观,这是培养全面发展的人的关键;核心素养也是对三维目标的升级,如果说,三维目标强调学科本位,那么核心素养的升级体现在强调跨学科的知识、能力和情感态度价值观。

3. 核心素养是怎样养成的?

核心素养的形成与发展是个不断丰富、优化的动态模式。从个体层面来看,人的素养不是与生俱来的,它有一个形成、发展和逐渐趋于成熟的动态过

---

① 林崇德:《21世纪学生发展核心素养研究》,北京师范大学出版社2016年版。
② 林崇德:《21世纪学生发展核心素养研究》,北京师范大学出版社2016年版。

程,即个体的核心素养是在动态的教育过程中不断丰富和发展起来的;从社会层面看,社会的发展是不断递进超越的进程,它对人才的需求也随之重组更新,而核心素养的内涵也就与之齐行并进,具有鲜明的时代性,这也是其生命力和活力的彰显。总之,核心素养的内涵具有指向未来、不断优化发展的动态性。[①]

核心素养的养成有赖于教育的丰富和发展,教育的功能不可替代,越是社会的进步发展,越需要教育功能的体现。同时,核心素养本身也是一个不断发展变化的动态过程。因此,作为教育工作者,就需要不断接受最新的教育理论、丰富完善自己的教育实践,让自己跟上时代发展的脚步,把握时代发展的脉搏,这样才能在学生发展核心素养的养成中发挥至关重要的作用。

(三) 学生发展核心素养的内容

中国学生发展核心素养以培养"全面发展的人"为核心,分为文化基础、自主发展、社会参与等三个方面,综合表现为人文底蕴、科学精神、学会学习、健康生活、责任担当、实践创新等六大素养,具体细化为国家认同等18个基本要点。各素养之间相互联系、互相补充、相互促进,在不同情境中整体发挥作用。为方便实践应用,将六大素养进一步细化为18个基本要点,并对其主要表现进行了描述。根据这一总体框架,可针对学生年龄特点进一步提出各学段学生的具体表现要求。

1. 文化基础

文化是人存在的根和魂。文化基础重在强调能习得人文、科学等各领域的知识和技能,掌握和运用人类优秀智慧成果,涵养内在精神,追求真善美的统一,发展成为有宽厚文化基础、有更高精神追求的人。

(1) 人文底蕴。主要是学生在学习、理解、运用人文领域知识和技能等方面所形成的基本能力、情感态度和价值取向。具体包括人文积淀、人文情怀和审美情趣等基本要点。

人文积淀:具有古今中外人文领域基本知识和成果的积累;能理解和掌握人文思想中所蕴含的认识方法和实践方法等。人文情怀:具有以人为本的意识,尊重、维护人的尊严和价值;能关切人的生存、发展和幸福等。审美情

[①] 林崇德:《21世纪学生发展核心素养研究》,北京师范大学出版社2016年版。

趣；具有艺术知识、技能与方法的积累；能理解和尊重文化艺术的多样性，具有发现、感知、欣赏、评价美的意识和基本能力；具有健康的审美价值取向；具有艺术表达和创意表现的兴趣和意识，能在生活中拓展和升华美等。

（2）科学精神。主要是学生在学习、理解、运用科学知识和技能等方面所形成的价值标准、思维方式和行为表现。具体包括理性思维、批判质疑、勇于探究等基本要点。

理性思维：崇尚真知，能理解和掌握基本的科学原理和方法；尊重事实和证据，有实证意识和严谨的求知态度；逻辑清晰，能运用科学的思维方式认识事物、解决问题、指导行为等。批判质疑：具有问题意识；能独立思考、独立判断；思维缜密，能多角度、辩证地分析问题，做出选择和决定等。勇于探究：具有好奇心和想象力；能不畏困难，有坚持不懈的探索精神；能大胆尝试，积极寻求有效的问题解决方法等。

2. 自主发展

自主性是人作为主体的根本属性。自主发展重在强调能有效管理自己的学习和生活，认识和发现自我价值，发掘自身潜力，有效应对复杂多变的环境，成就出彩人生，发展成为有明确人生方向、有生活品质的人。

（1）学会学习。主要是学生在学习意识形成、学习方式方法选择、学习进程评估调控等方面的综合表现。具体包括乐学善学、勤于反思、信息意识等基本要点。

乐学善学：能正确认识和理解学习的价值，具有积极的学习态度和浓厚的学习兴趣；能养成良好的学习习惯，掌握适合自身学习方法；能自主学习，具有终身学习的意识和能力等。勤于反思：具有对自己的学习状态进行审视的意识和习惯，善于总结经验；能够根据不同情境和自身实际，选择或调整学习策略和方法等。信息意识：能自觉、有效地获取、评估、鉴别、使用信息；具有数字化生存能力，主动适应"互联网＋"等社会信息化发展趋势；具有网络伦理道德与信息安全意识等。

（2）健康生活。主要是学生在认识自我、发展身心、规划人生等方面的综合表现。具体包括珍爱生命、健全人格、自我管理等基本要点。

珍爱生命：理解生命意义和人生价值；具有安全意识与自我保护能力；掌握适合自身的运动方法和技能，养成健康文明的行为习惯和生活方式等。健全人格：具有积极的心理品质，自信自爱，坚韧乐观；有自制力，能调节和管理自己的情绪,具有抗挫折能力等。自我管理:能正确认识与评估自我;依据自身个性和潜质选择适合的发展方向;合理分配和使用时间与精力;具有达成目标的持续行动力等。

3. 社会参与

社会性是人的本质属性。社会参与重在强调能处理好自我与社会的关系,养成现代公民所必须遵守和履行的道德准则和行为规范,增强社会责任感,提升创新精神和实践能力,促进个人价值实现,推动社会发展进步,发展成为有理想信念、敢于担当的人。

(1) 责任担当。主要是学生在处理与社会、国家、国际等关系方面所形成的情感态度、价值取向和行为方式。具体包括社会责任、国家认同、国际理解等基本要点。

社会责任:自尊自律,文明礼貌,诚信友善,宽和待人;孝亲敬长,有感恩之心;热心公益和志愿服务,敬业奉献,具有团队意识和互助精神;能主动作为,履职尽责,对自我和他人负责;能明辨是非,具有规则与法治意识,积极履行公民义务,理性行使公民权利;崇尚自由平等,能维护社会公平正义;热爱并尊重自然,具有绿色生活方式和可持续发展理念及行动等。国家认同:具有国家意识,了解国情历史,认同国民身份,能自觉捍卫国家主权、尊严和利益;具有文化自信,尊重中华民族的优秀文明成果,能传播弘扬中华优秀传统文化和社会主义先进文化;了解中国共产党的历史和光荣传统,具有热爱党、拥护党的意识和行动;理解、接受并自觉践行社会主义核心价值观,具有中国特色社会主义共同理想,有为实现中华民族伟大复兴中国梦而不懈奋斗的信念和行动。国际理解:具有全球意识和开放的心态,了解人类文明进程和世界发展动态;能尊重世界多元文化的多样性和差异性,积极参与跨文化交流;关注人类面临的全球性挑战,理解人类命运共同体的内涵与价值等。

(2) 实践创新。主要是学生在日常活动、问题解决、适应挑战等方面所形成的实践能力、创新意识和行为表现。具体包括劳动意识、问题解决、技术应用等基本要点。

劳动意识:尊重劳动,具有积极的劳动态度和良好的劳动习惯;具有动手操作能力,掌握一定的劳动技能;在主动参加的家务劳动、生产劳动、公益活动和社会实践中,具有改进和创新劳动方式、提高劳动效率的意识;具有通过诚实合法劳动创造成功生活的意识和行动等。问题解决:善于发现和提出问题,有解决问题的兴趣和热情;能依据特定情境和具体条件,选择制订合理的解决方案;具有在复杂环境中行动的能力等。技术运用:理解技术与人类文明的有机联系,具有学习掌握技术的兴趣和意愿;具有工程思维,能将创意和方案转化为有形物品或对已有物品进行改进与优化等。

在了解了中国学生发展核心素养体系框架内容的基础上,对于内容的理解,有以下几点要特别注意:

在目前情况下提出学生发展核心素养,其政策指向至少包括三个方面:首先是在全球化、信息化的大背景下,我们究竟要培养什么样的人,这是全球这么多国家普遍重视学生发展核心素养的一个根本原因;其次,贯彻党和国家的教育方针,落实立德树人根本任务是整个教育战线一以贯之的要求,但是应该说我国的基础教育依然存在一些明显的问题,学生的社会责任感、创新精神和实践能力不足等问题依然突出;第三,从20世纪末以来,在我国持续推进的课程改革取得了突出的成就,但依然面临亟待解决的问题,如何通过基础教育课程改革,真正实现由传统的以学科知识传授为导向的课程和教学方式转向以促进学生全面发展为导向的课程和教学方式,依然任重道远。

目前国家层面在不断讨论和修改学生发展核心素养的内容与框架,同时在高中课程标准修订过程中,各个学科都在提出自己本学科的核心素养,或者称学科素养。从国际经验来看,日本和我国台湾地区都是将学生核心素养的具体指标直接分解到不同的学科之中,特别强调跨学科的统整性,让大家明确地看到如何通过不同的课程共同培养出学生的核心素养,同时又看到不同课程在培养学生核心素养方面的侧重。在我国当前的政策语境下,由于学生发展核心素养和学科素养是并行开展的,这自然就涉及一个需要关注的问题:学生发展核心素养和学科(核心)素养内在的对应关系是什么?这个问题处理得好,不但保证了学生发展核心素养的落实,也有利于体现学科的独特特色与价值;如果处理得不好,可能会强化各学科的特色,造成学科和学科之间更清晰的分离,这既不符合现在国际上学科之间融合渗透的趋势,也在客观上将学生发展核心素养变成抽象的言辞,而非撬动课程改革深化的杠杆。

学生核心素养主要是指学生适应未来社会发展以及终身学习的关键能力与必备品格,它必然是宽泛而宏观的能力,而质量标准是与学科能力紧密相关的,是学生核心素养在某个学科当中的具体体现。体现了学生核心素养的质量标准制定后可以在教育领域发挥极大的作用。一方面,质量标准较学生核心素养来说更加切合课程和学科教学,可以用来指导教师的教育教学实践;另一方面,质量标准较学生核心素养来说更加具体、更具可操作性。所以,结合了内容标准后,质量标准还可以用来指导教育评价。

基础教育课程改革是一项复杂的系统工程,应该说目前的教育研究对基础教育课程改革的支持和支撑非常不够。以学生发展核心素养为例,它是指个体在接受相应学段的教学之后所形成的能够适应未来社会发展以及终身学习的关键能力与必备品格。这里就自然而然地产生了一个问题:仅以基础教育而言,学生在不同学段学习结束之后,其核心素养的表现究竟是什么?长期以来,我们很多基础教育的改革和政策的出台通常是基于对各地基础教育状况进行经验把握以及国际经验的梳理进行的,但是以这些手段很难回答学生发展核心素养在不同学段的表现以及相类似的问题。

二、历史学科核心素养

当今时代,科技进步日新月异,知识经济迅猛发展,经济全球化进程明显加快,在全球化的知识经济时代,为了在国际竞争中立于不败之地,人才培养成为各国的重中之重。因此各国和各国际组织都加大了对人才培养标准的研究力度,中国要从人力资源大国向人力资源强国迈进,对人的核心素养的培养至关重要。十八大报告首次以24个字概括并倡导社会主义核心价值观,立德树人。国家层面:富强、民主、文明、和谐;社会层面:自由、平等、公正、法治;个人修养层面:爱国、敬业、诚信、友善。教育部颁布《教育部关于全面深化课程改革落实立德树人根本任务的意见》,明确要求"研究制订学生发展核心素养体系和学业质量标准",依据学生发展核心素养体系,修订课程方案和课程标准。习近平总书记在北京大学师生座谈会上讲话,要求"青年要自觉践行社会主义核心价值观";核心素养是培养自我实现与社会和谐发展的高素质国民的基础,有助于个体的终身发展,有利于获得成功的个人生活;从教育和教学的角度进行核心素养研究,开发、设计以核心素养为核心的课程,受到众多国际组织和各发达国家与地区的重视。对核心素养的研究,同样是深化和推进我国当前基础教育课程改革,增强基础教育国际竞争力的迫切需要,是落实国家中长期教育改革和发展规划的重要举措,具有至关重要的战略意义和价值。

(一) 学生发展与学科核心素养

在了解历史学科核心素养之前,有一个问题我们必须首先解决,那就是:学生发展核心素养和学科核心素养是什么关系?学科核心素养是课程标准的重要组成部分,学科核心素养是知识与技能、过程与方法、情感态度与价值观的综合表现。凝练学科核心素养,厘清本学科教育对学生成长和终身发展的独特贡献,通过基于核心素养的教学,帮助学生形成必备品格和关键能力。坚持以核心素养为统领,精选课程内容,研制学业质量标准,提出教学实施、考试评价和教材编写的建议。通过学习和思考,我们可以得出以下的认识:

1. 概念上看差别

学科核心素养是针对学生在学科的学习过程中形成的、体现学科本质的、具有一般发展属性的品质与能力;学生发展核心素养是针对学生在一个阶段的学习形成的一般发展,包括重要的和关键的品格和能力。

2. 内容上看联系

学科核心素养是在学生发展核心素养框架下,根据具体学科的特征和育人的特殊功能确定的。学生发展核心素养处于上位,是指向学生整体的全面的发展,学科核心素养处于下位,但同样指向于学生发展核心素养。

学科核心素养的总和不等于学生发展核心素养。一方面学科教学不是学校教育的全部,学生发展核心素养并非全部由学科课程与教学完成。另一方面,学科核心素养中可能存在对于学科本身是重要的和关键的,而在学生的整体发展来看也未必一定是关键的核心素养。

3. 实施中看发展

学科课程与教学目标既要由学科本身的特殊性决定,同时也要受制于学生全面发展的总目标。学科的课程与教学过程,既要关注学生的学科核心素养,又要关注学生发展核心素养。学科教学同时承担着学科目标的实现和学生一般发展目标的实现。

学生发展核心素养具有跨学科性,但无法完全通过跨学科的方式实现。每一个学科都有培养学生学科素养的任务,同样也是实现学生发展核心素养的重要载体。学生的核心素养既有跨学科性,又必须通过各学科的课程教学实现。提出学科核心素养并不意味着在学科课程与教学中只重视与学科密切相关的学科核心素养,而是要将学科核心素养作为学生发展核心素养的重要组成部分。

华东师范大学教授杨向东在谈到学生发展核心素养和学科核心素养的关系时,强调学科核心素养是目前我国基础教育课程改革的过渡品,过渡的时间可长可短,要看基础教育课程改革的力度以及广大教师、学校的适应程度。因此,他指出基于核心素养的学校课程改革的发展方向是:以学生发展为本,重构促进核心素养的课程模式,超越内容取向的课程整合模式,以"核心素养"作为课程开发之主轴,实现同一学科不同内容、不同课型(基础型、拓展型、研究型)的重构和整合,探索不同范围和深度的跨学科课程整合实践,开发综合社会实践活动、STEAM等课程整合案例;变革学科学习方式,让学生在"格物"中发展素养,超越课时主义和以知识点为中心的教学,探索情境化、探究式、深度学习的课堂形态,重视情境创设、知识整合、学生自主或合作建构知识的过程。探索基于核心素养的主题式、项目式单元教学的理论框架和实践模式;改变关注碎片化知识和标准答案的现状,构建促进核心素养发展的过程性评价体系,直接评估有价值的学业成就,学生在(跨)学科任务情境中提出和形成问题,发现、收集和利用信息,权衡不同方案,产生新想法或发现新途径来解决错综复杂问题的能力。

(二)历史学科核心素养的内容

历史学科核心素养是学生在学习历史过程中逐步形成的具有历史学科特征的思维品质和关键能力,是历史知识、能力和方法、情感态度和价值观等方面的综合表现。

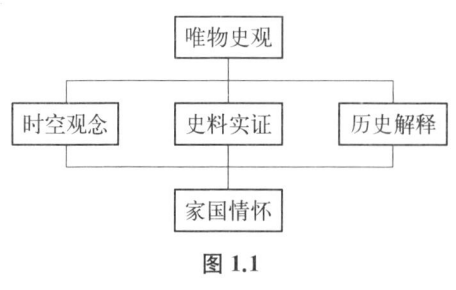

图 1.1

历史学科的核心素养其内涵关系可表述为在唯物史观的指引下,通过时空观念、史料实证和历史解释这些关键能力,分析、综合、比较、归纳基本史实和相关问题来达到家国情怀这个必备品格。如图1.1所示:即唯物史观下解释和评价特定的时空里历史事件、历史人物及优秀文明成果,通过对史料的集证辨据和对历史的诠释评价,形成基于证据、有理性、有逻辑的历史认识。

素养一:唯物史观

唯物史观是揭示人类社会历史客观基础及发展规律的科学历史观和方法

论。人类对历史的认识是由表及里、逐渐深化的,要透过历史的纷杂表象认识历史的本质,科学的历史观和方法论是非常重要的。唯物史观使历史学成为一门科学,只有运用唯物史观的立场、观点和方法,才能对历史有全面、客观的认识。

素养二:时空观念

时空观念是指对事物与特定时间及空间的联系进行观察、分析的观念。任何历史事物都是在特定的、具体的历史时间和地理条件下发生的。只有将史事置于历史进程的时空框架当中,才可能对史事有准确的理解。

素养三:史料实证

史料实证是指对获取的史料进行辨析,并运用可信的史料努力重现历史真实的态度与方法。历史过程是不可逆的,认识历史只能通过现存的史料。要形成对历史的正确、客观的认识,必须重视史料的搜集、整理和辨析,去伪存真,去粗取精,这是历史学的重要方法。

素养四:历史解释

历史解释是指以史料为依据,以历史理解为基础,对历史事物进行理性分析和客观评判的态度、能力与方法。所有历史叙述在本质上都是对历史的解释,区别只是在于解释的正误、深浅。人们通过多种不同的方式描述和解释过去,通过对史料的搜集、整理和辨析,辩证、客观地理解历史事物,不仅要将其描述出来,还要揭示其表象背后的深层因果关系。通过对历史的解释,不断接近历史真实。

素养五:家国情怀

家国情怀是学习和探究历史应具有的社会责任与人文追求。学习和探究历史应具有价值关怀,要充满人文情怀并关注现实问题,以服务于国家强盛、民族自强和人类社会的进步为使命。

(三)历史学科核心素养的初步解读

为什么历史学科要提出如此的五大核心素养?从国家颁布的课程标准中我们可以找到答案:历史学是在一定历史观指导下叙述和阐释人类历史进程及其规律的学科。探寻历史真相,总结历史经验,认识历史规律,顺应历史发展趋势,是历史学的重要社会功能。历史学是人类文化的重要组成部分,在传承人类文明的共同遗产、提高公民文化素质等方面起着不可替代的重要作用。

中学历史课程承载着历史学的教育功能。

普通高中历史课程,是在义务教育历史课程的基础上,进一步运用历史唯物主义观点,以社会形态从低级到高级发展为主线,展现历史演进的基本过程以及人类在历史上创造的文明成果,提示人类历史发展的基本规律和大趋势,促进学生全面发展的一门基础课程。学生通过高中历史课程的学习,进一步拓宽历史视野,发展历史思维,提高历史学科核心素养,能够从历史发展的角度理解并认同社会主义核心价值观和中华优秀传统文化,认识并弘扬以爱国主义为核心的民族精神和以改革创新为核心的时代精神,具有广阔的国际视野,树立正确的世界观、人生观、价值观和历史观,为未来的学习、工作与生活打下基础[①]。

以历史学科五大核心素养为基础,高中课程标准提出了具体的课程目标:

普通高中历史课程的目标是坚持落实立德树人的根本任务。学生通过历史课程的学习,形成历史学科核心素养,得到全面发展、个性发展和持续发展。学生通过历史课程的学习,掌握必备的历史知识,能够了解唯物史观的基本观点和方法,包括人类社会形态从低级到高级的发展、生产力和生产关系之间的辩证关系、经济基础和上层建筑之间的相互作用、人民群众在社会发展中的重要作用等,理解唯物史观是科学的历史观;能够正确认识人类历史发展的总趋势;能够将唯物史观运用于历史的学习与探究中,并将唯物史观作为认识和解决现实问题的指导思想。

知道特定的史事是与特定的时间和空间相联系的;知道划分历史时间与空间的多种方式,并能够运用这些方式叙述过去;能够按照时间顺序和空间要素,建构历史事件、历史人物、历史现象之间的相互关联;能够在不同的时空框架下对史事作出合理的解释;在认识现实社会时,能够将认识的对象置于具体的时空条件下进行考察。知道史料是通向历史认识的桥梁,了解史料的多种类型,掌握搜集史料的途径与方法;能够通过对史料的辨析和对史料作者意图的认知,判断史料的真伪和价值,并在此过程中增强实证意识;能够从史料中提取有效信息,作为历史叙述的可靠证据,并据此提出自己的历史认识;能够以实证精神对待历史与现实问题。

---

① 中华人民共和国教育部制定:《普通高中历史课程标准(2017版)》,人民教育出版社2018年版,第1页。

区分历史叙述中的史实与解释,知道对同一历史事物会有不同解释,并能对各种历史解释加以辨析和价值判断;能够客观论述历史事件、历史人物和历史现象,有理有据地表达自己的看法;能够认识历史解释的重要性,学会从历史表象中发现问题,对历史事物之间的因果关系做出解释;能够客观评判现实社会生活中的问题。

在树立正确历史观的基础上,从历史的角度认识中国的国情,形成对祖国的认同感和正确的国家观;能够认识中华民族多元一体的历史发展趋势,形成对中华民族的认同感和正确的民族观,具有民族自信心和自豪感;了解并认同中华优秀传统文化、革命文化、社会主义先进文化,认识中华文明的历史价值和现实意义;了解世界历史发展的多样性,理解和尊重世界各国、各民族的文化传统,具有广阔的国际视野,树立正确的文化观;认同社会主义核心价值观,认同走中国特色社会主义道路是历史的必然,树立中国特色社会主义道路自信、理论自信、制度自信和文化自信;能够确立积极进取的人生态度,塑造健全的人格,树立正确的世界观、人生观和价值观[①]。

新的课程标准所制定的课程目标简单理解下来应该是,在历史学科的学习过程中,以唯物史观为指导,将具体的史事置于一定的时空观下,通过对史料的集证辨据和诠释评价,客观地认识历史事件、历史现象和历史人物,进而逐步确立起正确的人生观、价值观和世界观。

(四) 历史学科核心素养的关键

1. 历史学科核心素养是人性、教育、史学的融合

教育是培养人的活动,其目的就是增强可教化的人性,人性的内涵及现实要求,应是教育的核心目标,历史学科核心素养就是为造就"全人"奠基。学科核心素养是学科教育在全面贯彻党的教育方针、落实立德树人根本任务、发展素质教育中的独特贡献,是学科育人价值的集中体现,是学生通过学科学习之后逐步形成的正确价值观念、必备品格和关键能力。它厘清了学科课程的育人目标,指明了学科教学与评价的方向,规划并引领学科教育教学实践。

中学历史教育既是基础教育的重要组成部分,又服务于基础教育目标的

[①] 中华人民共和国教育部制定:《普通高中历史课程标准(2017版)》,人民教育出版社2018年版,第7页。

达成,历史学科核心素养是教育目标的学科化,并体现了教育的特质。中学历史教育还是基于史学的教育,以史学的学术性特质为载体,应体现史学的学术特质。

可见,历史学科核心素养的渊源主要有三个维度:一是可教化的人性维度,它为建构历史学科核心素养提供了框架,为选择史学内容和方法提供了标准,又指明了历史学科核心素养的最终归宿,即为造就"全人"奠基。二是教育的本质维度,教育的本质和价值乃是历史学科核心素养的旨归。三是史学的学术性维度,史学为历史学科核心素养提供了原料或载体,这些原料或载体,应体现史学的主要内容及核心方法等领域的特质。

2. 教育的本质与目标,指明了历史学科核心素养的根本旨归

教育的魅力就在于培养具有完整人格并适应未来社会的公民。它强调为未来公民的幸福生活和高雅旨趣奠基。着力于教化灵魂,着眼于未来幸福,是教育的两大本质特征。

教育的本质是教化灵魂,教育是人的灵魂的教育,具体表现为:减少或消除动物性自利本能的影响,增强心智,拓宽视野,思考人类、生活与社会,尊重他人,敬畏社会等。教化灵魂的教育,突出被教化者的感受,强调情感的能动性,运用逻辑思维、想象力、体验和感悟,理解和把握文化内涵,内化文化于自身,提升精神境界。历史学科核心素养,就是以此为旨归,而确定其在史学领域的具体表现。教育目标应着眼现实,面向未来。着眼现实,就是认识现实、实现自我认识。教育的目的在于让自己清楚当下的自身本质和自己的意志,通过教育,理解他人和历史,也理解自己和现实。能正确认识自我的人,就是有教养的人。所谓有教养的人,即按一定时代的理想所陶冶的人,在他那里,观念形态、活动、价值、说话方式和能力等构成了一个整体,并成为他的第二天性。把人培育为有教养的人,是人类教育的永恒主题和目标。面向未来,就是培养未来社会所需的关键能力。

按照"中国学生发展核心素养"的表述,基于社会主义核心价值观的核心素养,综合表现为"社会参与、文化修养、自主发展"三大领域,具体体现为"社会责任、国家认同、国际理解;人文底蕴、科学精神、审美情趣;身心健康、学会学习、实践创新"等九大素养。教育的本质和目标,既是历史学科核心素养的旨归,又需要学科具体化。历史学科核心素养,体现了教育乃教化灵魂的本质属性,也是组成教育目标的重要内容。

3. 史学的学术特质,提供了历史学科核心素养的主要素材

史学以人类活动为主题,强调人文与自我认识,不仅人的所思是史学研究的重要内容之一,而且史学还在人的所言所行中,探讨其中蕴含的思想内涵。人被认为是历史过程的唯一主体,因为人被认为是在想使自己的行动成为自己思想的表现的唯一动物。同时,史学研究,还是体验人的情感经历的过程。历史学家凭借一系列历史事件或历史现象,寻找着一种人类的和文化的生活。最终,史学在探讨人的思想演变和情感历程中,实现自我认识。

以问题为导向的史学研究,强调体验和探究史学的研究要以问题为导向,史学研究过程即是提出和解决问题的过程。历史是历史学家与客观的事实之间相互作用的连续不断的过程,是现在跟过去之间的永无止境的问答交谈。史学研究受到现实的制约。史学认识的主体是要理解自己的思想活动,这种了解彻头彻尾受到他自己的生活体验、心灵感受和价值观的制约。史学研究的问题,是有关人的问题。史学是回答有关人类过去活动的问题,通过解释证据来回答问题,为了人类的自我认识回答问题。在史学研究中分析和解决问题,需要体验和探究等诸种能力。它们主要包括诠释史料的能力,基于史料的想象能力和基于想象的推理能力,分析、比较、归纳和概括等逻辑思维能力,论证能力和评价能力等。其中,体验就是重新经历,需要情感态度价值观以及思维能力的加入。历史是人类生命的表达,价值、历史价值和意图这些历史范畴,都是从体验之中产生出来的。可见,以现实为线索,在提出和解决问题的过程中,通过移情体验来丰富情感和道德经验,通过历史思维活动来提高思维能力,应是史学素养的重要内涵之一。

史学以史料为素材,强调解读与运用。史料,就是过去人类思想行事所留之痕迹,有证据传留至今日者也。一切历史的事实,不管它看上去显得多么简单,都只有借着对各种符号的这种事先分析才能被规定和理解。除了各种文献或遗迹以外,没有任何事物或事件能成为我们历史知识的第一手的直接对象。只有通过这些符号材料的媒介和中介,我们才能把握真实的历史材料——过去的事件和人物。评估史料价值,就是根据史学界的共识、史料内容和蕴含的历史信息,以及其他史料,判断史料是否有价值,以及价值大小。运用史料,就是利用史料回答和解决所提问题。可见,收集、解读、评估和运用史料,是史学素养的又一重要内涵。并且,史料的解读又取决于历史知识的占有量,因此,历史知识也是史学素养的重要内涵之一。

史学以著述为结果,强调分层与表达,历史著述是对历史的分层表达。历史学分为四个层面。即史实的确认、史事的理解、历史规律的概括、历史意义的评价。与之对应,历史著述也分为史实描述、历史叙述、历史解说和历史评价等四个层次。可见,分层表达客观史实、历史叙事、历史解说和历史评价等,是历史学科核心素养的重要内涵之一。历史学科核心素养,以史学的学术性特质为载体,以彰显教育的本质和实现教育目标为旨归,以增强可教化人性,为塑造全人奠定基础为根本目标。可教化人性的构成,要求历史学科核心素养着力于人的认知、情感和道德,最终归于人的自我发展。历史学科核心素养在体现教育即教化灵魂的本质中,将教育目标学科化或具体化。而史学的教育价值,是历史学科核心素养最简洁的概括。一般而言,史学的教育价值主要表现为两大方面。首先,认识自我,理解现实,展望未来。史学告诉我们过去人类的所言、所行、所思和所求。同时,史学还告诉我们,不同地域和民族出于各自信仰和信念,创造了特色鲜明的文化。在历史中,我们看到了自己以及自己的努力方向。

历史学科核心素养也体现在史学研究能力中。史学研究需要阅读理解、移情体验、想象推理、分析概括、比较归纳和评价等能力,在有关人类活动的史学研究中,理解、体验、想象等能力更加重要。历史学科核心素养还体现在史学研究结果中。史学研究结果,一般以史实考证与描述、历史叙事与解说、历史评估与评价等形式呈现,无论哪一种呈现方式,都必须以史料为前提和基础。上述每一维度,都可揭示出历史学科核心素养的主要内涵。

从过程的视角看,历史学科核心素养体现在史学研究过程中。史学研究具有问题导向。史学研究,就是基于现实而提出问题,在收集、解读、评估和运用史料中解决问题的过程。这一过程,还是体验历史变化,重构历史,并在史著表达中,实现视域融合的过程。从过程抽出的历史学科核心素养内容,如上述六大意识和四大层次等,都略显抽象,且史学特质不明显,需要细化才能体现史学特质。

第二章 唯物史观是教学设计的根本

一、唯物史观的概念解析

唯物史观就是历史唯物主义,是马克思主义哲学的重要组成部分、科学的社会历史观和认识改造社会的一般方法论。19世纪四五十年代,马克思、恩格斯创立了唯物史观。自此,关于人类历史发展的内在规律有了一个科学的解说。20世纪初唯物史观传播到中国,为进步知识分子所接受。新中国建立后,唯物史观作为中国史学界的核心史观,指导着中国史学研究和历史教育的发展。

(一)唯物史观的来龙去脉

唯物史观的基本原理分散于马克思、恩格斯的多本原著中,如《德意志意识形态》《家庭、私有制和国家的起源》《反杜林论》《路德维希·费尔巴哈和德国古典哲学的终结》等。我们现在所看到的唯物史观理论很多是后人从马恩著作中提取出来甚至是结合本国具体情况发展而来的,尤其需要指出的是列宁、斯大林对马克思主义的总结和发展,毛泽东及后来我国从事马恩著作研究者,对唯物史观进行了进一步的丰富和发展。

唯物史观的根本出发点是:一切重大历史事件的终极原因和伟大动力是社会的经济发展,是生产方式和交换方式的改变。其基本原理包括:社会存在决定社会意识,社会意识对社会存在具有反作用;生产力决定生产关系,生产关系反作用于生产力;经济基础决定上层建筑,上层建筑对经济基础具有反作用;人民群众是人类历史的创造者;人类历史发展经历了五种社会意识形态,分别是原始社会、奴隶社会、封建社会、资本主义社会和社会主义社会等。

唯物史观揭示了人类历史发展的一般规律,唯物史观的核心理论或最基本原理只有一条,即人类历史归根到底是由社会的物质生产力所制约的合乎规律的过程。将人类社会的发展演进按照原始社会、奴隶社会、封建社会、资本主义社会、社会主义社会的顺序进行划分,当然由于特殊历史条件的影响,有的国家和地区可能出现跳跃式发展。在人类前进的道路中,阶级斗争是历史发展的直接动力,但不是根本动力;在人类社会发展中,新事物是不可战胜的,但事物的发展历程是前进性和曲折性的统一;融通于事物发展过程的矛盾,具有同一性、斗争性、普遍性和特殊性。同时,主要矛盾和次要矛盾、矛盾的主要方面和次要方面在一定条件下是可以相互转化的。

唯物史观为各门具体的社会科学提供历史观和方法论的理论基础,具体阐释为:生产力是一切社会进步的尺度,社会生产力的发展水平,决定人类社会的进程。与生产力发展相适应的生产关系,构成一定的社会形态和经济结构的现实基础,它规定着社会形态的主要特征。一定的社会形态是一定的经济基础和上层建筑的统一,经济基础的性质决定上层建筑的变更。上层建筑又积极服务和反作用于经济基础。

一切社会制度、社会形态都是人类社会从低级到高级的无穷的发展过程中的一些暂时阶段,没有永恒的社会制度和形态。社会关系要在一定的物质条件下从旧社会的基础上成熟,在它们的所容纳的全部生产力发挥出来之前,社会形态是不会灭亡的。现实存在的具体社会形态都是复杂的,人类社会发展的每一个阶段都既有占支配地位的社会形态,又存在着其他社会形态的残余和萌芽。

人类社会的一般总规律是从原始社会到奴隶社会、封建社会、资本主义社会再到社会主义社会和共产主义社会。这是一个自然的历史发展过程,社会生产力是推动社会历史前进的根本动力。

人类社会历史是不以研究者的主观意识为转移的客观发展过程,具有一定的规律性。人们研究历史,探索社会规律,必须要从客观存在的历史事实出发,详细地占有材料,分析各种发展形态,揭示其内在联系,得出相应的结果。人类社会及其构成成分均以总体的体系方式存在,要从研究的对象的整体出发,从研究对象内部的相互作用与矛盾和研究对象与外部环境的相互作用中进行研究。

在客观历史过程中,一切社会历史因素都是相互作用的。人类社会是有规律运动的,由低级向高级发展的,它显现为历史过程,构成历史过程的各种社会现象也是运动与发展的。我们要用发展的眼光看待历史上的一切,用辩证法的观点去把握对象的本质联系与内部矛盾,又要把研究的对象提到一定的范围之内,具体问题具体分析,从而准确地把握对象。

社会历史事物的发展变化,有进化(改革)和革命两种方式。社会历史发展的根源是在于其种种复杂的内外部矛盾。在客观历史进程中,环境创造人,人又创造环境,人与环境又相互作用。社会历史的研究,不是一个简单的消极的反映过程,而是主客体之间相互渗透、相互作用的辩证统一过程。

因此,唯物史观在看待和处理问题时,就具有了以下特点,而且必须遵循其特点:

(1) 承认历史,尊重历史,认为社会必然是一个连续不断的发展过程,这是如何看待历史的问题。承认历史,认为历史正是所有事物的来源,这本身就解决了哲学中的一个命题——事物的来路问题。任何事物都不是凭空产生的,而必然有其前身或者前因,而我们的现今都是前身或前因的变化或后果。只有首先承认历史,才能够尊重历史。尊重历史有很多的表现,如承认历史的真相、承认曾经的错误、承认先人的功业和成果、承担应有的历史责任、享受应有的历史权益等等。尊重历史,肯定祖先的丰功伟绩,发扬先辈的光荣传统,才能产生强烈的民族自豪感、自信心和凝聚力。

(2) 有了历史的观点,我们就会有更强的理解力和包容性。有很多历史人物造就的历史事件,在我们今天看来甚至有点不可思议,实际上只要联系当时的时代背景,放在特定的时空背景下,就能很好地理解了。有了历史的观点,我们就能更加准确地判断形势,分清利弊,从而有针对性开展工作。有了历史的观点,我们才能谦虚地吸收前人的经验与教训,结合自己的实际,避免不必要的损失,少走弯路。

(3) 运用历史的观点,归根结底还是如何对待历史的问题。是接受还是摒弃、是褒是贬、是全盘否定还是有选择地利用,这是我们必须做出抉择的。纵观历史唯物主义和辩证唯物主义哲学理论,运用马列主义、毛泽东思想的世界观和方法论,我们认为:借鉴历史经验、立足历史条件、顺应历史趋势,做人类历史发展的推进者,做最崇高的理想的实践者,这就是应该采取的科学的态度。

(4) 认清历史形势,利用一切有利条件和时机,敢于变革,推动人类社会向更高的物质文明和精神文明发展。坚持历史唯物主义观念,也要防止那些教条主义、保守主义等呆板运用历史唯物主义观点的行为。不能清醒地认清形势和历史发展趋势,不敢变革或不愿变革,也可能坐失发展良机,给以后的事业造成难以挽回的损失。

马克思主义唯物史观为人们提供了正确认识社会现象和社会历史发展规律的思想路线,它揭示了社会基本矛盾运动是社会发展的根本动力,这一观点提供了认识人类社会发展规律和论证资本主义社会产生、发展和灭亡规律的科学依据,从而纠正了空想社会主义者仅仅从抽象的理性原则出发,谴责资本主义制度的缺陷;它揭示了阶级斗争是阶级社会发展的直接动力,纠正了空想社会主义者寄希望于统治者发善心,以和平方式实现社会变革蓝图的幻想;它揭示了人民群众是历史的创造者,克服了空想社会主义者把无产阶级仅仅看成一个受苦受难的阶级,而把历史进步和社会更替的希望寄托于少数天才人物的局限。因此,唯物史观是社会主义从空想变成科学的基石。

(二) 唯物史观为什么是科学的历史观和方法论

唯物史观是揭示人类社会历史客观基础及发展规律的科学历史观和方法论。人类对历史的认识是由表及里、逐渐深化的,要透过历史的纷杂表象认识历史的本质,科学的历史观和方法论是极其重要的。唯物史观使历史学成为一门科学,只有运用唯物史观的立场、观点和方法,才能对历史有全面、客观的认识[①]。

那么,唯物史观的科学性到底体现在哪里呢?唯物史观是一种唯物的社会发展观,唯物史观的科学性主要体现在它研究社会发展问题的唯物主义的立场。众所周知,世界是物质的,物质是第一性的、意识是第二性的,唯物史观坚持这一观点,也因此,唯物史观是科学的。唯物史观之所以是唯物的,就在于它在确认人类社会发展是一个经济、政治和文化的多因素的发展系统的前提下,肯定经济是社会发展的基础,生产力是社会发展的最终决定力量。马克思、恩格斯深刻揭示了经济事实对人类社会的基础作用:人们首先必须吃、喝、住、穿,然后才能从事政治、科学、艺术、宗教等等;所以,直接的物质的生活资料的生产,从而一个民族或一个时代的一定的经济发展阶段,便构成基础,

---

① 中华人民共和国教育部制定:《普通高中历史课程标准(2017版)》,人民教育出版社 2018 年版,第 4 页。

人们的国家实施、法的观点、艺术以至宗教观念,就是从这个基础上发展起来的,因而,也必须由这个基础来解释①。

而所谓的史观就是人们对社会历史的根本观点和总的看法,目前,中学历史教学常用的对社会历史的观点和看法还有全球史观、文明史观、现代化史观等等。仔细研究,我们发现,这些史观都是从某一个侧面或者角度来研究和观察社会历史的,因此,只能是研究社会历史的一种方法,而不能称之为科学的历史观和方法论。

全球史观是将人类社会的历史作为一个整体来看待的,它从世界历史的整体发展和统一性方面考查历史,认为人类历史的发展过程是从分散向整体发展转变的过程。在此视角下,世界历史发展的主要线索就表现为人类历史发展过程是从分散向整体发展转变的过程,这一转变开始于15世纪末16世纪初的新航路的开辟,到19世纪末20世纪初资本主义世界体系的形成标志着其基本完成,当今经济全球化趋势迅猛发展则是整体世界发展的深入阶段。

全球史观的这种视角有其积极的、可取之处,全球史观承认生产力的发展和世界各地区交往的发展是人类历史发展的两条主线,建立在生产力发展基础上的各地区交往的发展是推动人类社会从分散发展走向整体发展的决定因素。简单地讲,全球史观就是要把握人类社会横向发展的历史进程,在这一进程中重视交往、强调交往在人类历史发展进程中的作用,推动人类社会从分散走向整体发展的决定因素。但是局限性也是显而易见的,最主要是的对于人类社会每个国家、每个民族的纵向发展历程关注不够。

文明史观,通常被称为文明史研究范式,是研究历史的一种理论模式。文明史观认为,一部人类社会发展史,从本质上说就是人类文明演进的历史,人类创造、积累文明的过程及其所获得的成果是历史的基本内容,人类文明由物质文明、精神文明和政治文明构成,三者在相互作用、协调互补中交替促进、共同发展。

文明史观的可取之处在于,从横向看,人类文明史的内涵包括物质文明、政治文明和精神文明,从范围上可以分为古希腊与古罗马文明、中华古代文明、西方资本主义文明、社会主义文明等若干文明。从纵向看,人类文明经历了渔猎采集时代、农业文明时代(包括新石器时代、青铜时代和铁器时代)、工

---

① 中共中央马克思恩格斯列宁斯大林著作编译局编译:《马克思恩格斯选集(第二卷)》,人民出版社2003年版,第104页。

业文明时代(包括手工工场时代、蒸汽时代、电气时代和信息时代)。文明史观是以社会生产力的发展为依据,重视至今仍有重大影响的文明成果,能够正确认识人类文明成果与代价的关系,承认文明的多元性,正确把握不同文明之间的关系。但是缺陷也很明显,人类社会的发展是纷繁复杂的,仅以物质文明、精神文明和制度文明为考察对象,显然会忽略很多的历史细节。

现代化也称近代化,它是指由传统社会向现代社会变迁的过程即传统农业社会向现代工业社会的变迁过程。包括政治上的法制化、民主化,即从人治到法治、从专制到民主等;经济上的工业化和市场化,即从传统农业到现代工业、从自然经济到商品经济等;思想文化上的科学化、理性化;社会生活的现代化和城市化。现代化是一场全方位的社会变革,其核心是经济的工业化和政治的民主化。

现代化史观把各国现代化的发展道路或发展类型,按照不同标准进行划分。从现代化的动因和起步时间看,可分为内源型现代化模式和外源型现代化模式。内源型现代化模式即现代化起步的原因主要是该国或该地区社会内部经济、政治和文化自然发展的结果,如英、法等国的现代化。外源型现代化模式,即指现代化起步是在外部因素的刺激下开始的,如美国、日本和亚、非、拉第三世界国家的现代化。从经济体制的特点看,可分为市场经济模式、计划经济模式和混合经济模式。市场经济模式如英、法等西方资本主义国家的现代化;计划经济模式如苏联的现代化;混合经济模式,其特点是国家计划经济和市场经济在现代化过程中都起着重要作用,如印度等国的现代化。从社会经济的性质看,可分为资本主义现代化模式和社会主义现代化模式。社会主义现代化模式,又可分为苏联模式(即斯大林模式)和中国模式(即中国特色的社会主义现代化模式)。现代化史观的缺陷是明显忽略古代社会的历史以及现代化发展程度不高的国家和民族的历史。

二、唯物史观教学的实践

中学阶段是一个人树立人生观、价值观的关键时期,在这一时期帮助学生树立唯物史观,有助于学生形成正确的人生观和价值观,对学生终身发展将起到重大的促进作用。中学生的学情特点较复杂,不同年级学生的学情又有着不同的特点,同一年级的不同班级学情特点也存在着差异,即使是同一班级不同程度的学生,他们的学情也是千差万别的。因此,历史教师应注意从学情出发,用历史的角度加深学生对唯物史观的理解。

（一）应用唯物史观教学设计的四个坚持

1. 坚持以社会存在决定社会意识的观点分析历史

在人类历史的发展进程中,物质生产的活动是一切活动中最基本和最重要的实践活动,物质生产活动的水平和形式决定了人们在生产过程的相互关系和性质,因而决定上层建筑中的政治制度、法律制度、思想文化艺术的状况。当然,生产关系和上层建筑对经济基础又会起到反作用。

在中学历史教学中就可以运用这个观点去分析历史。如春秋战国时期,由于生产力的发展和经济结构的变化,导致井田制和分封制逐渐瓦解。为了适应生产力的发展,各国实行变法和改革,与此同时,在思想领域也出现"百家争鸣"的局面。这段历史讲授的结构如图 2.1 所示。

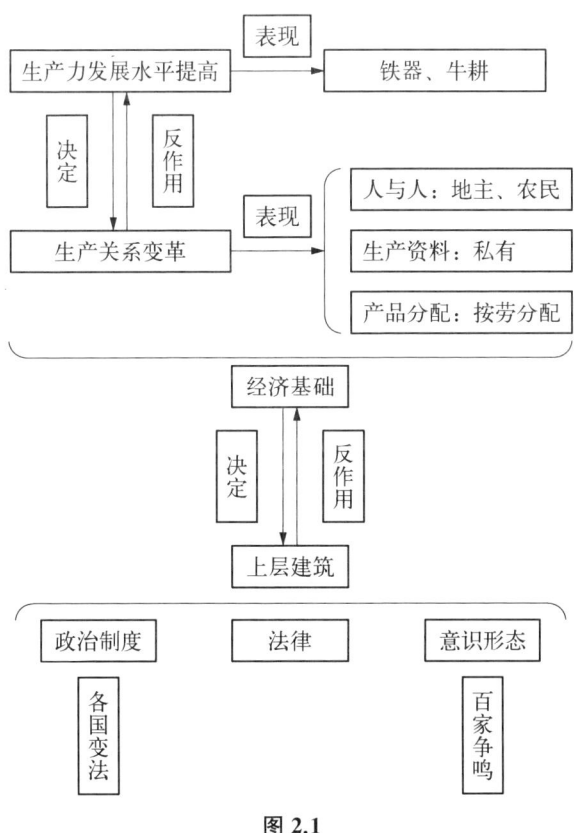

图 2.1

春秋时期,耕牛出现在农业耕作中,极大地提高了生产力,推动着社会的变革转型。教师在具体讲述"(春秋战国)中华文明的拓展"时,则可以通过"牛形尊"和"孔子学生的姓名与字"为例,以文物和古代男性关于表字的礼制,来剖析历史细节,以社会存在决定社会意识的观点去分析历史,理解那一时期的时代特征:

师:观察两幅图,图1(人耕地)与图2(牛耕地),哪一种耕作方式出现得晚?

图1　　　　　　　　　图2

生:图2(牛耕地)。

师:图2(牛耕地)出现在哪一时期?请结合教科书,证明这一论断。

生:图2(牛耕地)出现在春秋时期。因为教科书中,春秋时期的牛形尊,牛鼻上穿有鼻环;以及春秋时期孔子的学生叫冉耕,字伯牛,另一位学生叫司马耕,字子牛。这些都足以证明牛耕最早出现在春秋时期。

2. 坚持以联系和发展的观点分析历史

一切历史现象都不是孤立的,都有其存在的必然性。一定时期的经济、政治、思想文化和科学艺术都是在相互联系、相互影响下存在和变化的,它们之间或有直接的联系,或有间接的联系。人类历史是不断向前发展的,虽然偶有反复,但发展仍是总趋势。

在历史教学中,我们可以用这个观点分析历史现象。如鸦片战争对中国社会的影响。这个问题的结构如图2.2所示。

如在讲授华师大版八年级"当代世界的多元文明"单元"西欧与日本"一课时,教师借助对不同国家欧元硬币上图样、欧元纸币上图样的对比与解读,在源于学生的生活经历的基础上创设问题,引导学生认识和体悟欧盟"联合之路"的核心理念:在开放和交流中,实现"多元一体"!

师:随着欧盟成员国的不断增加,为了推动欧盟大市场的更好发展,1999年,欧元诞生。2002年,欧元正式在欧盟内的欧元区流通。让我们来看

```
┌─────┬──────────────────────────────────────────────────────────┐
│鸦   │ 总体看：给中国带来了深重灾难和巨大屈辱，对中国社会发展产生了转折性的影响 │
│片   ├──────────────────────────────────────────────────────────┤
│战   │ 社会性质：中国进入了旧民主主义革命时期                           │
│争   ├──────────────────────────────────────────────────────────┤
│对   │ 经济发展：中国经济主权遭到严重破坏，自然经济解体                    │
│中   ├──────────────────────────────────────────────────────────┤
│国   │ 经济发展：商品经济发展、新的生产方式和技术发展                     │
│社   ├──────────────────────────────────────────────────────────┤
│会   │ 思想文化：新的思想萌发，封建思想受到一定的冲击                     │
│的   │                                                          │
│影   │                                                          │
│响   │                                                          │
└─────┴──────────────────────────────────────────────────────────┘
```

中国社会在灾难与屈辱中，开始了艰难的社会转型

图 2.2

一下欧元的图样(图 1)。

(教师 PPT 投影出示右图德国、法国、希腊 2 欧元硬币图样的正反面)

师：这些是德国、法国和希腊欧元硬币的图样，大家发现这些硬币正反面的图案有何异同？你觉得这些欧元硬币如此设计的理念是什么？

生：德国的是一只鹰，我在德国旅游时看到过。

师：对，是联邦鹰。

生：法国的好像是一棵树，上面有些字母。

师：很好，上面英文字母是"自由、平等、博爱"。

图 1

生：希腊的，看着好像是一幅画，对，是欧罗巴骑着牛！

生：它们的正面都一样。反面不一样，有自己国家的特色。

师：同学们讲得很好。那么你觉得他们这样设计的理念是什么？

生：我觉得是求同存异。

生：他们既想表达他们是一个整体的，也想把自己国家的文化展现出来。

师：确实如大家所说的，欧元硬币想要表达的是欧盟"多元一体"的理念，那么这种理念是如何践行的呢？下面，我们再来看看欧元纸币。

（教师 PPT 投影出示欧元 100、200、500 面值纸币的正反面图样,如图 2 所示）

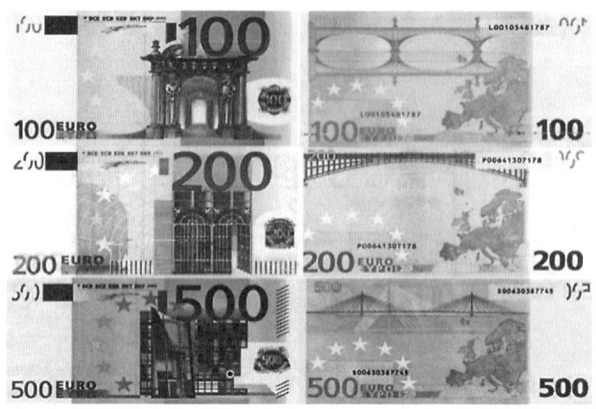

图 2

师:同学们,关注一下不同面值纸币上的图案,分别是些什么图案?

生:好像是每个国家的特色建筑。

师:再仔细看看,这些特色建筑都是什么?

众生:是桥、是门。

生:下面那个好像是玻璃窗。

师:为什么要设计成桥、门、窗这样的图案呢?设计者想借此表达怎样的意图呢?

生:我觉得"桥"代表的是连通吧。

师:嗯,加强联系。那门和窗呢?

众生:开放。

师:对！秉持互相开放、密切沟通的原则,欧洲一体化的道路进一步深化,欧元硬币和纸币上的这些设计真的是意味深长！同时,同学们也发现货币不仅是一个经济符号,货币上的图案更是一种政治、历史、文化理念的表达与体现。

（上海市世界外国语中学　陈慧敏撰稿）

教师从德国、法国和希腊欧元硬币和纸币正反面的图样,引导学生发现问题,推测设计者的创作意图,在观察图片得出的浅层次知识的基础上,有效剖析图片设计背后蕴藏的理念。在这样的铺陈下,学生便能自然而然的得出"求同存异"的认识,也就能体悟欧盟铭言"多元一体"的意义所在,同时对货币这一经济符号有了更加全面的认识。

3. 坚持以具体问题具体分析的观点分析历史

从客观存在的历史事实出发,对具体问题进行具体分析是唯物史观对历史分析的基本要求,就是要把具体问题放在特殊的历史环境下分析。如对历史人物、历史事件进行评价时,要把其置于当时的历史背景下分析,不能脱离其所在的特定的历史环境。

以"重农抑商"政策为例,在小农经济占主导的古代社会来说,该政策有其历史进步性,而到了古代社会晚期,随着商品经济的发展,"重农抑商"政策显然成为时代进步的绊脚石,所以其落后性就占据主要位置。

再如对洋务运动代表人物李鸿章的评价,应该从客观角度出发,把李鸿章这一历史人物放在当时特定的时代背景下,并主要看他的所作所为是否符合历史发展的基本趋势,是否促进社会的发展。据此,可以得出这样的结论:李鸿章是过渡时代的过渡性人物,是晚清中国政坛上开明的封建官僚。作为晚清王朝的栋梁之臣,他首先要维护晚清王朝利益。李鸿章认识到中国的落后,主张兴办洋务来实现国家富强,并身体力行,客观上有利于中国的近代化;但他向西方学习存在着本质的局限性,不可能使中国真正走上富强之路。李鸿章在对外战争中,极力妥协并代表清政府签订卖国条约,尽管是被迫的,但客观上确实是丧权辱国的。

《上海市高中历史学科教学基本要求》中谈道:"领悟实践是检验真理的唯一标准和解放思想的重要性,认同不仅'听其言',更要在特定的历史条件下'观其行''察其果'的评价原则。"[①]

在讲述上师大版八年级历史"俄国十月革命"一课时,如何认识这一历史时期所更迭的三个政权:沙皇政权、临时政府和苏维埃政权是重点和难点。而为何最终历史和人民选择了苏维埃政权,这也是需要坚持以具体问题具体分析的观点分析历史和阐释历史。教师向学生呈现一系列的图表和史料,在教学过程中设计三个"俄国人民的选择",将学生置于1917年的俄国普通群众的视角,在学生逐步了解历史事实的过程中让其主动做出选择,俄国人/学生的三次选择也凸显"人民创造了历史"这一教学立意。

---

① 上海市教育委员会教学研究室编:《上海市高中历史学科教学基本要求(试验本)》,华东师范大学出版社2017年版,第6页。

通过展示一战前欧洲主要列强经济总体情况表和一战前欧洲主要列强经济平均水平表,从而表明当时的沙皇俄国是帝国主义链条中最薄弱的一环。如此薄弱的经济基础,能否支撑一场全面的战争?答案显然是不能的。

据俄罗斯政府官方网站的数据,1914—1917年,当时沙皇俄国统治时期人口锐减。从这样一种客观后果,证实了在经济基础薄弱的情况下投身于战争,结果是显而易见的。对于临时政府作为,可以通过一则历史细节来表明。为了应付一战,临时政府组织了妇女营投身行伍,不用浓墨重彩,而以简单的线条勾勒,将女性投入战争这一行为,本身就具有反人类的属性。

而在十月革命后,新生的苏维埃政权施行了一系列措施,便是退出一战、军人复原等利于民生的政策,也正是由于这些政策深得人心,因而在列强与白匪干涉俄国革命期间,有武装保卫苏维埃一事。通过上述分析,在常态化的教学过程中,学生不难得出是历史和人民选择了苏维埃政权这个结论。

4. 学会阶级分析的方法

在阶级社会里,人们的思想和行为都不可避免地打上阶级的烙印。作为统治阶级,不管是奴隶主、地主,还是资产阶级都将维护自己的阶级利益、巩固自己的统治作为各种活动的出发点和归宿点。虽然有时他们会采取一些有利于被统治阶级的措施,但其目的仍是缓和阶级矛盾,稳定社会秩序,巩固自己的统治。因此在研究阶级社会的历史中,应运用阶级分析的方法,用阶级的观点分析阶级社会的现象找出问题的本质。

以梭伦改革为例,虽然在其改革措施里有一部分有利于平民和下层民众的措施,但改革的最终目的是缓和奴隶主和平民的矛盾、维护统治阶级的统治。梭伦之所以要采取一些维护平民利益的措施,是因为当时平民和奴隶主统治阶级的矛盾非常尖锐,经常爆发平民反抗统治的斗争,如果不采取措施缓和矛盾,奴隶主的统治便处于危机之中。可见梭伦是站在奴隶主阶级的立场上,处于维护奴隶主阶级的统治需求而实施对平民有力的措施的立场上。

中国的商鞅变法亦是如此,春秋战国时期,社会动荡、王室衰微、连年征战,在此背景下,代表新兴地主阶级利益的商鞅为使秦国走出困境、走向富强,在经济上,改变了旧有的生产关系,废井田开阡陌,从根本上确立了土地私有制;政治上,打击并瓦解了旧的血缘宗法制度,使国家机制更加健全,中央集权制度的建设从此开始;军事上,奖励军功,达到了强兵的目的,极大地提高了军队的战斗力,为秦国的下一步战略发展创造了有利的条件。总的来说,商鞅变法是战国时期一次较为彻底的改革运动,大大推动了社会进步和历史的发展。通过改革,秦国废除了旧的制度,创立了适应社会经济发展的新制度。改革推动了秦国社会的进步,促进了经济的发展。同时,壮大了国力,实现了富国强兵。为以后秦统一全国奠定了基础,对中国历史的发展起到了重要的作用。当然,变法也有其局限性,如商鞅变法轻视教化,鼓吹轻罪重罚等。商鞅制定的法律非常严苛,如百姓在路边倒扔垃圾,就要被砍去双手。因此,商鞅变法在一定程度上加重了广大人民所受的剥削与压迫,特别是连坐法,给广大人民带来巨大的痛苦。而且商鞅变法也并未与旧的制度、文化、习俗等彻底划清界限。燔诗书而明法令,牵制了人们的思维,是一种文化专制,抑制了创新意识。

(二)彰显唯物史观的教学实录——晋元高级中学邹玉峰老师的教学设计与实录

1. "鸦片战争与《南京条约》"教学设计

使用教材	《高中历史》第五分册(试验本)华东师大出版社 余伟民主编
学科领域	历史
适用年级	高三
三维学习目标	
知识与技能	知道鸦片战争爆发前的中国与英国的发展概况、鸦片的输入与危害、《南京条约》的主要内容,了解鸦片战争爆发的主要动因、《南京条约》签订给中国社会所造成的影响。
过程与方法	通过教师对教材文本的知识解构,学生能够对鸦片战争的前因后果有系统性的认识。 通过对典型材料的深入细致地剖析,帮助学生正确认识与理解鸦片与这场战争冲突的关系以及战争发生的不可避免,同时能够学会站在不同的时代立场上去审视这场战争所带来的影响。 通过教师对材料的示范性解读,帮助学生初步掌握 solo 题的基本解答方法。
情感态度价值观	通过典型材料的分析与诠释,学生能够正确认识"教材文本"与"教学检测""教材文本"与"课外材料"之间的关系,更深刻体会"史由证来、鉴证识史"的史学认识。 通过本课的学习,学生能够较为理性地认识西方殖民贸易的掠夺性与非正义性,以及清王朝自身的观念的落后性与保守性,学会多角度地认识历史问题。

(续表)

教学重难点	
重　点	鸦片战争的起因及《南京条约》对中国社会带来的深远影响。
难　点	如何理解当时的清王朝对鸦片战争的认识与反应。
教学环境资源	
印刷资料	课堂练习复印资料
信息化资源	多媒体演播室、多媒体课件
其　他	讲授法、描述法、讨论法、归纳法
过程(教学或学习过程)(略)	
作业布置	参照课堂上对鸦片战争爆发的原因及影响的典型案例分析,尝试完成"鸦片战争失败原因"的 solo 题。

2. "鸦片战争与《南京条约》"的教学实录

师：我们今天复习鸦片战争与《南京条约》。19 世纪上半叶,康乾盛世的余晖已渐渐褪去,大清国的君臣们却仍旧沉醉在"天朝上国"的梦幻里。而此时的西方,英国正乘着工业革命的春风,迅速跃升为世界头号工业强国。

在自由贸易旗帜的指引下,怀着对广阔市场和廉价原料的渴求,英国在全球范围内进行殖民扩张,中国,成为它在远东地区的首选目标。然而,由于自给自足的小农经济的抵制,由于闭关锁国的对外政策的遏制,由于妄自尊大的天朝观念的牵制,导致在正常的中英贸易中,英国长期处于入超的不利境地。

为了扭转困局,英国将鸦片大肆走私到中国,引发了空前严重的社会问题和经济问题。

出于维护江山社稷的本能,道光皇帝终于痛下决心对鸦片宣战。林则徐冲在了禁烟运动的最前线。

基于上述种种情况,"天朝上国"与"日不落"帝国之间的生死对决终于开始了。大清国"以中世纪的武器、中世纪的政府、中世纪的社会"来对付拥有坚船利炮的近代化的敌人。

结局是没有悬念的。1842 年 8 月 29 日,大清国被迫在炮口下与大英帝国缔结了改变中国历史走向的城下之盟。

从此,中国同西方国家的关系,发生了深刻的变化。正如历史学家蒋廷黻所说:"在鸦片战争以前,我们不肯给外国平等待遇;在以后,他们不肯给我们平等待遇。"

唯一聊以自慰的是,在时势的深深刺激下,一部分有识之士开始睁开双眼,喊出"师夷长技"的时代强音。

【实录片段赏析】

　　导入新课追求的是平地惊雷,看似平淡无奇却能给人以无限的空间遐想。邹老师的这段导入新课做到了这一点,语言简练、思路清晰还在其次,重要的是通过几个关键词句,如:落日的余晖、天朝上国、工业革命的春风、工业强国、对决等等,引发学生无限的遐想:何谓落日余晖?何谓工业强国?如何对决?

　　更为重要的是,通过这样看似平淡无奇的导入新课,潜移默化中从唯物史观的角度揭示了鸦片战争爆发的根本原因:伴随着工业革命的进行,实力强大起来的英国为找寻商品销售市场和原材料产地对中国进行了野蛮的侵略。

静态的文本解读后,我们再结合典型材料,动态地品读这一课的历史意蕴。

师:解答上述问题,关键是要读懂、读透材料。所以,我们研读材料的时候,大家一定要集中注意力,认真思考。我们看材料。

(教师出示材料一)"这场战争是英国资产阶级旨在维护鸦片贸易而发动……的对华战争。……英国政府在印度的财政……不仅要依靠对中国的鸦片贸易,而且还要依靠这种贸易的不合法性。"(马克思:《鸦片贸易史》)

(教师出示材料二)"当中国人实行一种激烈的禁烟运动而使危机加剧的时候,战争果然就来到了;它(鸦片战争)不过是……决定东方和西方之间应有的国际和商务关系的斗争……"(英国学者马士:《中华帝国对外关系史》)

师:马克思说:"这场战争是英国资产阶级旨在维护鸦片贸易而发动的战争。"显而易见,马克思在这里强调的战争起因是什么。此外,你还看到了什么?

生:"维护鸦片贸易";鸦片贸易对英国经济有重要作用;鸦片贸易是非法贸易;马克思批判鸦片贸易。

师：同学们，难道这就是这场战争发生的本质原因吗？马克思的论断和你所掌握的知识一致吗？那么，马克思的分析有道理吗？鸦片贸易是一种怎样的贸易呢？

生：鸦片贸易是一种非法的走私贸易、殖民贸易，给中国带来严重危机，体现了西方资产阶级野蛮剥削掠夺的本性。很显然，马克思对这场战争起因的认识，也主要关注在鸦片贸易上，并未触及本质。当然，鸦片贸易是非法的走私贸易，给中国造成严重危机，所以清政府采取了禁烟措施，影响了英国的殖民利益，马克思谴责鸦片贸易。

【实录片段赏析】

唯物史观告诉我们，要透过现象看本质。表面上看，英国发动鸦片战争是为了维护鸦片贸易，但是究其根本还在于寻找商品销售市场和原材料产地，这是英国工业革命后生产力极大发展所必然。中国广袤的土地、稠密的人口、落后的小农经济等等，恰恰是英国所需要的完美的商品销售市场和原材料产地，维护鸦片贸易只不过是一种借口而已。即使是马克思也仅仅是看到了英国发动这场战争的直接原因和战争的非正义性，授课教师通过师生对话、层层剥开迷雾，在肯定马克思对战争非正义性的认识的同时，引导学生揭示鸦片战争爆发的根本原因，很好地落实了唯物史观。

师：现在，我们来看看材料中英国学者马士怎样认识这场战争。（教师朗读）在马士看来，战争的起因是什么呢？

生：中国的禁烟运动、国际和商务关系的斗争、战争的责任在中国，英国是正义的。

师：从材料看，马士将战争的责任归咎在哪一方？你同意这种说法吗？马士所说的"东西方之间应有的国际和商务关系"应该是什么样的呢？当时的西方式的贸易又是什么样的呢？

生：到处是殖民争霸和殖民侵略，完全以西方的价值观念来衡量对外贸易，更重要的是国家利益。看来，这种应有的商业关系就是当时的中国向西方开放市场。

师：马士所说的是战争的根本原因吗？为什么？马士为什么会有在我们看来非常理的看法呢？马士的内心深处的诉求是什么呢？是什么因素在左右

着他的思维？现在我们应该从什么角度来入手分析呢？

生：这就要涉及马士所处的阶级立场和民族立场。马士是站在西方资产阶级立场之上，他的观念完全是西方本体经济的价值观。在他看来，整个世界的经济就应该是开放的，西方就应该主宰世界的经济，中国就应该向西方开放市场，鸦片贸易就是合法的，中国就不应该禁止，如果不开放，西方就可以用拳头说话。

师：用暴力强迫别国抛弃自己的对外政策，完全按照他的意愿行事，这是什么逻辑？

生：强盗逻辑！你不开放，我就揍你！

师：所以，马士完全是站在西方殖民者的立场之上，以西方的价值观念来看待鸦片战争，将战争的责任完全归咎于中国，美化殖民扩张，掩盖战争的侵略实质。

【实录片段赏析】

英国学者马士对战争起因的认识明显是错误的，如何才能让学生充分地认识到他的错误所在？

授课教师通过师生对话，运用唯物史观阶级分析的观点引导学生认识不断深入：马士是站在西方资产阶级立场来看待问题的。在他看来，整个世界的经济就应该是开放的，西方就应该主宰世界的经济，中国就应该向西方开放市场，鸦片贸易就是合法的，中国就不应该禁止，如果不开放，西方就可以用拳头说话。

言简意赅的分析和理解，渗透了唯物史观中阶级分析的观点。

师：下面，我们一起来阅读材料三。

（教师出示材料三）"大家都认为……鸦片战争是一次典型的非正义战争……是……用鸦片染成的战争……(但是)根本问题是北京愿不愿意和英国订立平等国家关系的问题。"（美国历史学家费正清：《伟大的中国革命》）

师：美国历史学家费正清在《伟大的中国革命》中则提出了一个悖论，在费正清看来，大家普遍认同的"战争的起因在于鸦片贸易"的看法是错误的；战争的真正根源是英国要争取"平等国家关系"。这场战争的责任在中国，英国是正义的。

师：鸦片战争难道不是一次典型的非正义战争吗？这场战争难道不是因为鸦片贸易而引起的吗？为了争取与清政府的平等外交，就一定要发动战争吗？清政府没有权力决定自己国家的外交政策吗？就中西方交往方面，清政府真的就没有一点责任吗？费正清所说的是根本问题吗？他为什么会有如此看法？

师：其阶级立场，从西方民族国家交往的观念出发来认识问题。真正的民族国家间平等的原则是什么？是用枪炮强迫人家服从你的标准吗？还是互相尊重各自的主权和利益？这无疑又是强盗逻辑！

生：鸦片战争是一场非正义战争，其根本动因是西方列强扩大市场和掠夺原料的需求。而费正清站在西方资产阶级立场上，片面地将原因归咎于国家间的平等关系问题，否认战争的非正义性，掩盖鸦片贸易的掠夺性，将侵略战争美化为争取平等地位的正义战争。当然，外交地位之争也折射出清王朝的妄自尊大的天朝上国观念。

【实录片段赏析】

运用阶级分析的观点分析历史问题是唯物史观的重要方法，在上一个讨论马士的说法环节已经运用，如何潜移默化地让学生掌握和巩固呢？

教师在这个教学片段，使用了模仿迁移。教师出示费正清的说法，让学生进行分析，学生在上个教学片段所学的方法基础上，很自然地应用了阶级分析的观点，得出了结论：鸦片战争是一场非正义战争，其根本动因是西方列强扩大市场和掠夺原料的需求。而费正清站在西方资产阶级立场上，片面地将原因归咎于国家间的平等关系问题，否认战争的非正义性，掩盖鸦片贸易的掠夺性，将侵略战争美化为争取平等地位的正义战争。当然，外交地位之争也折射出清王朝的妄自尊大的天朝上国观念。

模仿和迁移是教学过程中常用的教学手段，对于学生能力的养成具有非常重要的意义。

师：材料四又会有怎样不同的观念呢？

（教师出示材料四）"鸦片战争……是两种不同文化间的冲突。当两种各有其特殊体制、风格和价值观念的成熟的文化相接触时，必然会发生某种冲突。"（美国学者张馨保：《林钦差与鸦片战争》）

师：美国学者张馨保在《林钦差与鸦片战争》中让我们看到了关于鸦片战争起因的另类解读，另一位美国人约翰·坤赛·阿丁（John Quincey Adams）则提出："这次战争（鸦片战争）的原因是叩头。"那么这场战争是否体现了两种不同文化的冲突？当时的中西方的体制、价值观念是什么？我们知道，即使是在今天，不同国家和地区之间也会有迥然不同的文化传统，文化上的差异就一定会导致两种不同文化背景的国家兵戎相见吗？难道中国当时的文化体制中就没有值得反思的问题吗？

生：中西方之间的确存在着较大的文化和观念上的差异；两位美国人仍然站在西方文化传统立场上，夸大了中西方之间的文化的对立性，而忽视了相互间的借鉴性，从中也透露出当时的中国文化观念的自大、保守与落后。两位美国人紧紧抓住表面的文化观念之争，而没有看到战争爆发的根源，或者说，他们站在西方资产阶级立场上有意掩饰战争的非正义性和西方的侵略性。

师：回答得好，接下来，我们看看当时英国政府是怎样认识这场战争的。

（教师出示材料五）英国外相巴麦尊在议会上发表的讲话："那个帝国……竟然……把能给我们大英帝国带来无限利益的大批的商品，全部给予销毁！我要求议会批准政府……去惩罚那个极其野蛮的国家！……要保护我们天经地义的合法贸易！"（刘存宽：《试论英国发动第一次鸦片战争的双重动因》，《近代史研究》1998年第4期）

师：材料中"能给我们大英帝国带来无限利益的大批的商品"是什么呢？巴麦尊为什么不直接说被销毁的是"鸦片"而说是"商品"？

生：一是要掩盖罪行，混淆鸦片与正当商品的界限；二是在他看来，鸦片贸易就是正当贸易。

师：材料中哪句话充分体现了巴麦尊所认为的正当性的理由？

生：他的正当性的唯一理由是"给我们大英帝国带来无限利益"，凡是与此相违背的，都要诉诸武力。

师：他们发动战争所要保护的真的是"天经地义的合法贸易"吗？他们的"天经地义的合法贸易"是什么样的？你从巴麦尊的言论中看到了什么？

生：作为当时的英国外相，巴麦尊完全站在英国资产阶级侵略者的立场上，为其殖民侵略辩护，为发动战争寻找借口；这场战争的根本原因是英国为了扩大商品倾销市场和原料产地而发动的非正义的侵略战争。中国的禁烟运动是正义的。

师：我们细细剖析了四段材料，收获了一堆看似凌乱的认识。仔细梳理我们会发现，关于鸦片战争起因，材料中主要谈到了两个问题，第一是战争起因：英国的鸦片贸易、中国的禁烟运动、中英的文化冲突、英国的合法贸易、中英的礼仪纷争；第二是战争性质：谁是战争的始作俑者？中国还是英国？这场战争到底是侵略战争还是商业战争？

师：我们已经基本了解了材料中所涉及的鸦片战争爆发的诸种原因。我们还应该思考一个问题：教材文本中是怎样叙述这场战争的原因呢？我们请一位同学简明扼要地说一下。

生：当时两国的社会状况：中国衰落与危机、英国发展与扩展；贸易变局与鸦片输入；禁烟运动与鸦片战争。

【实录片段赏析】

使人明智是历史课的目标之一。所谓的使人明智就是要学生养成分析问题、解释问题的能力，养成在一定的史观指导下的情感、态度、价值观。

在分析了关于鸦片战争起因的三段材料后，授课教师出示材料，让学生运用已经学过的分析方法，阶级分析的观点让学生透过现象去认识本质，学生在教师的引领下，不但能够准确地运用唯物史观的基本分析方法，而且能够清晰流畅地表达自己的所思、所想，学生的能力得以提升。

在教师的引领下，最终形成了关于鸦片战争爆发原因的基本认识。

师：那么鸦片战争带来的影响又是什么呢？

（教师出示材料六）"满族王朝的声威一遇到英国的枪炮就扫地以尽……野蛮的、闭关自守的、与文明世界隔绝的状态被打破……当这种隔绝状态……为暴力所打破的时候，接踵而来的必然是解体的过程……"（马克思：《中国革命和欧洲革命》）

师：材料中，清王朝封闭的状态是怎样打开的？这种"与文明世界隔绝的状态"产生的思想基础是什么？清王朝解体的具体表现在哪些方面？其解体是全方位的吗？

生：鸦片战争失败后，《南京条约》签订，五口通商，协定关税，割地赔款，封闭的大门被打开；自然经济逐渐解体，各项主权遭到破坏，被纳入世界市场，思想观念有新动向；总体来讲，天朝政治体制和天朝观念没有大的改变。

(教师出示材料七)给事中董宗远在南京条约订立时上奏皇帝说:"国威自此损矣,国脉自此伤矣,乱民自此生心矣,边境自此多事矣。"但是,耆英等人在订南京条约时说:"该夷……虽系贪得无厌,而其意不过求赏码头,贸易通商而已,尚非潜蓄异谋。"(《鸦片战争资料》)

师:透过两位清朝官员对时局的认识,我们能够看出他们怎样的心态?

生:天朝上国的心态,尽管看法不一致,但都是从维护天朝体制出发。

师:多年来,学者在反思这场战争的时候,提出了一些新的视角。

(教师出示材料八)蒋廷黻《中国近代史》中提出"当时的人对于这些条款最痛心的是五口通商。他们觉得外人在广州一口通商的时候已经不易防范,现在有五口通商,外人可以横行天下,防不胜防。协定关税和治外法权是我们近年所认为不平等条约的核心,可是当时的人并不这样看。治外法权……不过是让夷人管夷人。至于协定关税……而且新的税则平均到百分之五,比旧日的自主关税还要略微高一点。……所以他们……以为他们的外交成功。"

(教师出示材料九)郭廷以在《近代中国史纲》中甚至对魏源也提出了新的看法:"(魏源)说:'圣人以天下为一家,四海皆兄弟,故怀柔远人,宾礼外国,是王者之大度',而其'师夷长技以制夷'之论……他所指的长技,首为船炮,应自设厂局,沿用法、美之人,制造教演。"

(教师出示材料十)茅海建在《天朝的崩溃——鸦片战争再研究》提出"战争结束后,道光帝曾下令各省修筑海防工事,……各地竟然旧样复制,全无改进……祁㙷……因仿造火轮船……提议从澳门雇觅'夷匠'。这可一下子触动了他(道光)的神经,宁可不要火轮船,也不能让这些危险的'夷匠'入境。"

师:"当时的人"最有可能是什么人呢?他们为何会这样理解《南京条约》呢?应该怎样认识魏源的思想呢?

生:开眼看世界、主张学习西方的人;因为思想观念仍受传统影响,学西方的内涵有限。

师:从清王朝的视角看,这场战争到底带来了怎样的影响呢?

生:天朝的威严受到了冲击,封闭的国门被打开了,但是天朝上国的观念依然根深蒂固,使得清朝上下不思进取、苟且偷安,丝毫意识不到时局的变化。所以,在大清国君臣眼里,不平等条约的签订并非军事与外交的失败,签约避免了战争与麻烦,是"天朝"的幸事。董宗远是从维护封建统治秩序着想,对内外交困的局势深感忧虑,但这在当时只是极个别官员的认识。鸦片战争虽然击碎了"天朝"威严,但"天朝"的观念依旧。鸦片战争并没有促使当时的国人警醒,他们没有意识到自己的落后,更未意识到西方列强殖民扩张的野心,这样他们便继续沉睡了二十年,直到第二次鸦片战争的惨败,方才步履蹒跚地师夷长技。

师:你刚才所说的,写出来,就是一篇很好的文章!

【实录片段赏析】

关于鸦片战争的影响教学,长期以来我们基本上都是直接给出结论,然后让学生死记硬背,这样的教学不能说就完全是错误的,至少对于学生能力素养的养成不利。

在本课中,教师能够具体问题具体分析,以具体的史料为依托,有一分证据说一分话,引领学生得出结论,在避免了陷入死记硬背窠臼的同时,进一步贯彻透过现象看本质,以及阶级分析的唯物史观的基本方法。学生得出的结论也是具体的、明确的、有的放矢:天朝的威严受到了冲击、封闭的国门被打开了,但是天朝上国的观念依然根深蒂固,使得清朝上下不思进取、苟且偷安,丝毫意识不到时局的变化。所以,在大清国君臣眼里,不平等条约的签订并非军事与外交的失败,签约避免了战争与麻烦,是"天朝"的幸事。董宗远是从维护封建统治秩序着想,对内外交困的局势深感忧虑,但这在当时只是极个别官员的认识。鸦片战争虽然击碎了"天朝"威严,但"天朝"的观念依旧。鸦片战争并没有促使当时的国人警醒,他们没有意识到自己的落后,更未意识到西方列强殖民扩张的野心,这样他们便继续沉睡了二十年,直到第二次鸦片战争的惨败,方才步履蹒跚地师夷长技。

难怪教师最后高兴地说:你刚才所说的,写出来,就是一篇很好的文章!

(三)教学实录的分析与解读

这节课的教学设计和教学实录充分体现了唯物史观的教学,从始至终,始终贯穿着。

1. 以社会存在决定社会意识的观点分析历史

在人类历史的发展进程中,物质生产的活动是一切活动中最基本和最重要的实践活动,物质生产活动的水平和形式决定了人们在生产过程的相互关系和性质,因而决定上层建筑中的政治制度、法律制度、思想文化艺术的状况。当然,生产关系和上层建筑对经济基础又会起到反作用。

例如,关于鸦片战争爆发原因,教师没有因为马克思说"这场战争是英国资产阶级旨在维护鸦片贸易而发动……的对华战争。……英国政府在印度的财政……不仅要依靠对中国的鸦片贸易,而且还要依靠这种贸易的不合法性"①而一味地盲从,在引领学生进行分析的过程中,教师指出:鸦片贸易是一种非法的走私贸易和殖民贸易,给中国带来严重危机,体现了西方资产阶级野蛮剥削掠夺的本性。正因为非法的鸦片走私贸易给中国造成了严重的危机,所以清政府采取了禁烟措施,这影响了英国的殖民利益,马克思谴责鸦片贸易。很显然,马克思对这场战争起因的认识,也主要关注在鸦片贸易上,并未触及本质。这样的表述给学生留下了极大的回味空间,既然鸦片贸易只不过是一种借口,那么,英国发动鸦片战争的根本原因在哪里呢?结合教材的其他表述,学生一定会分析到:工业革命后的英国,物质生产极大丰富,为了获得更多的商品销售市场和原材料产地,因此,迫切需要发动对中国的侵略战争。

再如,谈到鸦片战争带来的影响时,教师出示了材料:清朝政府官员董宗远在南京条约订立时持反对态度,他上奏皇帝说:"国威自此损矣,国脉自此伤矣,乱民自此生心矣,边境自此多事矣。"②但是,耆英等人在订《南京条约》时说:"该夷……虽系贪得无厌,而其意不过求赏码头,贸易通商而已,尚非潜蓄异谋。"③然后教师提出问题,透过两位清朝官员对时局的认识,我们能够看出他们怎样的心态?学生回答:天朝上国的心态、尽管看法不一致,但都是从维护天朝体制出发。学生的回答已经表明,学生尽管不一定知道社会存在决定社会意识这样的唯物史观原理,但是已经可以自由地运用这一原理来分析问题和解决问题了,正是由于中国自给自足自然经济的存在以及君主专制体制的空前强化,所以清王朝的重臣们,不可能具有现代化的意识、思想,他们能够想到的无非就是天朝上国观念。

---

① 中共中央马克思恩格斯列宁斯大林著作编译局编译:《马克思恩格斯选集(第二卷)》,人民出版社 2003 年版,第 28 页。
② 转引自段伟学:《历史教学 ABC——由一道历史评述题引发的思考》,《中小学教学研究》2004 年第 6 期。
③ 转引自王冬芳:《剪辫放足与其对中国迈向近代的历史意义》,《社会科学辑刊》1999 年第 2 期。

2. 以联系和发展的观点分析历史

一切历史现象都不是孤立的,都有其存在的必然性。一定时期的经济、政治、思想文化和科学艺术都是在相互联系、相互影响下存在和变化的,它们之间或有直接的联系,或有间接的联系。人类历史是不断向前发展的,虽然偶有反复,但发展仍是总趋势。

例如,在讲到鸦片战争的影响时,教师出示了一系列的材料,请学生分析。蒋廷黻在《中国近代史》中提出:"当时的人对于这些条款最痛心的是五口通商。他们觉得外人在广州一口通商的时候已经不易防范,现在有五口通商,外人可以横行天下,防不胜防……协定关税和治外法权是我们近年所认为不平等条约的核心,可是当时的人并不这样看治外法权……不过是让夷人管夷人……至于协定关税……而且新的税则平均到百分之五,比旧日的自主关税还要略微高一点。……所以他们……以为他们的外交成功。"① 郭廷以在《近代中国史纲》中甚至对魏源也提出了新的看法:"(魏源)说:'圣人以天下为一家,四海皆兄弟,故怀柔远人,宾礼外国,是王者之大度'……而其'师夷长技以制夷'之论……他所指的长技,首为船炮,应自设厂局,沿用法、美之人,制造教演。"② 而茅海建在《天朝的崩溃——鸦片战争再研究》中指出,"战争结束后,道光帝曾下令各省修筑海防工事,……各地竟然旧样复制,全无改进。祁㙃……因仿造火轮船……提议从澳门雇觅'夷匠'。这可一下子触动了他(道光)的神经,宁可不要火轮船,也不能让这些危险的'夷匠'入境。"③

不出所料,学生充分运用了联系和发展的观点,总结出了鸦片战争对中国影响:天朝的威严受到了冲击、封闭的国门被打开了。但是,天朝上国的观念依然根深蒂固,使得清朝上下不思进取、苟且偷安,丝毫意识不到时局的变化。所以,在大清国君臣眼里,不平等条约的签订并非军事与外交的失败,签约避免了战争与麻烦,是"天朝"的幸事。董宗远是从维护封建统治秩序着想,对内外交困的局势深感忧虑,但这在当时只是极个别官员的认识。鸦片战争虽然击碎了"天朝"威严,但"天朝"的观念依旧。鸦片战争并没有促使当时的国人警醒,他们没有意识到自己的落后,更未意识到西方列强殖民扩张的野心,这

---

① 蒋廷黻:《中国近代史》,中国法制出版社 2016 年版,第 19 页。
② 郭廷以:《近代中国史纲》,格致出版社 2015 年版,第 54 页。
③ 茅海建:《天朝的崩溃——鸦片战争再研究》,生活·读书·新知三联书店 2005 年版,第 566 页。

样他们便继续沉睡了20年,直到第二次鸦片战争的惨败,方才步履蹒跚地师夷长技。学生的这段分析,从政治领域谈到思想文化、从经济领域反观中国的政治,不但能看到当时,还想到了未来。

3. 以具体问题具体分析的观点分析历史

从客观存在的历史事实出发,对具体问题进行具体分析是唯物史观对历史分析的基本要求,就是要把具体问题放在特殊的历史环境下分析。如对历史人物、历史事件进行评价时,要把其置于当时的历史背景下分析,不能脱离其所在的特定的历史环境。

这节课中,从鸦片战争爆发原因的分析,到鸦片战争影响的分析,再到鸦片战争失败原因的分析,无时无刻不是运用着具体问题具体分析的。

例如,关于鸦片战争爆发的原因,教师在引领学生分析一系列问题后,给出了自己的一篇范文:上述材料围绕鸦片战争的起因与性质展开了评述,其主要分歧在于,一种观点认为,它是英国为维护鸦片贸易而发动的;一种观点认为,它是由中国的禁烟运动引起的;也有人认为,是双方的文化观念差异和政治交往之争使然。更有甚者认为,这是维护正当的贸易活动而进行的商业战争。然而,结合时代背景来看,鸦片战争是在清王朝面临严重统治危机时,英国进行全球殖民扩张的必然结果。

关于英国维护鸦片贸易说。材料一中马克思认为这是英国为"维护鸦片贸易"而发动的战争。这是有一定道理的。从材料四可以看出,鸦片贸易对英国的重要性,巴麦尊认为鸦片"能给我们大英帝国带来无限利益",并为此而发动战争。但是,"维护鸦片贸易"仅仅是英国发动这场战争的表面因素,马克思没有触及问题的根本。

关于维护正当贸易的商业战争说。材料二中马士指出,鸦片战争是决定"国际和商务关系的斗争",材料五中英国外相认为,发动战争是为了保护"天经地义的合法贸易"。这显然是荒谬的。鸦片贸易本身是非法贸易,鸦片的输入给中国带来严重危机,所以才会出现禁烟运动。马士和巴麦尊完全是站在西方殖民者的立场之上,以西方的价值观念来看待鸦片战争,将战争的责任完全归咎于中国,美化殖民扩张,掩盖战争的侵略实质。

对历史的认识,要透过现象洞悉本质。鸦片战争,固然有中英之间的文化观念上的差异,也有双方不同贸易政策的冲突。但是就其本质而言,它是英国为了扩大商品市场和原料产地而对中国发动的一场侵略战争。

在这篇范文中,教师既总结了学生回答问题精彩的发言,也运用具体问题具体分析的方法,给学生做了一个示范,为学生能够自由、灵活运用这一唯物史观原理奠定了基础。

4. 以阶级分析的方法分析问题

在阶级社会里,人们的思想和行为都不可避免地打上阶级的烙印。作为统治阶级,不管是奴隶主、地主,还是资产阶级都将维护自己的阶级利益、巩固自己的统治作为各种活动的出发点和归宿点。虽然有时他们会采取一些有利于被统治阶级的措施,但其目的仍是缓和阶级矛盾,稳定社会秩序,巩固自己的统治。因此在研究阶级社会的历史中,应运用阶级分析的方法,用阶级的观点分析阶级社会的现象找出问题的本质。

例如,关于鸦片战争爆发原因,教师是这样分析的:关于禁烟运动肇源说。材料二中马士认为,是中国人进行"激烈的禁烟运动"时,"战争果然就来到了"。材料五中英国外相也认为是中国将能给他们"带来无限利益的大批的商品,全部给予销毁",所以才发兵征讨的。这种看法显然是错误的,禁烟运动是由英国大肆非法走私鸦片而引起的,是正义的反侵略行为。马士和巴麦尊站在西方殖民者立场上,从西方的价值观念来认识这场战争,把战争责任推到中国身上,故意掩盖战争的侵略性和鸦片贸易的罪恶性。

关于文化观念冲突说,材料四中美国人张馨保提到,中英双方在"体制、风格和价值观念"上的冲突,阿丁认为"战争的原因是叩头"。材料三则指出根本问题是"订立平等国家关系的问题"。中西方之间的确存在着较大的文化和观念上的差异,两位美国人仍然站在西方文化传统立场上,强调了中西之间的文化的对立性,而忽视了文化的借鉴性;同时也透露出当时中国"天朝上国"观念的自大与保守。两位美国人紧紧抓住表面的文化观念之争,而没有看到战争爆发的根源,或者说,他们站在西方资产阶级立场上有意掩饰战争的非正义性和西方的侵略性。

针对史学家、政治家等的说法,教师都是引领学生从阶级立场的角度分析其说法的阶级依据,无形之中,贯彻了阶级分析方法这一唯物史观的原理。

三、唯物史观教学的实践反思

(一)教学设计中如何彰显唯物史观

唯物史观不仅仅是学生学习后所要形成的关键能力和必备品格,还应该是教师日常教学过程中的教学起点、根本出发点。就是说,教师在日常教学的备课、授课以及课后评价的标准应该是唯物史观的贯彻与落实与否。那么,如何在备课、授课与课后评价中落实唯物史观呢?下面以华师大版"启蒙运动"一课为例。

1. 备课过程中,教师应以唯物史观为基本出发点统整教材

"启蒙运动"这一课的教材内容主要介绍了18世纪的法国启蒙思想家伏尔泰、卢梭、孟德斯鸠和以狄德罗为代表的百科全书派以及他们的主要思想和主张,介绍了启蒙运动的影响。唯物史观告诉我们,社会存在决定社会意识,任何时代的思想文化反映的是时代的背景,18世纪的法国启蒙思想的出现无疑是法国资本主义发展、资产阶级力量壮大的产物,同时与17世纪英国启蒙思想的传入关系密切,而一定社会的思想文化又会反作用于社会的发展。明确了唯物史观的上述原理,备课时教师才会找到正确的切入点和基本的教学思路。

因此我们可以将本节课的教学立意定为18世纪法国启蒙思想形成是源流际会的结果,"源":18世纪法国社会政治、经济状况;流:法国启蒙思想家继承并发展了英国启蒙思想家观点。其思想冲击了黑暗的封建社会,是迈向现代社会的嘹亮号角。

基于课时的教学立意,可以进一步确定本节课的教学目标为大致知道18世纪欧洲启蒙运动的中心在法国,法国启蒙思想代表及内容;理解三权分立、社会契约、自由平等、天赋人权等主张引导人们向现代社会前进;能从"源流际会"分析18世纪法国启蒙运动蓬勃发展原因;在阅读史料、编制表格过程中,理解归纳启蒙思想家观点;通过学习产生对启蒙思想家的勇敢与智慧的敬畏、认同先进思想对社会发展所起的重大作用,进而培养关注社会进步,崇尚科学,追求真理的人文情怀。

基于教学目标和学生的学情,我们又可将教学重难点确定如下:教学重点为法国启蒙思想家及其主要观点;教学难点在于理解18世纪法国启蒙思想形成是源流际会的结果,其引导人们迈向现代社会。

2. 授课过程中,教师应以唯物史观的方法论引领学生分析问题

关于18世纪法国启蒙运动的出现背景与原因,教师要具体问题具体分析,从客观存在的历史事实出发,把启蒙思想放在18世纪的法国以及世界历史环境下分析。具体流程如下:

环节一：由"启蒙"的英文、法文含义"文明开化、光明"切入（图1），引发学生思考："历史长河中人类社会从黑暗（蒙昧）走向光明（理性），并逐步迈向现代文明的历史事件有哪些？"

图1

图2

设计意图：在回忆旧知识（启蒙运动及其发生的时间与地区）基础上，营造时空氛围。

环节二：利用对"启蒙运动是被苹果砸开的一场运动"说法的讨论（图2），转入"启蒙运动产生的历史条件"的深层思考。

设计意图：理解自新航路开辟后，世界的新发展（资本主义、文艺复兴、自然科学、唯物主义）引发人们对"国家与社会"产生了新的思考。

环节三：以"启蒙世纪"为切入口，转入"为什么启蒙思想首先是在英国兴起，但人们盛赞的'启蒙世纪'指的确是18世纪的法国？"结合"让·卡拉斯的故事"（图3）和"18世纪法国政治、经济、社会各阶层的状况"的材料（材料一、材料二、材料三），揭示法国森严的等级制度和腐败的封建专制制度下人们极度渴望"光明"。

图3

设计意图：从故事的情感体验、历史文献的佐证分析、英法社会对比研究等形式，懂得18世纪法国启蒙运动蓬勃发展是"源流际会"的产物。

> 材料一：法国从亨利四世时代(1553—1610年)就开始……大力扶植工商业的发展。……法国创办了上百个手工工场，……这样，法国工场手工业……发展速度却很快……从1716—1789年，每年农产品出口从3 600万锂增加到9 300万锂。(波梁斯基著，郭吴新等译：《外国经济史》)
>
> 材料二：路易十四(1661年亲政)……巧立名目，不断征收新税……宣传"朕即国家"……1687年取消特赦令致使许多熟练工外逃。(王荣堂：《法国史》)
>
> 材料三：因为您是大贵族就自以为是伟大的天才！……你干过什么，配有这么多享受？……至于我，……仅仅是为了生活而施展出来的学问和本领，就足够统治整个西班牙一百年还有富余……(法国《费加罗的婚礼》，创作于1732—1739年)

通过上述三个环节，以具体的新航路开辟后整个世界的发展变化和法国资本主义经济的发展以及资产阶级力量的壮大，来说明到了18世纪法国出现启蒙思想的具体的时代背景和根本原因。同时，任何的文化也绝不是凭空产生的，有着其继承性和发展性，17世纪英国的启蒙思想就为法国18世纪启蒙思想提供了理论的来源。

关于18世纪法国启蒙思想的主要代表人物和他们的思想、政治主张，教师要用联系和发展的观点分析历史问题，一切历史现象都不是孤立的，都有其存在的必然性。一定时期的经济、政治、思想文化和科学艺术都是在相互联系、相互影响下存在和变化的，它们之间或有直接的联系，或有间接的联系。具体流程如下：

环节四：以"启蒙世纪"的法文含义"出类拔萃的人"为切入口(图4)，转入18世纪法国启蒙思想家及其观点的学习；利用人物头像和生平、代表性著作及观点摘录(图5)，师生共同分析、认知18世纪法国主要启蒙思想家们的观点；引用部分国家的文献(材料四)，展示18世纪法国启蒙思想的世界性影响。

> 材料四：《百科全书》虽然是在巴黎编纂，但是流传广泛……大革命前就卖出了大约2.5万套多卷本，其中半数在法国以外……而在法国国内……在贝桑松这座大约有2.8万居民的城市，当地人就买了137套，其中15名是教士，53名是贵族，69名是律师、医生、商人、政府官员或者人们称之为第三等级的市民。([美]R.R.帕尔默：《启蒙到大革命：理性与激情》)

图 4

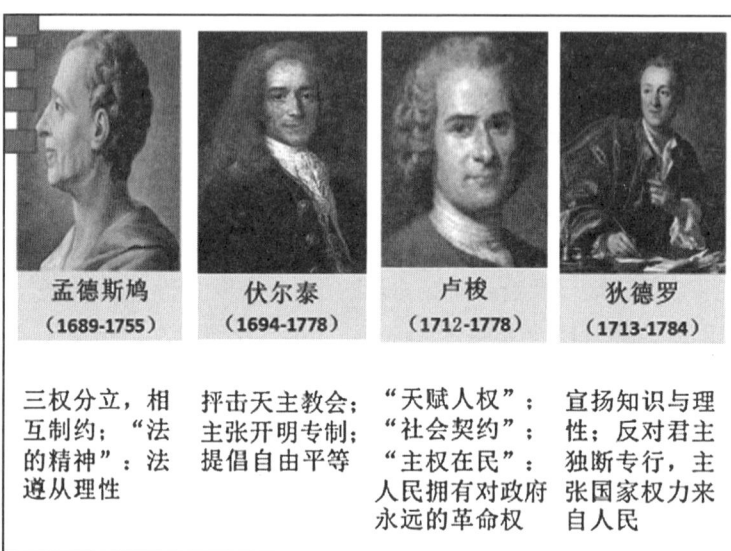

图 5

设计意图：在时代、个人经历背景下研读法国启蒙思想家及其观点，理解法国启蒙思想家继承并发展了英国启蒙思想家观点，认识"三权分立、社会契约、自由平等、天赋人权"等主张冲击了封建专制，引导人们向现代社会前进。

环节五：编制"18世纪法国启蒙思想家"表格（图6），进而展开对"启蒙思想家观点的异同及其原因"的思考。

设计意图：学习运用表格整理历史知识。在启蒙思想家的观点的差异性与共性的分析中，认识由于经济地位、生活经历和代表的阶层不同，从而产生启蒙思想家在"实现思想观念的角度、国体构想"上的差异。而这恰恰又是后世思想发展的"流"。

启蒙世纪(18世纪法国的启蒙思想)
主要观点
代表人物
代表作
人物评价

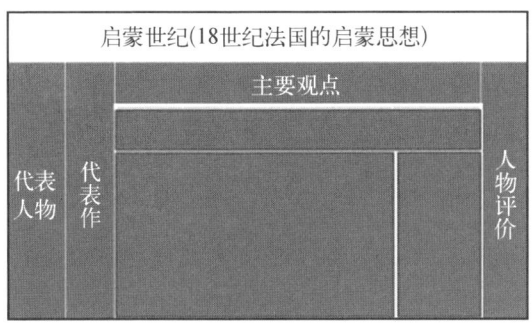

图 6

通过上述两个环节的设计，教师运用联系和发展的观点，将法国启蒙思想家的主要思想主张、政治主张与英国启蒙思想家们的观点联系在一起，同时，加以区分和解读，构成了一个纵横交错的庞大的启蒙思想体系。

关于 18 世纪法国启蒙思想及其运动的影响，教师在坚持联系和发展观点的同时，适当运用阶级分析的观点加以解读，具体流程如下：

环节六：回溯“启蒙(文明开化、光明)”“启蒙世纪(18 世纪的法国)”，思考“为什么 18 世纪法国的启蒙思想是向现代社会前进的号角?”来揭示 18 世纪法国启蒙思想的历史意义(图 7)。同时完善“18 世纪法国启蒙思想家”表格(加入：历史背景、历史影响)(图 8)。

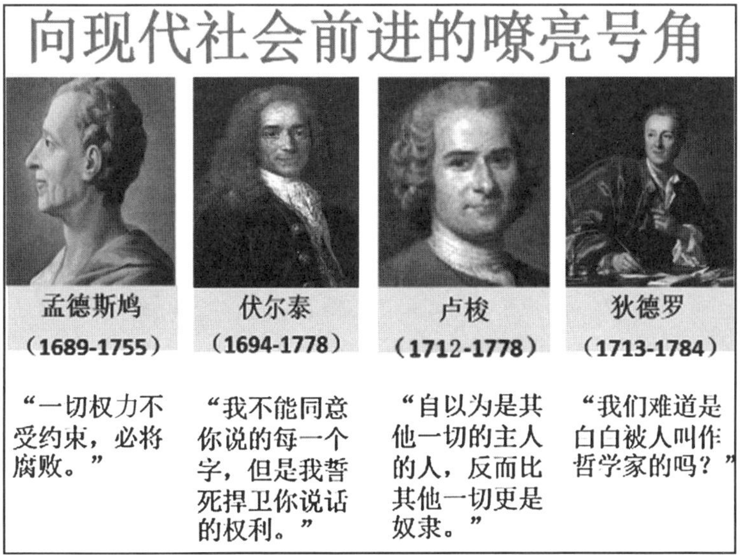

向现代社会前进的嘹亮号角
孟德斯鸠
(1689-1755)
伏尔泰
(1694-1778)
卢梭
(1712-1778)
狄德罗
(1713-1784)
“一切权力不受约束，必将腐败。”
“我不能同意你说的每一个字，但是我誓死捍卫你说话的权利。”
“自以为是其他一切的主人的人，反而比其他一切更是奴隶。”
“我们难道是白白被人叫作哲学家的吗？”

图 7

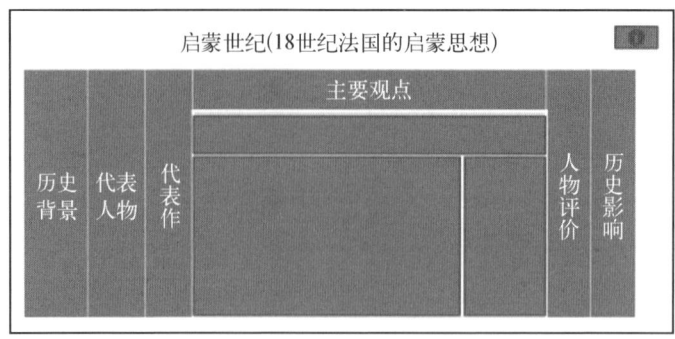

图 8

设计意图：引导学生贯通本课知识，进而呼应主旨：18世纪法国的启蒙思想冲击了黑暗的封建社会，是"迈向现代社会的嘹亮号角"。

环节七：学生朗读"18世纪法国启蒙思想家的经典语录"，了解法国先贤祠中两位启蒙思想家及其观点的差异（图9）。

"伟大人物，祖国感恩"

图 9

设计意图：从感性体验中感悟思想家的真知灼见，并认同社会对他们的尊重，理解思想百家争鸣的可贵。

环节八：运用所学谈谈对"思想者的生命是有限的，但思想进步永无止境"的理解（图10）。

> 思想者的生命是有限的，
> 但思想进步永无止境！

图 10

设计意图：深化主题，提升认识：为人类发展的思想者是伟大的；百家争鸣才能百花齐放；先进思想是时代的产物，其在继承中发展，又会引领时代前行，推动文明进步。培养关注社会进步，崇尚科学，追求真理的人文情怀。

通过上述三个环节的设计，教师运用联系和发展的观点，以及阶级分析的观点，将启蒙运动的思想与社会发展、与法国的社会现实、与人类社会的命运联系起来。同时，将思想的引领与个人价值相结合，较好地诠释了启蒙运动的影响。

（二）彰显唯物史观教学设计时的基本原则与注意事项

1. 基本原则

原则一：要将唯物史观的基本原理和方法论贯彻一节课的始终

为什么一定要将唯物史观贯彻一节课的始终？这是因为，唯物史观是科学的世界观和方法论，唯物史观告诉我们用什么立场、价值观、思维方式来认识、分析、理解、解释历史，它包括了历史认识的前提和对象，历史认识的方法和过程，历史认识的内容和检验等问题。

中学历史教育教学的终极目标说到底就是立德树人。立德树人是发展中国特色社会主义教育事业的根本要求。而历史课程在人才培养中的核心作用，在培养学生高尚的道德情操、扎实的科学文化素质、健康的身心、良好的审美情趣等方面有着得天独厚的条件。因此，落实立德树人根本任务，就是要把党的教育方针和社会主义核心价值观细化、具体化，落实在课堂教学中，这需要在课程设计与实施中时时刻刻贯彻唯物史观的基本原理和方法论。

唯物史观是我们了解、认识历史的起点。唯物史观认为历史认识发生于人们对历史事实认知的需要，历史事实是历史认识的对象。恩格斯指出："在自然界和历史的每一科学领域中，都必须从既有的事实出发。"[①]那么，什么是历史事实呢？恩格斯认为发生在人们的日常生活中并决定着历史发展而又不以人们的主观想象为凭的事实，就是历史事实。这主要就是围绕着与生产力和生产关系的矛盾所形成的事实。恩格斯说："生产力和生产方式之间的这种

---

① 中共中央马克思恩格斯列宁斯大林著作编译局编译：《马克思恩格斯选集（第四卷）》，人民出版社2003年版，第288页。

冲突,存在于事实中,客观地,在我们之外,甚至不依赖于引起这种冲突的那些人的意志或行动而存在着。"①唯物史观之所以把生产力和生产关系的相互冲突作为自己的认识对象,就在于这些历史事实对历史发展的方向起着决定作用,而它们在唯物史观产生之前就已经存在。唯物史观就是在对这些历史事实的认识中发生的,是对这些历史事实进行理论总结的结果。

唯物史观是我们分析、解释历史的方法。历史事实是不以人们的意志为转移的客观实在,那么如何才能对这些历史现象、历史人物进行认识,并相对客观准确地解释历史现象和历史人物的所作所为呢?只有用唯物史观才能认清这一切。恩格斯认为以往根据事实形成的各种思想材料也是历史认识产生的根源。他认为从社会现实中产生的各种理论,一旦产生就有某种独立性和自身发展的逻辑。这就是说,作为一种观念产物,理论虽然来源于现实,却又有某种超现实性,因此以往的理论可以成为认识现实的借鉴。正因为这样,历史认识得以借助思想材料而产生。恩格斯指出:"每一个时代的哲学作为分工的一个特定的领域,都具有由它的先驱传给它而它便由此出发的特定的思想材料作为前提。"②因此,唯物史观就是在继承以往的思想观念的基础上产生的,也只有运用唯物史观的基本原理和方法论,才可以较为清晰、较为准确地分析、解释历史。

唯物史观是我们理解、认识历史的归宿。历史学习的终极归宿点就是学生人生观、价值观、世界观的形成,而唯物史观就是科学的世界观、价值观、人生观的总和。因此,唯物史观是我们教学的最终归宿点。通过历史教学,学生要逐步意识到现实存在的具体社会形态都是复杂的,人类社会发展的每一个阶段都既有占支配地位的社会形态,又存在着其他社会形态的残余和萌芽。人类社会的一般总规律是从原始社会到奴隶社会、封建社会、资本主义社会再到社会主义社会和共产主义社会。这是一个自然的历史发展过程,社会生产力是推动社会历史前进的根本动力。人类社会是有规律运动的,由低级向高级发展的,它显现为历史过程,构成历史过程的各种社会现象也是运动与发展的。我们要用发展的眼光看待历史上的一切,用辩证法的观点去把握对象的

---

① 中共中央马克思恩格斯列宁斯大林著作编译局编译:《马克思恩格斯选集(第三卷)》,人民出版社 2003 年版,第 68—69 页。
② 中共中央马克思恩格斯列宁斯大林著作编译局编译:《马克思恩格斯选集(第四卷)》,人民出版社 2003 年版,第 703 页。

本质联系与内部矛盾，又要把研究的对象提到一定的范围之内，具体问题具体分析，从而准确地把握对象。历史的研究，不是一个简单的消极的反映过程，而是主客体之间相互渗透、相互作用的辩证统一过程。

原则二：要将唯物史观的基本原理和方法论融汇一节课的始终

历史教学的学科特质要求我们用史实说话，所谓一分证据说一分话。因此，将唯物史观贯彻一节课的始终的关键是要求将唯物史观的基本原理和方法论融汇于一节课的始终。

在一节课的教学立意中融汇唯物史观的基本原理和方法论。教学立意是一节课的核心和灵魂，在教学立意中融汇唯物史观的基本原理和方法论就是指用唯物史观的基本原理和方法论来确定一节课的教学立意。

例如，统编初中历史教材（五·四学制）第一分册第一单元第一课主要学习三部分内容：我国境内的早期人类、北京人的发现、北京人的特征。我国目前已发现旧石器时代古人类遗迹三四百处，遍布全国大多数省市。事实证明。我国是世界上发现古人类遗址最多的国家之一，是人类的发源地之一。我国境内已确认的最早的人类是元谋人，距今约170万年。我国早期人类遗址中最著名的就是北京人遗址。北京人的发现内容丰富，大量的遗骨、石器和用火遗迹，证明远古确有直立人存在，为"从猿到人"的学说提供了有力证据。

依据唯物史观的基本原理和方法论中的物质决定意识原理，我们可以将这一节课的教学立意定为：历史学的重要方法是对获取的史料进行辨析，并运用可信的史料努力重现历史，通过对化石遗迹的发掘、收集和研究，我们认为中国是人类的发源地之一，证明远古确有直立人存在，从猿到人学说是有历史依据的。

进而，可以确立教学目标和教学重难点。教学目标为：知道我国境内的最早人类元谋人；了解北京人的发现和北京人的特征；通过识读《中国境内主要古人类遗址分布图》等图，初步掌握识图的基本方法，初步体会从图片中提取有效历史信息的技能；知道化石等遗迹是研究早期人类的最直接证据；认识到中国是人类的发源地之一，认同从猿到人学说的正确性，体会珍视人类文化遗产的意识。教学重点是了解北京人的发现和北京人的特征。教学难点是由北京人的化石遗迹复原北京人的特征，认同从猿到人学说的历史依据。

在一节课的教学过程中融汇唯物史观的基本原理和方法论。教学过程融汇唯物史观的基本原理和方法论就是指在教学的诸多环节中，运用唯物史观的基本原理和方法论分析问题和解决问题。

同样是统编初中历史教材(五·四学制)第一分册第一单元第一课的教学过程,我们可以这样来处理:

环节一:人类是万物之灵,有发达的大脑,依靠现代科技,可上九天揽月,可下五洋捉鳖……然而,最早的人类是从哪里来的?引入盘古开天、女娲抟土造人、亚当夏娃等传说。

设计意图:以故事导入新课,激发学生的学习兴趣,自然导入新课。

环节二:播放女娲抟土造人、亚当夏娃的传说视频(如条件不允许播放视频,出示材料一、材料二),请同学们思考:如何看待中外关于人类起源的传说?引出化石及其证史的作用。

> 材料一:俗说天地开辟,未有人民,女娲抟黄土作人,剧务,力不暇供,乃引绳纼于泥中,举以为人。故富贵者,黄土人也,贫贱凡庸者,纼人也。(《太平御览》卷七十八《皇王部三》引《风俗通》)
>
> 材料二:造人,是上帝最后的也是最神圣的一项工作。最初的时候,天上尚未降下雨水,地上却有雾气蒸腾,滋生植物,滋润大地。上帝便用泥土造人,在泥坯的鼻中吹入生命的气息,就创造出了有灵的活人。上帝给他起名叫亚当。但那时的亚当是孤独的,上帝决心为他造一个配偶,便在他沉睡之际取下他一根肋骨,又把肉合起来。上帝用这根肋骨造成了一个女人,取名叫夏娃。上帝把夏娃领到亚当跟前,亚当立刻意识到这个女人与自己生命的联系,他心中充满了快慰和满意,脱口便说:"这是我骨中的骨,肉中的肉啊!可以称她为女人,因为他是从男人身上取出来的。"男人和女人原本是一体,因此男人和女人长大以后都要离开父母,与对方结合,二人成为一体。([美]房龙著,乔非、刘学政译:《圣经的故事》,北京燕山出版社2007年版)

设计意图:引导学生初步形成证据意识。

环节三:引导学生阅读教材第3页《中国境内主要古人类遗址分布图》(提示学生阅读历史地图的基本方法),提出问题:由《中国境内主要古人类遗址分布图》我们可以得出怎样的相关结论?

设计意图:引发学生左图右史的意识,逐渐领悟从历史图片、图像等史料中提取表层信息和深层信息的意识。

环节四:出示元谋人遗址遗存图片,教师简单描绘元谋人的一天。

设计意图:教师示范史料的合理运用,为学生的模仿迁移提供范本。

环节五:播放视频《北京人的发现》(如条件不允许播放视频,出示材料三)。

材料三:北京人化石发现于北京市房山区周口店龙骨山的洞穴里,这里距北京市中心48千米。自宋代以来,当地人就把发现的哺乳动物化石当作一味中药——"龙骨"看待。20世纪20年代前后,瑞典地质学家安特生到这里调查地质,在工人指引下发现了这一古文化宝库。正式发掘工作从1927年开始。

1929年,周口店的发掘工作由我国青年考古工作者裴文中主持,他发现了第一个完整的北京人头盖骨化石。关于北京人第一个头盖骨的发现,考古学家贾兰坡在《中国历史的童年》一书中有这样一段描述:"事情发生在当天(1929年12月2日)下午四点多钟。当时已经日落西山,北风又不断吹来,虽然人人都感有寒意,但是大家仍然在紧张地工作着。天色黑暗下来,就点起蜡烛继续干。这时忽然有人大声叫了起来:'这是什么?人头!'人头两字刚刚叫出口,许多人就围拢来。……有人提议,立即把它挖出来,但也有人反对,认为天色已晚,最好等明天再挖,免得弄坏,它已在这里沉睡了几十万年,哪里还在乎这十几个小时呢?可是谁又能忍耐这漫长的一个夜晚呀!是今天挖,还是明天挖?不知在发掘主持人考古学家裴文中的脑子里打了多少转儿,最后才决定把它在当天晚上取出来。"

1935—1937年,周口店发掘工作由我国考古学家贾兰坡主持,他又先后发现了三个比较完整的北京人头盖骨化石。抗日战争时期,北京人遗址发掘工作被迫停止。新中国成立后,1959年在遗址里又发现一件比较完整的北京人下颌骨化石。1966年在裴文中主持发掘下,再次发现北京人一块额骨、一块枕骨和一颗牙齿化石。这些遗骨化石和1934年至1936年所发现的第5号头骨化石正好合并成一个近乎完整的头盖骨,说明这两次发现的几块头骨原属一个人体。

北京人的发现在世界考古界有重大意义。此前,虽已有德国尼安德特人和海德堡人,以及印尼爪哇人的发现,但一直未被世界公认。北京人的丰富发现内容,尤其是众多石器和用火遗迹的发现,使远古确有直立人存在得到肯定,为"从猿到人"的伟大学说提供了有力证据。所以,世界考古界认为:"北京人挽救了爪哇人。"

抗战前发现的全部北京人化石和山顶洞人化石,原存放在美国人办的北京协和医院,抗战期间下落不明。现存的唯一真标本是1966年从顶部堆积处中发现的一个北京人头骨化石。

设计意图:感受发现北京人遗存的不易,初步意识到保护人类文化遗产的重要性。

环节六:出示元谋人、北京人遗址遗存对比表格,请学生阅读教材填写完成。

遗址遗存	距今时间	发现地点	主要遗存	体 态 特 征	生产工具
元谋人	约170万年	云南元谋	门齿化石 粗糙石器 炭屑烧骨		粗糙石器
北京人	约70—20万年	北京周口店	头盖骨化石 打制石器 灰烬、烧骨	前额扁平、眉骨粗大 颧骨突出、鼻骨扁平 嘴部前伸、脑容量小 直立行走	打制石器

设计意图:示范基础知识梳理的方法,形成一定的时空意识。

环节七:出示北京人遗址遗存图片,结合教材第4页的《北京人狩猎场景想象图》《北京人用火场景想象图》,以小组为单位协商讨论、合理推理北京人的一天,并推举代表全班交流。

设计意图:培养合作学习能力和史料的合理运用能力。学生模仿教师的元谋人一天的示范,初步领会用证据说话的意识。

环节八:出示元谋人、北京人、山顶洞人遗址遗存对比表格,请同学们分析后回答:化石在研究古代历史,尤其是史前时期历史中的作用?从元谋人到北京人再到山顶洞人的古人类研究能说明什么问题?

遗址遗存	距今时间	发现地点	主要遗存	体态特征	生产工具	意义作用
元谋人	约170万年	云南元谋	门齿化石 粗糙石器 炭屑烧骨		粗糙石器	
北京人	约70—20万年	北京周口店	头盖骨化石 打制石器 灰烬、烧骨	前额扁平 眉骨粗大 颧骨突出 鼻骨扁平 嘴部前伸 脑容量小 直立行走	打制石器	学会用火是进化史上里程碑 从猿向人转变规律的探究提供证据
山顶洞人	约3万年	北京周口店	头骨化石 石器、骨器 角器、饰物 兽牙、石珠	现代人特征	石器 骨器	有了审美观念

设计意图：从模仿到迁移，学生体验化石在研究史前时期历史中的重要作用，形成从猿到人学说的正确性的认识。

环节九：出示元谋人、北京人、山顶洞人头部复原图，请同学们比较有何变化？出示人类进化示意图，强调从猿到人学说是有历史依据的。

设计意图：总结

【板书设计】

```
中外神话传说 { 女娲抟土造人        没有证据，不足为信
              亚当夏娃传说 }                              人类起源：
发掘的化石遗存 { 元谋人遗迹 → 我国境内目前确认的最早的古人类   从猿到人
                北京人遗迹 → 制造工具、用火 }
```

在这节课的教学设计和教学实施过程中，虽然没有明确地提出唯物史观的基本原理和方法论，但是在教学过程中无时无刻不是用唯物史观的基本原理和方法论来分析和解决问题的。

原则三：要将唯物史观的基本原理和方法论内化一节课的始终

这里的内化是指通过教师的示范，学生学会模仿和迁移，并最终将唯物史观的基本原理和方法论内化为学生自己分析问题和解决问题的思维方式和能力。因此，想要内化必须做到以下的几点：

首先，教师的教学立意（课程内容主旨）虽然是没有绝对标准答案的，但一定是在唯物史观的基本原理和方法论的前提下依据教材内容而确立的，是在基于课程标准的"源"上有一致性，也就是实践能力（知识与技能、过程与方法、情感态度价值观）和思想意识（人格、求真、包容、责任、国家、全球等意识），最终是"以学生发展为本"作为前提的"百花齐放""百家争鸣"。教学立意（课程内容主旨）是教师用几句话或一段话概括出本课教学的中心，即预设的通过这一课的学习，学生在课堂上获得的不仅能统摄、贯通该课，而且能与其之前和以后的学习相通的核心概念。

其次，教师的教学过程无时无刻不是在唯物史观的基本原理和方法论指导下进行。在课堂教学实施中，教师的首尾呼应、选材设问、演示指导、起承转合、策略机智，都应在唯物史观的基本原理和方法论指导下进行。

再次，教师的教学过程设计要有层次，即教师的示范在前，学生的模仿和迁移紧随，通过层层的铺垫，学生学得知识、习得方法、提升能力。例如，上例中的环节四和环节七就是教师示范和学生模仿与迁移的很好的范例。

> 环节四：出示元谋人遗址遗存图片，教师简单描绘元谋人的一天。
> 设计意图：教师示范史料的合理运用，为学生的模仿迁移提供范本。
> 环节七：出示北京人遗址遗存图片，结合教材第4页的《北京人狩猎场景想象图》《北京人用火场景想象图》，以小组为单位协商讨论、合理推理北京人的一天，并推举代表全班交流。
> 设计意图：培养合作学习能力和史料的合理运用能力。学生模仿教师的元谋人一天的示范，初步领会用证据说话的意识。

通过这样的教学过程，学生才会内化唯物史观的基本原理和方法论。

2. 注意事项

注意一：切忌将唯物史观教条化

马克思主义的活的灵魂就是具体问题具体分析，一切从实际出发。列宁在《共产主义》一文中指出："马克思主义的最本质的东西、马克思主义的活的灵魂：具体地分析具体的情况。"[①]这告诉我们在实际的教育教学中决不能教

---

① 中央编译局编译：《列宁选集（第四卷）》，人民出版社1995年版，第290页。

条化唯物史观。

唯物史观在中国的传播和我们对其的认识进程是在不断深化发展的。20世纪初,马克思主义传入中国后,唯物史观开始对中国史学产生重大影响,尤其是新中国建立后,唯物史观更是作为我国史学研究的指导史观,一直影响着我国的史学研究和历史教育。在不同的历史时期,唯物史观理论的发展展现出了不同的阶段性特点。

唯物史观在中国的早期传播主要集中于新文化运动后期和五四爱国运动期间,这一时期充分肯定了人民群众在历史发展中的主体地位。在社会实践方面,唯物史观与中国无产阶级革命道路紧密联系起来,共产党人将马克思主义作为革命的指导思想,运用唯物史观分析革命形势,开辟农村革命根据地,找到适合自己的革命道路,并最终取得了新民主主义革命的胜利。

新中国建立后,全国掀起了学习马克思主义的热潮,马克思所提出的人类历史发展的内在规律,人类历史演变的五种社会形态,社会的基本矛盾等唯物史观基本理论开始为人们所了解和接受。"文革"结束后,学者们意识到正确理解马克思主义和唯物史观对历史学发展的重要性。改革开放以来,实事求是的思想深入人心,史学界对人类历史发展的根本动力问题、历史创造者问题、唯物史观历史发展规律等问题展开了广泛的讨论,伴随我国改革开放的进一步推进,学术氛围更为宽松自由,唯物史观作为我国史学界指导思想的地位始终没有改变。同时,多种史学观念开始为广大学者接受,甚至渗透到中学历史教材中,这是我国历史学发展可喜的一面。

也就是说,伴随着对唯物史观的认识和理解的不断深入,在具体指导我们的历史教育教学过程中必须坚持具体问题具体分析的原则,决不可教条化地、僵化地套用唯物史观。

例如:唯物史观告诉我们:人类社会发展演进的一般总规律是从原始社会到奴隶社会、封建社会、资本主义社会再到社会主义社会和共产主义社会。这是一个自然的历史发展过程,社会生产力是推动社会历史前进的根本动力。在运用这一基本原理的时候就绝不能教条化地使用。要看到,这是人类社会历史发展进程演化的一般规律,而非是所有的民族国家必经的规律,对于美国这样一个移民国家而言,就没有经历原始社会、奴隶社会、封建社会。

注意二:切忌将唯物史观空谈化

习近平总书记多次强调"实干兴邦,空谈误国",这句话同样适用于中学历史课堂上唯物史观的贯彻。在课堂教学中,一定要将唯物史观落实在具体的历史事件研究中。

例如,"新中国的诞生"一课的教学中,有教师在讲述新中国的国家性质时,是如此设计的:

环节一:1949年建立起来的政权是一个什么样的政权呢?

师:中国人民政治协商会议最终通过了奠定共和国基石的法案——《共同纲领》,这成为新中国建立初期具有临时宪法性质的国家根本大法,是为新中国奠基的重要文件。基于各界达成的共识,《共同纲领》中如此规定新中国的性质:

(教师出示材料)"中华人民共和国为新民主主义即人民民主主义的国家,实行以工人阶级领导的,以工农联盟为基础的,团结各民主阶级和国内各民族的人民民主专政,……"(《建国以来重要文献选编(第1册)》,人民出版社1992年版,第2页)

环节二:组织学生讨论:新中国的诞生历程,反映这个政权有着些什么样的特点?

生:共产党领导革命取得胜利,但在建立政权上能广泛吸收各界的意见,有着海纳百川的气度。

生:新政权具有广泛的民主性,是社会各界大团结的体现。

生:集结各民主人士组成的联合政府。

师:(观点引导)而新生的新中国是中共领导下的并联合各民主党派的有着广泛的民主性,是代表全国人民利益的人民民主政权。也体现了中国共产党执政为民、励精图治、不谋私利的坦荡胸怀。

环节三:新中国以人民当家作主的政治新面貌屹立在了世界的东方!中华民族将迎来一个崭新的时代!让我们把视线定格在这个伟大的历史的时刻(以视频的方式回顾呈现开国大典片段和照片,背景配乐《歌唱祖国》)。

师:新中国诞生后,中国共产党继续以为人民谋幸福为使命:在党中央的带领下,在新解放的地区推行土地改革,使广大农民翻身成了土地的主人的同时,还关注到了西藏边陲还有100万左右藏族同胞尚未解放。

教师如此的设计就属于打着唯物史观的幌子而进行空谈和灌输。因为,仅仅依靠一段《共同纲领》的表述是不足以也无法说明人民当家做主的新中国的政权性质的,更不能说明人民是历史的推动者这一唯物史观的基本原理。

建议修改为：

环节一：1949年建立起来的政权是一个什么样的政权呢？

师：我们来看看筹备新中国建立的会议，也是当时的最高权力机关——中国人民政治协商会议出席的代表，从总体的比例分配上而言：

(教师出示材料)在662名代表中，共产党员约占44%；非共产党员约占56%，其中各民主党派的成员约占30%，工人、农民代表和无党派人士共约占26%。(转引自《捧出新中国——历史回眸》，《北京观察》1994年第5期)

师：在政协参会的名单中，我们还会看到，近百年来我国民族民主革命各个历史时期为人民事业作出过贡献的知名人士和代表人物：

如在革命进程中始终站在正义一边的坚强战士宋庆龄、戊戌变法领导人之一梁启超之子梁思成、老同盟会员张难先、在北洋时期任过教育总长、司法总长的章士钊、江庸，曾是南京政府和谈代表的张治中、邵力子，国民党起义将领傅作义、程潜……文教界、艺术界知名人士陶孟和、陆志伟、周信芳、梅兰芳……可谓"中华英杰荟萃一堂"。

这次会议履行着最高权力机关的职能。会议上既有各界代表的讲话，各种问题也经过各界人士充分的讨论(结合定国名)。最终通过了奠定共和国基石的法案——《共同纲领》，这纸张文件成为新中国建立初期具有临时宪法性质的国家根本大法，是为新中国奠基的重要文件。基于各界达成的共识，《共同纲领》第一章总纲中如此规定新中国的性质：

(教师出示材料)"中华人民共和国为新民主主义即人民民主主义的国家，实行以工人阶级领导的，以工农联盟为基础的，团结各民主阶级和国内各民族的人民民主专政，……"(《建国以来重要文献选编(第1册)》，人民出版社1992年版，第2页)

环节二：组织学生讨论：新中国的诞生历程，反映这个政权有着些什么样的特点？

生：共产党领导革命取得胜利，但在建立政权上能广泛吸收各界的意见，有着海纳百川的气度。

生：新政权具有广泛的民主性，是社会各界大团结的体现。

生：集结各民主人士组成的联合政府。

师：(观点引导)而新生的新中国是中共领导下的并联合各民主党派的有着广泛的民主性，是代表全国人民利益的人民民主政权。也体现了中国共产党执政为民,励精图治,不谋私利的坦荡胸怀。

环节三:新中国以人民当家做主的政治新面貌屹立在了世界的东方!中华民族将迎来一个崭新的时代!让我们把视线定格在这个伟大的历史的时刻(以视频的方式回顾呈现开国大典片段和照片,背景配乐《歌唱祖国》)。

师:新中国诞生后,中国共产党继续以为人民谋幸福为使命:在党中央的带领下,在新解放的地区推行土地改革,使广大农民翻身成了土地的主人的同时,还关注到了西藏边陲还有100万左右藏族同胞尚未解放。

这样通过具体的实例如参加政协会议的具体代表人物所属的阶层、阶级,人员的比例构成以及在会议当中的作为来具体说明人民当家做主,也就使学生在潜移默化中了解了人民是推动历史发展的根本动力这一唯物史观的基本原理。

注意三:切忌将唯物史观唯一化

在唯物史观的指引下开展中学历史教学并不排斥其他角度、视角对历史的观察和理解,反而是在唯物史观下兼顾现代化史观、文明史观、全球化史观等多视角来看待和认识历史更是对唯物史观的一种补充和完善。

例如,上海市同济大学第二附属中学王玉霞老师的华师大版"美国独立战争"这一课是如此设计和实施的:

【内容主旨】

美国独立战争承担着一次非凡的转变——从英国殖民者向美国革命者的转变以及13个殖民地联合组成基于一个共识的联邦政府。独立战争的历程并不仅限于战争本身,而是美国人追求自由的过程。美国人在这条追求自由之路上不断探索,他们有过挫折、争辩、迷惑。在不断探索的过程中,美国人对"自由"有了更深入的理解。

【教学目标】

大致知道华盛顿领导下的美国独立战争爆发的背景、战争过程以及《1787年宪法》的内容和联邦政府成立的过程。引导学生分析《独立宣言》、合众国宪法等史料,学生初步掌握从历史材料中提取有效信息并进行归纳的能力。在聆听华盛顿的故事中欣赏华盛顿等人格美,感受北美人民追求自由、民主、法制的精神。激发学生崇尚、学习杰出人物的思想意识,感悟历史人物在国家危难过程中表现出来的精神风貌,由此从内心产生敬仰之情。

【教学重难点】

重点：美国人追求自由的探索历程。

难点：《合众国宪法》与联邦制度的确立。

【教学过程】

环节一：出示文献史料并简介殖民地的由来导入新课。

（教师出示材料一）"大约在1492年10月12日凌晨2点，一个爬在'平达号'帆船的桅杆上、名叫特里亚纳的水手看到了月色下的一柱白光，就高喊：'陆地！陆地！'……哥伦布带着一面西班牙王旗登岸，并把这一小岛命名为圣·萨尔瓦多，意为'救世主'。哥伦布之所以取这个名字，是因为这一发现让他心存感激敬畏之情……"（[美]马克·C.卡恩斯、约翰·A.加勒迪：《美国通史》，山东画报出版社2008年版）

设计意图：通过材料识读，学生初步了解北美13个殖民地的概括，并初步掌握从文献史料中提取有效信息的能力。

师：1607年，一个约一百人的殖民团体在北美建立了第一个永久性殖民地，在以后150年中，陆续涌来了许多的殖民者，定居于沿岸地区，其中多来自英国，也有一部分来自法国、德国、荷兰、爱尔兰和其他国家。这些移民出于各种理由去国离乡，离开了自己休养生息的城市，来到陌生的世界。但他们是心安理得的，因为他们知道自己此生是朝圣者和异乡人。他们不留恋世间的东西，而是眼望上苍，认为那里才是他们亲爱的故乡，上帝已在那里为他们准备了神圣的城市。在那里有他们所追求的自由、平等。

环节二：出示北美民众为打造新世界的努力劳作图、威廉斯堡议会厅图片等材料，并设问：独立战争前的北美民众和北美政治状况是如何的？

设计意图：通过师生共释材料，学生理解独立战争前北美民众已形成一个新的追求自由的民族——美利坚民族。

师：来自各地区的人们在那里辛勤劳动，他们在那里努力打造着属于自己的幸福王国。18世纪时，威廉斯堡是弗吉尼亚殖民地总督府的所在地，总督府象征着大英帝国的统治和权威。不过，在这里，事关殖民地生存和生活的公共事务都要在一个叫殖民地议会的机构内进行商议。议员由当地不同职业、不同领域、不同阶层的人们选举产生。殖民地议会是殖民地人们解决现实问题、实行自我管理的重要标志。议会大厦成为唯一与总督府享有同样权威的建筑。（英国的管理却是表面化的。在很大程度上，这些殖民地需要依赖于自我的管理。虽然会受到来自英国的监管,但他们还是相当自治的。)

在这过程中,生活在这片殖民地上的民众们意识到,自己不再是英国人、法国人、德国人,而是Americans,形成了美利坚民族。我们之前说形成民族国家需要具备哪些要素?(有统一的疆域、语言、市场,更为重要的是有共同追求民主、自由的心理)

环节三:出示英国殖民统治者对北美民众及美利坚民族的认识和相关统治策略材料,教师设计系列逻辑关联、层层递进的问题。

(教师出示材料二)一位英国观察家这样写道:美国殖民地居民也许想模仿英国的风俗习惯,可惜是东施效颦。你还能从这些新兴美洲国家的暴发户身上奢求什么呢,他们或许根本没有机会接触到礼仪之邦的礼节,更别提效仿了。([英]特勒味连:《美国革命史》,安徽人民出版社2013年版)

(教师系列设问)

师:当美利坚民族形成的时候,作为宗主国的英国人又是如何看待这个新生民族的民众呢?英国人眼里的美利坚民众是怎样的?

生:一群暴发户,缺少礼节,打从心里看不起这群移民者。

师:那当时的美利坚民众是不是就如英国人所说,就是一群暴发户?

生:不是,他们在发展经济的同时内心追求自由、平等。

师:英国人为什么会这样评价美国人?

生:他们作为宗主国存有优越感,同时由于地理因素,他们对殖民地民众认识有局限。

师:18世纪中叶,大英帝国进入扩张时期,他们先是打败了西班牙,又在北美与法国进行了七年的战争。连绵不断的战争,使大英帝国的财政入不敷出,于是决定在北美殖民地调整统治政策。

(教师出示材料三)1763年英国颁布公告禁止殖民地人民向阿巴拉契亚山以西迁移。禁止殖民地发行纸币。(转引自李津《英法七年战争与美利坚民族的形成——1763年后英国的新殖民地政策对美利坚民族形成的影响》,《华北理工大学学报(社会科学版)》2007年第1期)

(教师出示材料四)1765年,英政府公布了"印花税"法令。规定北美殖民地的一切报纸、书刊、商业执照和合同文件等,都要加贴足够数额的印花税票,

违者重罚。(转引自黄旦《独立战争前后美国报刊思想之演变——美国新闻传播思想史学习札记》,《新闻大学》1999年第3期)

(教师再系列设问)

师:英国对北美殖民地采取怎样的统治方式?

生:压制、剥削。

师:北美殖民地的民众们是否会听从这种统治方式?

生:不会,他们是一群追求自由并且有自我管理意识的群众。

师:在英国专制统治下美国人该如何获得自由?

生:武力抗争。

设计意图:通过对材料的释读,学生获得提取、分析信息的能力和方法,了解并理解北美民众实现自由前面对的困境。

环节四:播放独立战争影像资料片段,出示英军和北美士兵相关图片资料。

(观看视频时教师提醒学生注意北美独立战争中的重大历史事件)

师:1775年4月列克星敦枪声打响了美国独立战争的第一枪。枪声响起,惊醒了13个殖民地,此时的人民纷纷拿起武器,决定为独立自由而战。但是美国人能打赢英国人吗?

一切来得太突然,为了应对突如其来的新形势,1775年5月,第二届大陆会议在费城召开,下令招募志愿军,整编大陆军,任命华盛顿为总司令。身为总司令的华盛顿并没有欣喜,相反他忧心忡忡,他面对的英军装备精良,训练有素,久经沙场。(教师出示英军图片)华盛顿带领的士兵又是如何的呢?(教师出示穿着杂色制服的北美士兵图片)华盛顿就任大陆军总司令时,全军只有32箱弹药,人均9发子弹,不够发起一次战役,但华盛顿并没有拒绝人民赋予他的责任,表示不拿一分钱的俸禄,带着没有受过多少训练的民兵走上战场。

设计意图:通过对影像资料的观阅和教师的讲述,学生理解北美民众夺取自由的艰辛。

环节五:出示《独立宣言》内容节选,并设问分析。

(教师出示材料五)我们认为下述真理是不言而喻的:人人生而平等,造物主赋予他们若干不可让与的权利,其中包括生存权、自由权和追求幸福的权利。

我们以这些殖民地的善良人民的名义和权力,谨庄严宣告:这些联合殖民地从此成为、而且名正言顺地应当成为自由独立的合众国,它们解除对于英王的一切隶属关系,而它们与大不列颠王国之间的一切政治联系也应从此完全废止。(《独立宣言》节选,转引自大卫·阿米蒂奇:《独立宣言:一种全球史》,商务印书馆2014年版)

师:在战场上北美民兵们与英国士兵奋勇厮杀,与此同时,大陆会议任命杰斐逊等人起草一份脱离英国统治的宣言。

师:促使北美民众采取武力手段摆脱英国统治的原因是什么?

生:他们要建立一个能保障生存、自由、幸福的政府,而英国统治之下这些权利得不到保障,所以他们试图通过武力摆脱英国统治后建立一个属于自己的新政府。

师:《独立宣言》第一次宣布人民权利神圣不可侵犯。《独立宣言》在纽约宣读后,成群的市民冲到广场上,捣毁了英王乔治三世的塑像,然后把它熔成铅,再制成子弹,运往前线。这一天是1776年7月4日,而7月4日也就成为美国的独立日。北美人民从此就有了自己的国家,他们将要为国家民族的自由而战。之后,北美民众在1777年取得萨拉托加大捷,大大鼓舞了人民的信心,随后获得了法国、西班牙等国的支持,此役成为美国独立战争的转折点。

设计意图:学生通过对材料的分析,逐步掌握用唯物史观的视角去分析历史的方法和思维,并理解北美士兵奋战背后追求独立自治的精神动力。

环节六:出示英军投降图片及《邦联条约》内容节选。

师:1781年,约克镇战役,迫使英军将领康华利率部下投降。服装整齐的英军,在沉默中走过衣衫褴褛的美军面前一一放下手中的武器。北美士兵胜利了,他们依靠自己的奋力拼搏取得了自由。带领美国人夺取自由的华盛顿在1783年《巴黎和约》签订后,他以大陆军总司令的名义下令解散了他一手组建的大陆军,准备退出历史舞台。1783年12月4日,在纽约的弗朗斯酒馆,华盛顿与大陆军军官们举行告别酒会。他举起酒杯,说道:"我满怀热爱和感激之情,向各位告别。我最诚挚地希望你们今后的生活将与你们过去的光荣和体面生活一样,幸福而美满。"[①]然而从英国人手中夺得自由的北美民众真的能

---

① 一兵:《一本书读懂美国史》,武汉出版社2012年版。

获得真正的自由,过上幸福美满的生活吗?

　　1776年,在独立战争还未结束时,北美民众就在讨论新政府成立后该组建怎样的一个政府,1777年大陆会议通过《邦联条例》,这部条例是北美殖民地筹建十三个新州统一政府的第一个正式文件。

　　(教师出示材料六)美利坚合众国不是一个主权统一的国家,《条例》下的邦联是各主权州的联盟,并不直接对各州人民负责,只对各州的立法机关和政府负责。……邦联国会并未拥有有效的征税权、关税权以及管理州际贸易等这些重要的权力。……全国性的政府有名无实,实际上只扮演一个协调者的角色。导致了邦联国会在外交上难以形成统一的声音,维护美国人在海外的利益;财政上也是一片混乱;……各州纷纷建立起贸易壁垒;与此同时,各州之间因为边界和商业问题产生了很多纠纷。(范冠华:《对美国〈邦联条例〉与〈合众国宪法〉的比较分析》,《历史学习》2007年第3期)

　　设国会为最高权力机关……每州都拥有一票否决权……不设国家元首,国会无权强制实施命令、建立全国法庭……国会和各州都拥有外交、宣战、管制货币、征募海陆军等权力。([美]阿纳斯塔普罗著、赵雪纲译:《美国1787年宪法讲疏》,华夏出版社2012年版)

　　师:按照这部宪法,新成立的政府,它的中央政府和各州之间的关系是如何的?

　　生:中央政府权力很小,各州保留了很大的独立性,美国俨然是由13个独立国家组成的松懈的国际联盟。

　　师:会产生哪些问题,譬如各州都有管制货币的权力?

　　生:他们不能进行自由贸易,没有统一的货币,而且各州都有外交权就无法制定外交政策。

　　师:战争换来的独立,并没有实现国家的稳定和繁荣。曾经担任大陆军总司令的乔治·华盛顿不得不向人们发出警告:"要么我们在一个领导之下成立联邦而结合为一个国家,要么我们就保持13个独立的主权国家,永远互相争吵。"①

　　设计意图:通过对材料的分析,学生理解美国获得独立的不易和战后美国民众遇到新问题的困惑。

---

① 唐晋主编:《大国崛起》,人民出版社2006年版。

环节七：出示《1787年宪法》制定的场景图及宪法内容节选，分析《合众国宪法》与联邦制度的确立对美国的影响。

师：于是，在宣布独立11年后的1787年，来自各州的代表终于在费城坐在了一起。这间只有一百多平方米的独立厅，曾经签署过著名的《独立宣言》，如今，代表们要在这里协商新国家的未来。（教师出示参会者进行激烈争辩的图片）在华盛顿的主持下，制宪会议从1787年5月一直开到9月，一共持续了116天，这是美国历史上最长的一次会议。要解决中央和地方的权力分配问题是否很简单，要加强中央政府权力有必要讨论这么长久的时间吗？他们碰到什么难题了，需要争吵这么久吗？

生：既要建立一个有权威的政府，又要保障个人自由。

师：他们要在权力与自由间寻求平衡。在争吵中，纽约州的2名代表退出会议并离开，而且也没有再回来，这也表现了自由的精神。但也是在争吵中，美国的第一部成文宪法最终形成。让我们来看下，这份由55名美国精英设计的宪法，是如何解决这一难题的？

（教师出示材料七）《1787年宪法》第六条：本宪法及依照本宪法所制定之合众国法律以及根据合众国权力所缔结或将缔结的一切条约，均为全国的最高法律；即使与任何一州的宪法或法律相抵触，各州的法官仍应遵守。任何一州宪法或法律中的任何内容与之抵触时，均不得违反本宪法。（转引自刘晗：《合众为一：美国宪法的深层结构（雅理中国）》，中国政法大学出版社2018年版）

师：从这则材料中可以看出，政府和地方之间的关系是如何的？

生：地方听从中央政府的命令。

师：宪法通过保证中央政府的权力来稳定秩序。但是美国民众一直以来追求的自由又该如何保证呢？（教师出示三权分立示意图）美国实行联邦制，立法、行政、司法三权分立，三者互相制约又互相补充平衡。通过限制政府权力来保障自由。在这过程中，你看到了哪些政治智慧？

设计意图：通过对材料的比较、分析，学生理解《邦联条约》的缺陷及《1787年宪法》的原则，体会政治智慧。

环节八：出示世界地图及漫画，引领学生理解独立战争及联邦政府的成立对历史发展的意义。

师：美国根据《1787年宪法》举行了选举，1789年，华盛顿当选第一届总统,组成联邦政府。联邦宪法的制定和实施,使一个真正意义上的美国诞生了。这个新生国家诞生在一个怎样的世界中呢?(教师出示世界地图讲解)18世纪后期的世界霸主英国,正在掀起第一次工业革命的时代潮流。依靠君主权威创造繁荣的法兰西,开始酝酿着大革命的危机。德国则依然陷于四分五裂的痛苦之中。俄罗斯经历了由沙皇主导的君主改革,开始逐渐强大起来。中国人,正在享受以康乾盛世为标志的国家繁荣。

(教师出示漫画,见图1)

图1

图2

师:请同学们根据漫画信息提示,来谈谈美国革命对美洲殖民地独立运动影响。

设计意图:运用地图及漫画的讲解,学生了解图像证史的基本理路及方法。

环节九:概括美国建国的过程,引导学生感悟美国民众探索自由的艰辛历程。

(教师出示自由女神像,见图2)

师:那么自由女神像象征着怎样的精神?北美人民为了追求心中的自由国度来到美洲这片陌生的土地,他们坚信:人人生而平等,有追求自身的自由、幸福的权力。为了追求自由,他们甘愿用生命与英国统治者进行搏斗,换得自由。他们最终成功了,却又发现无限度的自由会阻碍国家的发展,为此他们再一次重思自由,建立起权力与自由兼具的新政府架构,从而保障自由。在这样的基础上,美国人民开始走上了自由发展资本主义经济的道路,并不断发展壮大自己的国度。然而美国人探寻自由的道路还未结束,合众国宪法中还有很多问题未解决,如黑人问题,一切还有待接下来的美利坚民族去进一步探寻自由的奥秘。

设计意图：运用概括回应课程内容主旨，总结升华课的内涵。

【板书设计】

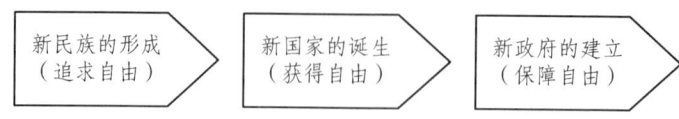

【作业设计】

近年，美国对最伟大总统的调查越来越多，但有三位总统始终位居前列，分别是乔治·华盛顿、亚伯拉罕·林肯以及富兰克林·罗斯福。学完高中历史的全部美国史内容后，你能不能再找出一位可以与他们媲美的"伟大的总统"，并说说你的理由。

【教学反思】（略）

王老师在这个教学设计和教学的实施过程中，始终贯彻着唯物史观：美国独立战争为什么会爆发？是因为到了18世纪中后期，北美13块殖民地资本主义经济的发展，而英国的殖民统治严重阻碍着这一发展进程，伴随着民族意识的觉醒，独立战争爆发了。王老师通过对北美民众为打造新世界的努力劳作图和威廉斯堡议会厅等图片材料，以及英国对北美民众的认识及统治策略的解读，并设问独立战争前的北美民众和北美政治状况是如何的？揭示了这一基本的认识方法；美国独立战争胜利后，又面临着哪些新的困难？又是如何解决的？王老师通过邦联体制、《邦联条约》的内容以及《1787年宪法》内容的解读，构建起了具体问题具体分析这一基本观念。

当然，在上述教学过程中，王老师也并没有完全排斥或摒弃从其他角度对美国独立战争的认识进行诠释。如环节一的导入新课阶段，王老师在出示殖民地由来的材料后从文明史观角度提出了蕴含在北美人民内心的一种声音，那就是北美民众对自由、民主、平等的追求。

在美国独立战争胜利后，关于邦联体制，王老师是这样讲述的：1776年，在独立战争还未结束时，北美民众就在讨论新政府成立后该组建怎样的一个政府，1777年大陆会议通过《邦联条例》，这部条例是北美殖民地筹建13个新州统一政府的第一个正式文件。紧接着设计了一系列有内在逻辑关系的问题而进行讲解：按照这部宪法，新成立的政府，它的中央政府和各州之间的关系是如何的？会产生哪些问题，譬如各州都有管制货币的权力？最后教师总结说战争换来的独立,并没有实现国家的稳定和繁荣。曾经担任大陆军总司令的乔治·华盛顿不得不向人们发出警告:"要么我们在一个领导之下成立联邦而结合为一个国家,要么我们就保持 13 个独立的主权国家,永远互相争吵。"

在此铺垫下,王老师顺势而为,为我们展示了《1787 年宪法》,并以自由女神像为切入点,再次讲述北美人们的心声即北美人民为了追求心中的自由国度来到美洲这片陌生的土地,他们坚信:人人生而平等,追求自身的自由、幸福。为了追求自由,他们甘愿用生命与英国统治者进行搏斗,换得自由。他们最终成功了,却又发现无限度的自由会阻碍国家的发展,为此他们再一次重新思考自由,建立起权力与自由兼具的新政府架构,从而保障自由。在这样的基础上,美国人民开始了自由发展资本主义经济的道路,并不断发展壮大自己的国度。

但最后在课时的结尾,王老师话锋突转,说:"然而美国人探寻自由的道路还未结束,合众国宪法中还有很多问题未解决,如黑人问题,一切还有待接下来的美利坚民族进一步探寻自由的奥秘。"正是由于王老师较为独特的文明史观视角深刻地揭示了北美独立战争爆发与邦联体制以及后来美国《1787 年宪法》之间的联系,为我们构建起了一个立体的、有血有肉的美国独立战争的历史进程。

第三章 时空观念是教学设计的线索

一、时空观念素养落实的基本方法

时空观念是在特定的时间联系和空间联系中对事物进行观察、分析的意识和思维方式。任何历史事物都是在特定的、具体的时间和空间条件下发生的,只有在特定的时空框架当中,才可能对史事有准确的、客观的理解。[①]

(一) 时空观念素养要点的解读

1. 时空观念是对事物解释、分析、理解的重要前提

历史的时空观念是指历史时序观念和历史地理观念。任何历史事物都是在特定的、具体的历史时间和地理条件下发生的。只有将史事置于历史进程的时空框架当中,才能显示出它们存在的意义。历史学科的知识是建构在历史时空基础上的,对历史的认识必须从时空观念的角度出发,这是我们解释、分析、理解历史人物和历史事件的重要前提。

某老师在讲解华师大版"清末新政"一课的影响时,师生之间曾有过下面的一段对话:

师:同学们,我们学习了清末新政的时代背景,也探究了清末新政的具体举措,那么,对于清政府的这场运动,你是怎样看待的呢?

生:清末新政就是一场骗局,清政府从根本上讲并没有想真正地去改变。

师:何来这样的结论呢?

生:从新政的举措来看,先有五大臣出洋考察,然后是预备立宪,终于出现了一个宪政体制,还是皇族内阁,所以,清政府还在坚持着较为顽固的专制立场。

[①] 中华人民共和国教育部制定:《普通高中历史课程标准(2017版)》,人民教育出版社2018年版,第5页。

师：说得有些道理。还有什么？

生：没有了。

师：其他同学有没有要补充的？

生：我觉得，新政还是有一定的积极性的！

师：请具体谈一谈。

生：我只是感觉，说不出来。

……

课后，在反思上述的师生问答之后，我们可以发现有两个问题值得深入思考：首先，学生的回答基本围绕着教材结论而展开；其次，学生的回答不能深入事物的本质，只能泛泛而谈。那么为什么会出现这样的情况呢？重新审视课堂的教学后我们可以发现，问题出在教师自身。教师在教学设计的过程中并没有考虑学生的知识储备，更没有创设具体的历史情境带领学生进入历史。也就是说，对于具体的历史，一定要给学生一个具体的时空观念，这样学生才会有的放矢、才会真正客观地去理解历史。

在后来的教学中，教师修改了教学设计，主要是提供了相关的史料，具体如下：

师：同学们，我们学习了清末新政的时代背景，也探究了清末新政的具体举措，明白了清末新政是清政府为了应对危局而进行的不得不为的王朝自救。而我们也都意识到两个月对于设计一个庞大帝国的改革方案，显然是不够的，在经过四个月的讨论后，由张之洞主笔，刘坤一领衔上奏的《江楚会奏三疏》①正式出台，并且得到了当时最高统治者慈禧的推崇。那这份改革方案中究竟陈述了怎样的主张呢？又为何迅速地得到了最高统治者的认同呢？我们来看材料：

变通政治人才

整顿中法

采用西法　　（根据张之洞等《江楚会奏三疏》整理）

在《江楚会奏三疏》中，张之洞等晚清官僚提出了新政应当分为三步走的明确态度。也就是先培育新式人才，然后整顿中国旧法，最后糅合西洋长处以补中国之不足的这样一种渐进式的改革方案。

---

① 范书义等主编：《张之洞全集》，河北人民出版社1998年版。

师:那为什么这一主张迅速得到了清廷最高统治者的认同呢?其实,在《三疏》的开篇,张之洞等就明确阐述了这样的观点:"穷而不变,何以为国?修中华之内政,采列国之专长,圣道执中,洵为至当。"① 同学们,张之洞在开宗明义的分析了当时的局势,也就是"穷而不变,何以为国",这里的"穷"是什么意思?

生:穷困。

师:那也就是说,在张之洞等晚清官僚的眼中,当时的局势亦是到了不通过变法就无以为继的状态。那既然必须变,怎么变呢?这里的"洵"是"诚然"的意思,也就是说,"圣道执中"是十分恰当的,那什么是圣道?

生:传统的、执政之道、礼仪之道、儒家思想、统治方式。

师:所以这场清廷主导的清末新政,其改革的核心思想有没有跳脱晚清传统的王朝自救模式?

生:并没有,依然停留在希望于在体制不变的前提下完成王朝自救。

【设计意图解析】

通过解读《江楚会奏三疏》,了解晚清官僚提出了变法"三步走"的策略与这场变法的核心理念并未跳脱中体西用的传统路径。

我们不难发现,晚清官僚给出的改革意见依然采取了传统的王朝改革范式,所谓的"圣道执中"也就是专制统治仍将以前提的形式在相当长的一段时间内持续下去,同时,改革也将齐头并进地开展。

师:那也就是说,这场改革的出发点,归根到底还是为了维护统治者的根本利益,很显然,这么做很容易忽视民众的心声,在《剑桥中国晚清史》中,曾经这样评价当时民众的心态,其实民众"说到底只想要轻徭薄赋、鸡犬不惊的生活"②。那么在中体西用指导思想下的这场改革,究竟改了什么?能不能对民众的诉求作出回应呢?

在1901—1905年这五年不到的时间内,清廷以《江楚会奏三疏》为蓝本,展开了多点开花的改革,其内容涵盖了官制、经济、军事、文教、法律、习俗等各个方面,取得了一定的成果,但也同时遇到了无法回避的问题。我们举几个例

---

① 范书义等主编:《张之洞全集》,河北人民出版社1998年版。
② 费正清等编、中国社会科学院历史研究所编译室译:《剑桥中国晚清史(1800—1911年)》,中国社会科学出版社1985年版。

子：拿文教来说，在1905年，清廷彻底废除了科举制度，取而代之的是新式的考试方法，考政治理论、考科学知识，但问题随之而来，在当时封建教育体系下学生学了一辈子的孔子、孟子，你突然说，明年咱们考原子、电子，那这批学子怎么办？肯定不满意。

另外，多点开花的改革必然需要强大财力的支撑，沉重的对外赔款显然已经使得清政府的财政状况陷入了捉襟见肘的尴尬，那如此大力度、高强度的推行"新政"的资金从何而来？

我们来看一则当时英国外交部的报告，在报告中提道："因兴办和维持警政、学堂而增收捐税，显然易使这类革新在许多地方都不受欢迎。"① 显然在旁观者看来，这场"新政"实质上是由谁来买单？

生：老百姓。

师：老百姓是心甘情愿的买单吗？显然不是，是被迫通过捐款、缴税的形式买单的。那民众的财力是否足以支撑这场改革呢？我们来看当时一则清廷的上谕："近年以来民什已极凋敝，加以各省摊派赔款，益复不支，剜肉补疮，生计日蹙……各省督抚因举办地方要政，又复多方筹款，几同竭泽而渔。"② 从清廷上谕中，我们看到，就连统治阶级也已意识到这场改革在当时并未起到国富民强的效果，竭泽而渔、剜肉补疮的敛财方式及其带来的民生凋敝的社会局面，不仅没有解决内忧的局面，反而加剧了内忧。

【设计意图解析】

分别呈现"新政"过程中改革的具体措施、民众心态与第三方观察者的结论，在多维视角的比照下，"新政"推行的力度，所取得的效果不可谓不大，但与最普通的民众所要求的"轻徭薄赋、鸡犬不惊"背道而驰，因此在改革过程中出现了清廷未曾预料的、无法掌控的局面，进而导致了这场危机中的改革陷入了徘徊和犹豫。

因此，在激进、且有组织的革命力量出现，这也折射出民众对于清廷改革措施的不满，而民众正是这场改革真正的"买单者"，因此，这场改革出现

---

① 《英国外交部的报告》，转引自戴鞍钢《新政困局与辛亥革命》，《文汇报》2011年9月28日。
② 章征科：《辛亥革命时期乡村民变的特点及成因探析》摘自《华东师范大学学报（哲学社会科学版）》2001年第2期。

> 了举步维艰的局面。然而，正在此时，一场战争即日俄战争的爆发，改变了"新政"的走向。

在经过一系列的铺陈后，教师带领学生走入特定时空中的历史，之后再来谈论如何看待清末新政的影响，效果就非常的明显。总结学生的回答如下：

生：清末新政的推行，其消极作用是明显的：

首先，为了实行新政，清政府必须想方设法筹集经费，增加了人民的负担，使中国劳苦大众生活更加贫困化，社会矛盾更加尖锐。（具体的说明略，下同）

其次，袁世凯和北洋军阀的崛起，是清末新政的又一恶果。

第三，清末新政时，某些经济政策的公布，客观上也为帝国主义输出资本创造了方便条件。

第四，清末新政时，练新军强化了封建专政的国家机器，有利于清政府对人民群众反抗斗争的镇压。

尽管清末新政有上述种种消极作用，但不难发现，它却为历史提供了新的东西：

首先，在经济上，清末新政期间中国的民族资本主义经济有了明显发展。

其次，在政治上，清末政权机构发生了很大的变化。

第三，在军事上，由于清末新政时注意编练新军，于是，资产阶级革命党人也把工作重点转移到新军。

第四，在思想文化上，结束了科举制度的历史，清末出现了办学热潮。

第五，在阶级关系上，清末也发生了很大的变化。随着中国民族资本主义的发展，中国民族资产阶级的力量有了明显的增长。

学生们的上述回答很深入，同时也运用了大量的历史史料作为支撑。之所以能有如此深刻的变化就在于教师为学生解释历史提供了具体的情境，学生只有在一定的时空观下才能相对客观的解释、分析、理解历史。

2. 时空观念是对事物知道、了解、掌握的基本线索

培养学生的时空观念是中学历史教育教学任务之一。因为，对历史学科而言，时间逻辑和空间逻辑是最基本的逻辑，更是学生理清历史发展脉络和各阶段主要特征的基本条件。我们知道，历史时空观是指对历史事物与特定时间及空间的联系进行观察、分析的观念。任何复杂的历史过程总是发生在特

定的时间与空间中,不能脱离具体的时空而存在。因此,在具体时空背景下认识历史,是对一定历史阶段主要特征和一定环境下历史事件、历史现象之间内在联系、发展变化的认识。实践表明,良好的时空观念能使学生基于历史脉络而构建知识体系,更是学生知道、了解、掌握历史的基本线索。

在讲述上师大版初中教材"第二次世界大战的爆发"这一课时,上海市长桥中学林杨老师是这样设计的:

【内容主旨】

一战后,战胜国迫使战败德国签订的《凡尔赛和约》埋下了德国复仇的种子;经济大危机打击下,德国选择了希特勒的专制独裁、对外扩张,以摆脱危机;英法苏等大国面对德国的步步紧逼,为制衡实力而相互推诿……一个又一个因素推动二战的爆发,这些看似偶然因素的背后,折射着国际关系体系重构的必要,反映着人类社会经济发展模式多样化的必要,更说明和平与发展这一人类历史发展主流彰显的必要。

【设计片段赏析】

内容主旨(教学立意),它在一定程度上体现了教师要引导学生用怎样的史观和时空线索来看问题。本课授课教师的内容主旨告诉我们,要从人类经济发展模式多样化角度看问题,也就是经济基础决定上层建筑的唯物史观的基本原理。同时,通过一系列的历史事件构筑起从一战结束到二战爆发这20年的人类发展进程的舞台。

【教学目标】

大致了解德国对外侵略扩张的过程,以及英法等大国面对扩张采取的对策,理解推动二战爆发的多重因素;通过阅读图表与宣传画等史料,提取相关信息,在综合相关信息的基础上对历史现象做出初步的解读;通过本课的学习初步感悟和平的弥足珍贵。

【重点难点】

重点:认识到二战的爆发由多种因素共同推动。

难点:理解人类社会的文明发展是渐进的,挫折带来伤痛也带来经验。

【教学过程】

环节一:出示丘吉尔《第二次世界大战回忆录》片段。

(在第二次世界大战即将结束时,美国总统罗斯福想让丘吉尔给战争起个名字,丘吉尔脱口而出"The Unnecessary War",意思是"不该发生的战争",他认为二战可以避免。丘吉尔的说法对吗?战争可以被避免吗?)

设计意图:通过丘吉尔对第二次世界大战"The Unnecessary War"的评价,导入新课。

过渡转接:丘吉尔的说法对吗?战争可以被避免吗?

环节二:出示《凡尔赛和约》部分条款,1929—1933年德国经济情况变化表。并设问:这份和约从哪些方面对德国进行了限定?德国举国上下都对这份战后和约表现出极大的不满和抵触,为什么?

过渡转接:屋漏偏逢连夜雨,1929—1933年经济危机爆发,德国再受重创。

(教师出示材料)1929—1933年德国经济变化情况表(转引自丛金龙:《论纳粹德国的经济发展(1933—1938)》,内蒙古大学,2011年)

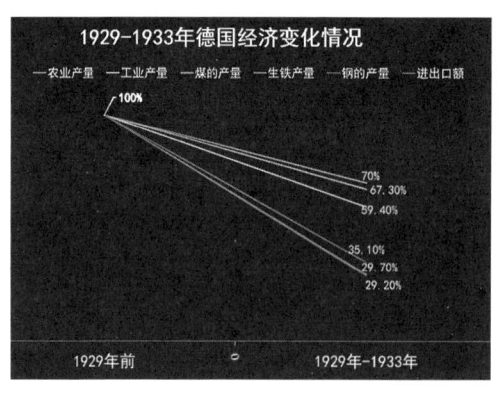

图1

提出问题:从图1中你看到了什么现象?表明经济危机带给德国什么影响?

过渡转接:在这个时刻,人们听到了一个声音,承诺会扫除国家的混乱与苦难,许诺给所有人想要的面包与尊严,这个声音来自纳粹党及其领袖希特勒。

设计意图:通过分析和约签订时德国民众的抵抗反应和危机下被放大的经济问题,认识到苛刻的《凡尔赛和约》不能带来和平,反而点燃了德国人的复仇之火,引导学生从战后国际关系处理的角度思考推动二战爆发的情感因素。

【设计片段赏析】

关于二战爆发的背景,学生学习的难度在于要置身其中,就是要有一定的时空观念,对这个问题的处理,授课教师通过《凡尔赛和约》文本的解读,让学生回到一战结束后战胜国召开巴黎和会的1919年。

学生分析后,顺理成章地引入了一个全新的概念"战争责任",把德国及其盟国认定为这场战争唯一责任方,上述赔款、偿物、割地的限定由此条约所引出。然而德国从下至上拒绝凡尔赛的呼声只换来一道选择题——"是接受条约还是忍受协约国的侵犯"?和约条款传回德国国内即刻引起极大的震动,有人上街烧毁协约国国旗,海军怒沉军舰,德国魏玛政府总理谢尔曼都说:"谁要是签署这样的条约,他的手就会烂掉!"

这样形象化的进入情境,其实就是时空观念的确立,学生在感受中认识到:相比较一战非正义的战争性质,把战争的罪责都推给德国明显有失公允。战胜国们标榜为了和平永固的《凡尔赛和约》真的不能把"和平"带给德国!它就像一把利剑刺在每个德国人心头,它带给德国的是对协约国的仇恨。

这不得不让我们反思,到底该如何正确处理战败国才能真正让和平永固呢?内容主旨(教学立意)在一定程度上体现了教师要引导学生用怎样的史观和时空线索来看问题。

环节三:出示 1928—1933 年德国国会选举纳粹得票情况、纳粹党 1932 年竞选宣传画及 1928—1938 年德国国民收入和失业率变化表。

(教师出示材料)1928—1933 年德国国会选举纳粹得票情况(转引自路奇:《论纳粹德国对外宣传(1933—1939)》,《湖北大学学报》2012 年第 4 期)

纳粹党原是德国国会中最弱小的党派,1928 年的国会选举中仅获得 12 个席位。但在经济危机爆发后其地位发生了变化。

提出问题:在图 2 这张"1928—1933 年德国国会选举纳粹得票情况"统计表中你发现了哪些信息?纳粹在国会选举中无论是选票得票率和国会席位都是呈现增长趋势,这说明了什么?

过渡转接:能争取到如此多的选票,都归功于纳粹出色的

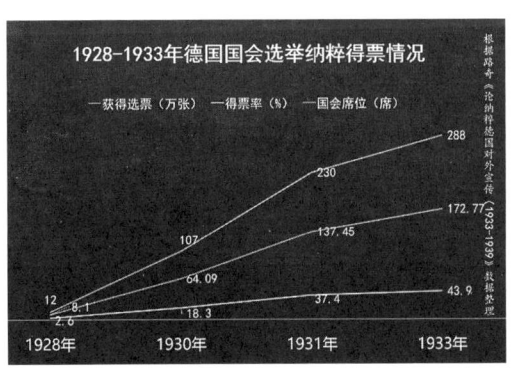

图 2

竞选宣传。

(教师出示材料)1932年纳粹党竞选宣传画。

提出问题:从纳粹的宣传画来看,他们凭什么打动了选民们?(工作、自由、面包意味着什么?)

过渡转接:纳粹的宣传抓住了民众最迫切的需要——解决温饱问题,获得工作机会以及突破《凡尔赛和约》的限制,因此获得了大量选票。

1933年国会选举后,希特勒走马上任成为德国总理,仅次于总统兴登堡。

设计意图:通过分析图表和宣传画,认识到希特勒得以上台在于抓住民众最迫切的需求,他确实改善了德国经济,也为对外侵略做好了准备。

【设计片段赏析】

通过这一部分的师生对话,我们生动地看到了这样一幅情景:危机影响到了普通人的日常生活,农民们不得不变卖土地,企业接连倒闭则使很多人失业。当时德国的失业率高达30.8%。成千上万的人连最普通的黑麦也吃不到,全德超过半数的孩子患有营养不良。政府的领导人虽几经更迭,情况却仍不断持续恶化,显然,时间并没有治愈好德国的战后创伤,反而在经济危机的作用下,放大了伤痛。

1931年纳粹党凭借37.4%的得票率拿下230个席位一举成为国会最大党,两年后的国会选举纳粹获得的选票数更是占据了半壁江山,其在国会中的席位也增加到了288个。

纳粹党打着社会主义的旗号,抓住民众最迫切的需求,拿下大量选票,这也表明德国民众们对于纳粹和希特勒普遍认同,希望通过他的领导让德国走出危机,重返光荣。

教学情境的建构就是时空观念的养成,良好的时空观念能使学生基于历史脉络而构建知识体系,更是学生知道、了解、掌握历史的基本线索。

过渡转接:然而在经济复苏下已悄然疯狂的德国民众根本不在乎,他们对这个在整个民族绝望时给予希望的人产生了高度认同。

环节四:叙述希特勒建立独裁和突破《凡尔赛和约》限制的相关事实,出示"二战爆发前欧洲形势图"及《慕尼黑协定》。

设计意图:通过对史实的叙述与分析,认识到狭隘的国家主义下,英、法、苏等大国不惜以绥靖政策保障自身安全利益,纵容了德国扩张,引导学生从国际社会共同的失策反思二战爆发的外部因素。

过渡转接:大战在1939年9月1日悄然发生。

环节五:出示二战时期德国军事扩张示意图,叙述相关史实。

设计意图:通过对德国使用闪电战快速迫使他国投降的史实的讲述,认识到绥靖政策的严重后果,大战已无法避免。

过渡转接:张伯伦失败了,丘吉尔走马上任,这位新首相一上台就发表了一段令人热血沸腾的演说。

环节六:出示丘吉尔《热血、辛劳、眼泪和汗水》演说选段及苏联1941年宣传画《祖国母亲在召唤》。

设计意图:通过对丘吉尔演说选段以及苏联战争宣传画的分析,叙述英国民众团结一致、苏联士兵英勇抗战的相关事实,认识到军民团结一心一致抗战的决心可以产生极大的力量,英、苏成功阻击了德国的入侵。

过渡转接:从一战结束到二战爆发相隔不过二十年,人类何以在短短二十年内便再次挥刀相向?

环节七:再次出示丘吉尔《第二次世界大战回忆录》片段。

设计意图:通过对二战爆发前各阶段的反思,理解二战爆发原因的多重性,初步感悟人类社会文明的建设总是渐进而曲折的,人类正在实践从二战中得到的教训。

在这份教学设计中,林杨老师通过时间轴设置、地图演示以及历史情境的构建,最终给学生一个较为完整的时空线索,我们看一下林老师的部分课堂实录和PPT的呈现。谈到二战爆发原因时,林老师是如此处理的:

师:让我们先回到一战结束后,战胜国召开巴黎和会的1919年。为了处置战败国建立战后新格局,战胜的协约国集结凡尔赛宫,经过激烈的讨价还价与德国签订了《凡尔赛和约》。在指出巴黎和会苛刻的条件下,并出示了时间轴(见图3)。

图3

在谈到 1929 年至 1933 年经济危机问题时教师又是如此描述:

师:屋漏偏逢连夜雨,1929 年至 1933 年经济危机爆发,德国再受重创。

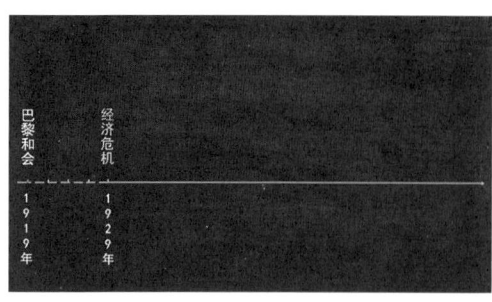

图 4

危机还影响到了普通人的日常生活,农民们不得不变卖土地,企业接连倒闭则使很多人失业。当时德国的失业率高达 30.8%。成千上万的人连最普通的黑麦也吃不到,全德超过半数的孩子患有营养不良。政府的领导人虽几经更迭,情况却仍不断持续恶化,显然,时间并没有治愈好德国的战后创伤,反而在经济危机的作用下,放大了伤痛。并出示了时间轴(见图 4)。

随着教师的讲述和课程的进行,教师一步步地勾连出第二次世界大战至爆发前的时间轴,等课时结束时,一个较为完整的时间轴就完成了(见图 5)。

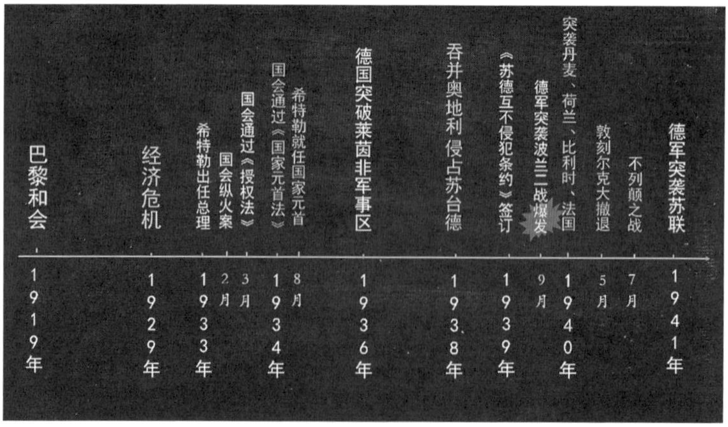

图 5

在时间轴呈现的同时,林老师配合着历史地图的使用,先后出示了三幅地图。

在讲述希特勒进军莱茵非军事区时,教师出示了《二战爆发前欧洲形势图》,并如此叙述:

师:1936 年 3 月 7 日,希特勒的一声令下,一支约 3 万人组成的军队开入了德军不被允许进入的莱茵非军事区,整个过程顺利无比,但是希特勒却说在进入莱茵区后的48小时,却是他一生中神经最紧张的时刻。

师:(提出问题)希特勒在紧张担心些什么?

生:担心英法等国派兵增援莱茵区阻止德国。

师:当时只要英法出动10个师的力量,希特勒就得夹着尾巴撤退,稍作抵抗都不够用,但希特勒甘愿冒险也必须尝试,如果这是一场赌博的话,希特勒无疑获得了这场豪赌最大的胜利,他不仅成功进入了莱茵非军事区,更重要的是他从英法的按兵不动中得到了一个认知。

紧接着教师再次出示《二战爆发前欧洲形势图》,并如此叙述:

师:1938年德国吞并奥地利后,又企图侵占捷克斯洛伐克的苏台德地区,捷立刻向其盟友英法求救。时任英国首相的张伯伦亲自前往德国与希特勒商谈,相关国家在德国慕尼黑专门举行了一次针对捷克斯洛伐克问题的慕尼黑会议,捷克斯洛伐克能否逃过这一劫呢?

(教师出示材料:《慕尼黑协议》部分条款)

师:从协议内容来看,会议的最终结果是什么?

生:捷克斯洛伐克必须割让苏台德地区给德国。

师:在协议中还写明在撤退时捷方"不得破坏存在的任何设备",这说明德方除了扩张疆域外还想要什么?

生:各种军工机器,以扩军备战。

师:哪些国家就苏台德问题达成了统一意见?

生:英、法、德、意。

师:理应是事件主角的捷克斯洛伐克呢?

生:无法参加会议,被迫接受协议。

师:英法等大国牺牲捷克斯洛伐克目的何在?

生:满足德国扩张的野心,以保证本国的安全。

师:所以英国首相张伯伦在会议结束回到英国接受采访时会说,这份协定会带来整整一代人的和平,因为希特勒保证苏台德是德国谋求的最后一块土地。但就像生活中的小偷,屡屡得手却没受到半点惩罚,会因为别人白白送的一个钱包而就此金盆洗手吗?反而野心会越来越大。此时的德国就是如此。在不费吹灰之力就吞并了苏台德地区后,德国在1939年又接连占领了捷克斯洛伐克剩下的大部分土地。

在讲述第二次世界大战爆发时教师出示了《二战时期德国军事扩张示意

图》,并如此叙述:

师:大战在1939年9月1日悄然发生。德国出动150万大军、2 500辆坦克,2 000架飞机,对波兰发动了突然袭击,开战仅一个星期,德军的坦克就出现在波兰的首都华沙郊区,仅仅两个星期波兰大部分国土已经被德军占领,然竟无一国出手援助波兰,制止德国侵略,苏联早已和德国就瓜分波兰达成秘密协议。英法虽在9月2日就对德宣战,在西线还拥有111个师的兵力,如配合波兰在西线联合反抗德国侵略的22个师,未必不可胜。但英法联军宁愿躲在钢筋水泥的工事里,静坐在马其顿防线边上,宁愿宣而不战,也不愿战斗。10月6日,所有被包围的波兰军队相继被歼灭。

仍对绥靖政策抱有期待的英法,殊不知德军早已暗中准备把兵力从波兰调到西线。1940年4月9日,德军入侵丹麦,仅用4个小时就将其灭亡。同一天德军突袭挪威,60天占领全境。5月10日,德军同时入侵法国、荷兰、比利时和卢森堡,卢森堡当天投降,5天后荷兰投降,18天后比利时国王宣布投降,法国坚守39天,马其顿防线被冲破后也投降于德国。德军在航空兵支援下,集中使用坦克迅速突击以快制胜,速战速决的新式战法被军事学家称为闪电战,希特勒用闪电般的速度让战争风云席卷了大半个欧洲。

通过这样的演示,学生完全被带入了20世纪中期前后的那段艰难的历史岁月中,加深了对于二战爆发原因以及战争初期战况的了解,在掌握基本的历史史实的同时加深了对历史的认识和理解。

3. 时空观念是对事物观察、分析的意识和思维方式

时空观念的形成最为重要的还在于它是一种对历史事件和历史人物进行观察、分析的思维方式,也就是在具体的时空背景下才可能分析历史事件,了解、认识历史人物的所思所行。在历史课堂中,教师运用特定时空背景下的图像进行教学是十分常见的一种手段。

英国学者彼得·伯克认为图像不仅包括各种画像,如素描、写生、油画、版画、水彩画、广告画、宣传画和漫画等,还包括雕塑、浮雕、时装玩偶等工艺品,还包括奖章和纪念章上的画像,摄影照片、电影和电视画面等所有可视艺术品,甚至包括地图和蓝图[①]。

利用图像证史,也存在不少问题,其中最为突出的就是图像仅仅是摆设和

---

① 彼得·伯克:《图像证史》,北京大学出版社2019年版。

点缀,出现为了兴趣而兴趣,为了拓展而拓展,而将图像进行无意义的堆砌,既让学生眼花缭乱不说,更无法掌握图像证史的基本路径。

仍旧以林杨老师《第二次世界大战的爆发》为例,包括导入和总结在内,本课一共设计了七个教学环节,其中运用特定时空背景下图像证史的教学环节有环节三和环节六。

环节三:出示两张纳粹党1932年竞选海报、1928—1933年德国国会选举纳粹得票情况表。

设计意图:通过分析纳粹党的竞选海报,初步掌握图像证史的基本路径,理解纳粹党上台在于抓住了德国民众的需求。

过渡:希特勒在1933年走马上任成为德国总理,他执政后是否会实践他承诺的自由、工作和面包呢?

在本课这一教学环节中,教师意图让学生知道纳粹得以上台执政在于其媒体宣传抓住了当时德国民众最迫切的需求。那么该如何让学生了解纳粹党的宣传内容及效果呢?如选择由教师叙述未免太过于苍白无力,不够说服力。何不如直接让学生以媒体受众的视角去理解纳粹党的媒体宣传呢?因此教师选用了纳粹党在1932年的两张竞选海报以证明纳粹党的宣传内容和效果。紧接着的问题就是该如何引导学生去分析海报内容,初步掌握图像证史的基本路径。教师通过层层设问,引导学生从海报表层的画面内容深入思考到海报创作的实际意图,实录如下:

师:在这张1932年纳粹竞选海报中,这群人看上去的神情是怎么样?

生:看上去很悲观、绝望。

师:你推测一下这群悲观绝望的人是谁呢?

生:德国民众。

师:海报上印的德文是"我们最后的希望——希特勒",那么你认为这些德国人想要实现什么希望?

生:德国民众想要吃得饱,有工作可以做,生活得到改善。

师:纳粹党将其概括为工作、自由和面包,并用另一张海报宣之于众。

师:谁能实现他们的愿望?

生:希特勒。

师:从作者的创作意图看,他把希特勒塑造成了什么形象?

生:救世主。

师：在这种艰难的时刻，希特勒承诺给予人民想要的工作、自由和面包，这对于德国民众来说他就是救世主，这样的承诺太有诱惑力了。

师：因此从社会反响看，这幅竞选海报可能会带来什么效果？

生：德国民众会在竞选中给希特勒所属的纳粹党投票。

师：纳粹党这么有煽动性的媒体宣传到底带来什么结果呢？我们来看看1928—1933年纳粹党在国会选举中的得票情况。

（教师出示材料：1928—1933年德国国会选举纳粹党得票情况）

师：在这张图中你看到了什么信息？

生：纳粹党获得选票越来越多，在国会中获得的席位也越来越多。

师：选票和国会席位不断增长，说明了什么？

生：纳粹党获得了大量国民的支持。

师：显然纳粹党的媒体宣传很成功，他们准确抓住了危机下德国民众最迫切的需求，成功上台。希特勒在1933年走马上任成为德国总理，开始领导德国。

通过以上的师生互动，教师逐步引导学生从创作意图和社会反响两个角度揭示图像的价值所在，并以历史数据"1928—1933年德国国会选举纳粹党得票情况"佐证学生对图像所引起的社会反响的推论。通过这一环节的教学，学生初步习得了图像证史的基本路径，该如何进一步掌握这一史学思想方法？教师在教学环节六中再次使用了海报：

环节六：出示丘吉尔《热血、辛劳、眼泪和汗水》演说选段，叙述英国国民在敦刻尔克大撤退和不列颠之战中的表现，出示苏联1941年海报《祖国母亲在召唤》。

设计意图：通过叙述英国民众团结一致、苏联战前阅兵的相关事实，分析苏联海报《祖国母亲在召唤》，深入掌握图像证史的基本路径，认识到战争避无可避之下各国不再一味纵容德国，积极对德作战。

过渡：战争的发生是不是毫无预警的呢？

基于在教学环节三中教师已示范了从创作意图和社会反响角度理解海报的证史价值，因此在教学环节六中，教师意图让学生进行模仿训练，实录如下：

师：1941年这幅名叫《祖国母亲在召唤》作品一经问世就被印刷成大量的海报，张贴于苏联各个角落，传到千家万户。画面上一位年迈的母亲一手拿着"战士的誓言"，另一只手高高举起。

师：从作者的意图和社会反响两个角度想想，这幅海报能说明什么？

生：作者意在激发苏联青年的爱国情感，能够激励广大青年参军保家卫国。

从学生的反馈来看，本堂课通过教师示范学生模仿的方式，初步达成了"逐步掌握图像证史的基本路径"这一教学目标，使学生逐渐形成了认识图像史料的逻辑思维。海报这类图像史料在历史课堂的教学中绝对不应成为教师叙述历史的配菜，而应该成为学生认识历史的工具。

(二) 时空观念素养在教学设计中的落实方法

时空观念的落实不是空泛的，它必须与具体知识的学习、具体能力的培养和特定的思维方法的发展相结合，通过诸多具体的事例和反复的针对性的训练而获得一定程度的积累，才能有的放矢立竿见影。历史知识是建构在一定的时空基础上的，所以对历史的认识首先必须从时空观念的角度出发，在历史教育教学的实践中不断探索，切实落实学生时空观念的素养。

1. 以时空变换为线索，运用时间轴线和历史地图，梳理历史发展的基本脉络

历史学科是一门逻辑性和系统性很强的人文学科，作为历史教师，必须力图从整体上把握历史，而不是孤立地、分散地讲述历史知识，从而使学生能够以时空变换为线索，从多元联系角度搭建历史知识的脉络和框架，理清历史发展的基本脉络，对历史事件、历史现象进行全面深刻的认识。

对于华师大版高中教材"民国初年的社会与政局"这一课，我们就可以采用此方法。民国初年这段历史纷繁庞杂、头绪繁多，是中国社会转型的重要时期，如果不能从整体上把握阶段特征、梳理发展脉络，学生就不会准确理解重大历史事件、历史现象和历史人物的所思所行。在教学中，我们可以利用时间轴线和历史地图帮助学生学习和认识这段历史(见图 3.1)。

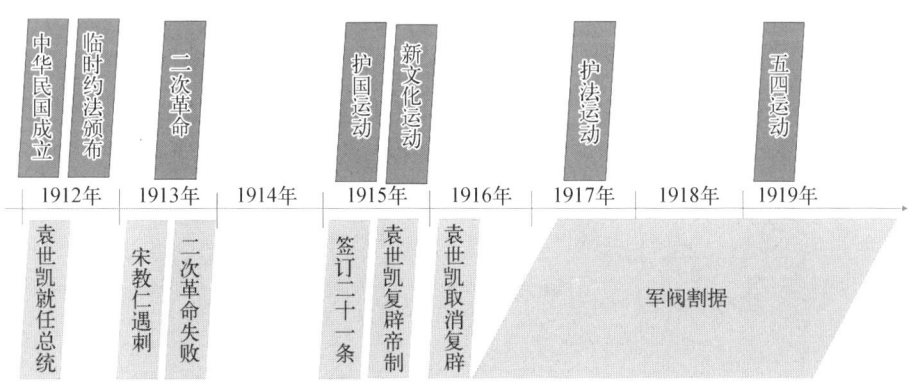

图 3.1

时间轴线是按照一定时序,整理一定时空下发生的历史事件,通过在数轴上标明相应的史实来体现历史线索的一种方法。按时间顺序罗列重大历史事件,引导学生树立时间线索意识。根据具体情况,结合所学内容引导学生基于史实、史事创建时间轴线,可以强化学生的历史时间意识,理清历史发展的基本脉络,同时辅助以历史地图,强化学生的空间意识,增强学生的时空观念。

2. 以时空变化为线索,运用大事年表和思维导图,了解历史发展的变迁因素

对于学生来讲,运用时间轴线和历史地图,梳理历史发展的基本脉络,使学生增强时空意识。然而,想要了解历史变迁的背景、原因及内在的逻辑关联,还可以辅之以大事年表和思维导图。同样是华师大版"民国初年的社会与政局"这一课,在时间轴线与历史地图运用讲解之后,我们可以出示大事年表(表 3.1)和思维导图(图 3.2)的内容,强化历史发展的变迁因素。

表 3.1

时 间	主要事件	核心问题
1912 年 1 月	中华民国成立	
1912 年 2 月	临时约法颁布	临时约法为何出台?
1912 年 3 月	袁世凯就是大总统	
1913 年 3 月	刺宋案	刺宋案是袁世凯支持的吗?
1913 年 7 月	二次革命	
1913 年 7 月	二次革命失败	二次革命为何失败得如此之快?
1915 年 5 月	二十一条签订	
1915 年 9 月	新文化运动	新文化运动此时出现的原因是什么?
1915 年 12 月	护国运动	
1916 年初	袁世凯取消复辟	
1916 年 6 月	袁世凯病逝	
1916 年以后	北洋军阀统治	
1919 年 5 月	五四运动	五四运动的出现说明什么?

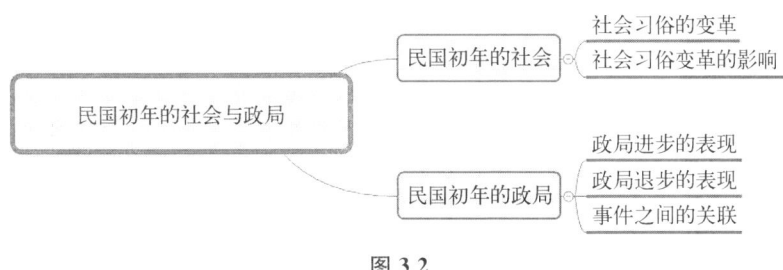

图 3.2

通过上述的大事年表和思维导图,学生逐步形成了一定因果关系背景下的历史认识,进一步强化了知识结构,丰富、多元、立体的历史情境逐步形成。

3. 以时空变换为线索,运用阶段续表和结构图表,解释历史事件的发展进程

形成了一定时空观下的历史理解,还需要学生能够对一定时期与阶段历史的解释,这需要教师运用阶段续表和结构图表帮助学生学会知识和内容的内化迁移。同样是"民国初年的社会与政局"这节课,为了帮助学生能够解释重大的历史事件,我们可以设计如下的问题:你是怎样看待民国初年的政局变迁的?为了帮助学生的迁移解释,教师可出示如表 3.2 所示的阶段续表和如图 3.3 所示的结构图。

表 3.2

阶段表述	阶 段 特 征	主 要 表 现
旧民主主义革命	半殖民地半封建社会 清政府专制统治 列强侵略、不平等条约 向西方学习	四次大规模侵华战争 《南京条约》等重大不平等条约 洋务运动、维新变法、辛亥革命 中体西用、君主立宪
民国初年	社会习俗变革 民主与专制斗争 新文化运动	剪发辫、易服饰等 二次革命、护国运动、护法运动 新文化运动、五四运动 袁世凯帝制复辟、军阀割据
新民主主义革命	中国共产党成立 马克思主义传播	中国共产党成立、北伐战争 南京国民政府建立、工农武装割据

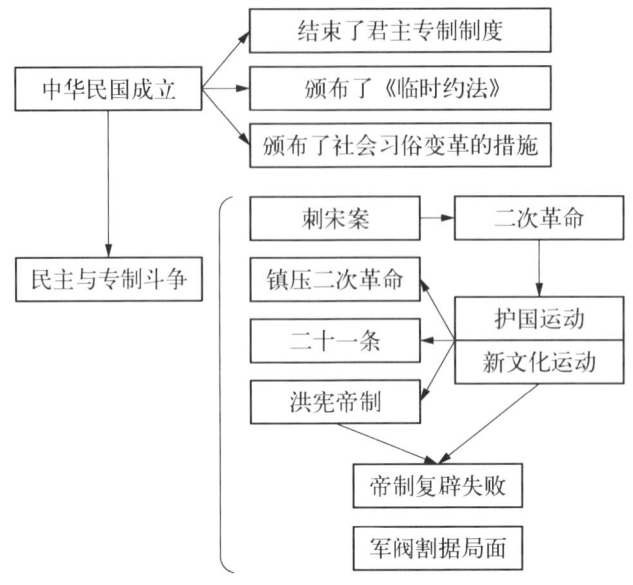

图 3.3

通过上述阶段续表和结构图,学生就会从社会转型发展的角度来看待和解释历史现象,对于民主与专制之争的看法也就更加客观。

4. 以时空变换为线索,运用纵横网络结构对比表,感悟历史发展的过去未来

历史课程学习的终极目标是立德树人,中学历史课程承载着历史学的教育功能。学生通过高中历史课程的学习,进一步拓宽历史视野,发展历史思维,提高历史学科核心素养,能够从历史发展的角度理解并认同社会主义核心价值观和中华优秀传统文化,认识并弘扬以爱国主义为核心的民族精神和以改革创新为核心的时代精神,具有广阔的国际视野,树立正确的世界观、人生观、价值观和历史观,为未来的学习、工作与生活打下基础①。同样是"民国初年的社会与政局"这节课,落实立德树人的目标需要运用纵横网络结构对比表(表 3.3),让学生感悟历史发展的过去未来。

---

① 中华人民共和国教育部制定:《普通高中历史课程标准(2017 版)》,人民教育出版社 2018 年版,第 1 页。

表 3.3

时期/项目	时代特征(中国)	时代特征(世界)	历史感悟
1840—1911年	列强不断侵略、民族危机逐渐加剧 自然经济渐趋解体、商品经济日益发展 向西方学习成为时代主潮流	第一次工业革命完成 第二次工业革命展开 资本主义制度在全球范围确立和发展 列强瓜分世界、资本主义殖民体系形成	
1912—1919年	民主与专制之争、军阀割据形成 民族工业获得极大发展 启蒙思想传播、马克思主义传入中国	第一次世界大战 欧洲经济遭到严重破坏 资本主义殖民体系渐趋解体	
1919—1927年	中国共产党诞生 国民政府北伐 马克思主义与中国革命相结合	资本主义世界进入和平发展时期	

通过这样的一个纵横的历史网络结构对比表,学生会感受到民国初年中国处于一个历史转型时期,在时代的大潮下,中国奋起直追,新民主主义革命一定会取得成功。

(三) 时空观念素养在教学设计中的备课路径

任何一门学科的教学都有教学设计,而且这些学科的教学设计与实施方案(教学案例)又都有着自己学科的特色,带有规范性要求的内容。教学设计的实质是对课程的二次开发,是指"教师遵循教育教学的规律和原理,应用系统的方法,在把握学生的知识、技能、能力、情意等实际状况的基础上,根据课程标准和教学内容,确定恰当的教学起点和终点,将教学过程诸要素有序、优化安排,形成教学方案的过程"[①]。教学设计的基本内容包括教学目标的设计(即教师教什么和学生学什么)、教学策略的设计(即教师如何教和学生如何学)以及教学评价的设计。有效的课前准备、适切的教学目标设计是高效课堂教学的保障。

---

① 刘旭编著:《新课程理念下的课堂教学:听课 说课 上课》,四川教育出版社2005年版,第113页。

既然时空观念的培养不是空泛的,它必须与具体历史知识的学习,具体能力和特定的思维方法的培养相结合,而且需要通过诸多具体的事例和反复的专门训练而获得一定程度的积累,才能有的放矢,立竿见影。那么在历史教育教学的实践中,不断探索实现培养与发展学生时空观念素养有效途径的前提必须是站在历史时空基础上建构的历史知识,升华对历史的认识和理解。

1. 以有效设定的教学目标来落实时空观念的核心素养

备课时,在教学立意也就是课程内容主旨的统领下,需要准确设计课堂教学目标,充分发挥目标作用。教学目标是对学生学习结果的确定,是预期学生在认知、技能、情意行为等方面应产生变化的具体的、明确的规定,是课堂教学活动的出发点和归宿,对教学起着引领、指导、规范和约束的作用。同时,在教学过程中,也制约着教学策略设计和教学评价设计,起着提纲挈领、纲举目张的作用。教学目标的设置是否准确、清晰而有效,直接关系到素养的培养与发展,不仅影响着教学过程的展开,很大程度上也决定了最终的学习效果。因此,教师在教学目标设计时,必须深刻领会时空观念素养的内涵等要素,仔细研读历史课程标准及其教学基本要求,把握好时空观念素养的内在联系。

例如在华师大版高中教材"新航路的开辟"这一课的教学设计时,教师可以从以下维度进行教学目标的设计。

第一层次:知道开辟新航路起止时间的不同表达方式,能够识别和运用历史地图,明确开辟新航路的探险家们国家的地理位置和开辟的主要航线。

第二层次:以时间为依据,梳理开辟新航路的历程并说明各阶段特征;以空间为基础,分析开辟新航路的原因。

第三层次:时空结合,构建以开辟新航路为中心的中外历史发展体系框架,梳理中外共时性大事,在"大历史"视野下,运用文明史观和全球史观等,探究开辟新航路对欧洲和世界的影响。

第四层次:根据具体的时空框架,独立探究中外共时性等问题,选择恰当的时空尺度,结合开辟新航等史事的历史背景、历程和影响等内容,论述自己对历史发展的认识。

上述四层"时空观念"素养教学目标设计,不仅从高中历史课程标准出发,而且把课程目标具体化了,也充分体现了教学目标设计的主要功能和原则,为实现培养与发展学生"时空观念"素养奠定了基础。

再如初中统编教材(五·四学制)第三分册第二单元"近代化的早期探索

与民族危机的加剧",就其中相关课文制定主旨与目标,设计作业,笔者认为可以做以下尝试。

从教材的单元结构上看,本单元所涉及的四课分别为"洋务运动""甲午中日战争与瓜分中国狂潮""戊戌变法"和"抗击八国联军",足见中国近代化的早期探索并非是孤立的若干事件,进而可以理解教材设计意在注重于近代化探索的过程。从单元标题上看,"近代化的早期探索"与"民族危机的加剧"两者是为并列关系,结合之前所述,本单元的主旨应侧重于阐明中国近代化早期探索的过程是对民族危机不断加剧的回应,中国逐渐沦为半殖民地半封建社会的过程,也是中国蹒跚走上近代化道路的过程。

因此,我们在问题导引和作业设计等教学评价时,就应关注史事建构的基本特征。历史教学,需要记忆一些最为基础的知识,这些知识是表象的、具体的,但对于学生而言亦是必要的、重要的。现实的情况是,在常态化的课堂教学中,教师必然以时间、事件或人物为线索进行史事串联,这种串联在本质上关注的是史事建构的基本特征,历史知识的特殊性在于其往往与时空维度密切相关,任何历史事物都是在特定的、具体的时间和空间条件下发生的,因此在设计知识识记类相关评价时,基于时空观念切入是可行的方法。如在"甲午中日战争与瓜分中国狂潮"一课中,基于内容主旨,本课细化后的教学目标之一拟定为"大致知道甲午中日战争的战争过程",据此目标,课后作业设计如下:

根据所学知识,将"甲午中日战争示意图"中字母代表的内容填入表格相应位置。

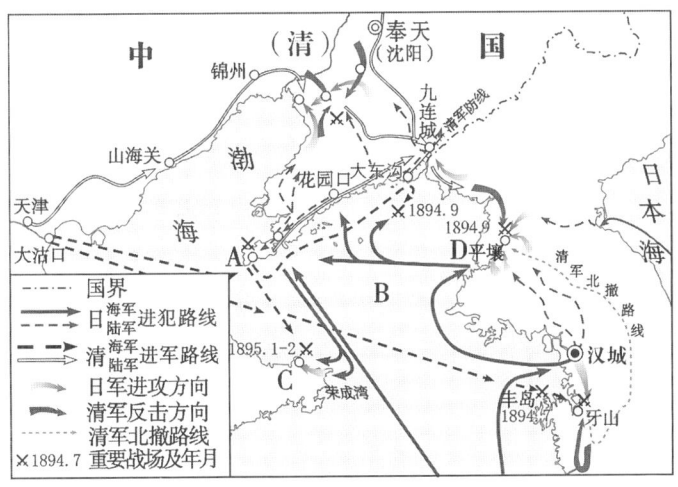

时　　间	事　　件
1894年初	朝鲜东学党起义,清廷应朝鲜国王请求帮助镇压
7月	日军进攻驻守_____的清朝军队
	日军于丰岛海面袭击清军运兵船
9月	日军分多路围攻平壤
	日军与北洋舰队于_____展开激战
1894年底	日军攻占_____后展开大屠杀
1895年初	日军攻占_____,北洋舰队全军覆没

本题作为课后作业并非"难题",仅以时空经纬,梳理了甲午中日战争的大致过程,以呼应"大致知道甲午中日战争的战争过程"的教学目标与内容主旨。教学目标中所谓"大致知道"并不指向让学生记住"朝鲜""黄海""旅顺"等名词,亦非机械地记忆甲午战争中各战事发生的时间、地点,而是期望学生借此题观察历史地图中的相关信息,廓清中日双方在这场战争中交战的时间和区域,进而知晓这场由日本借朝鲜"东学党起义"而挑起的战争波及了中、日、韩这东亚最主要的三个国家,因此这场战争的结果不仅直接关系着中日两国后世之国运,更直接改变了整个东亚,乃至世界的格局。从知识识记的层面上看,本题完成了对"大致知道甲午中日战争的战争过程"这一教学目标的考察,因此接下来的作业设计无须就同一教学目标重复设计,需要指向更高维度的目标。

2. 以合理创设的教学情景来强化时空观念的核心素养

备课时要巧妙创设课堂教学情境,充分营造学习氛围。情境教学是指在教学过程中,教师有目的地引入或创设具有一定情绪色彩的、以形象为主体的生动具体的场景,以引起学生一定的态度体验,从而帮助学生理解教学内容,并使学生的认知水平、智力状况、情感态度等得到优化与发展的教学方法。

其中,问题情境教学法是最常用的教学方法。所谓问题情境是指学生已经明确了要达到的目的,但又不知如何达到这一目的时的一种心理困境,即已有知识不能解决新问题时出现的一种心理状态;要摆脱这种处境,就必须拟定出以前未曾有过的新的活动策略,即完成创造性活动。创设问题情境的实质在于揭示事物的矛盾或引起学生内心的冲突,动摇学生已有的认知结构的平衡状态,从而唤起学生的思维,激发其内驱力,激起学生获取新知识的愿望和兴趣,使学生进入问题探索者的角色,真正参与到学习活动之中,进而促使他们积极思维,达到掌握知识,训练思维能力的目的。

在讲述中国史学的发展时,教师以"从史前时期到夏商王朝"为例设计一系列问题在彰显教学细节的基础上强化和落实时空观念的核心素养。

问题1:为什么研究史前历史时,要借助非史学的文献史料?

问题2:作为研究相关历史的材料,依据神话传说、儒家经典、史籍记载是否能够得到确信可靠的历史定论?为什么?

问题3:姜寨遗址、二里头遗址、殷墟遗址的考古发现在哪些方面能与文献记载相互印证?与文献相比,侧重点又有什么不同?

问题4:考古资料一定比文献资料更为可靠吗?

问题5:现代史学研究历史与传统史学有哪些不同?

教师以史学思想方法为核心立意,以史学的"求真"本质为基本线索,以史家对历史认识的客观公正、对真理的不懈追求为感召,在整体上架构"中国的史学发展"主题中的若干观点,又从中国史学发展的基本源流,梳理出判断神话传说、文献与考古史料价值的一般方法。

再如教师在讲述中国近代史"列强侵华与近代中国各个阶级探索道路"的专题时,设计了"刺激与反应"的一系列问题情景的教学环节。

师:历史学家汤因比从文化生态学角度提出"刺激—反应"理论,美国学者费正清将这一理论应用于中国近代史的研究中,下面的时间轴列举了部分中国近代史上的重大时间节点:

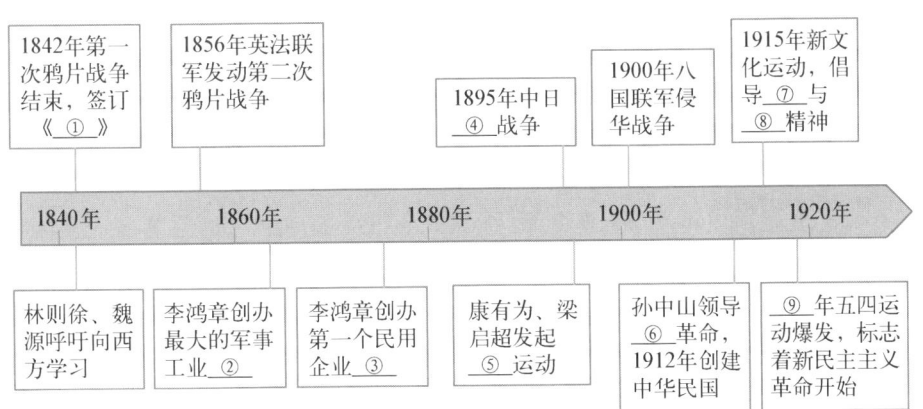

与此同时,教师呈现了所设计的系列问题：

问题1：按照时间轴的提示,完成内容填写。（答案：①《南京条约》② (上海)江南制造总局③ (上海)轮船招商局④ 甲午⑤ 维新变法⑥ 辛亥⑦ 民主⑧ 科学⑨ 1919)

问题2：请概括上述"反应"的内涵特征。（答案：地主阶级从器物层面学习,资产阶级从制度层面学习,无产阶级从精神即先进指导思想层面学习。）

问题3：谈谈你对"刺激与反应"的认识。（答案："刺激与反应"一定程度上反映了近代中国面对外来侵略,社会各阶层救亡图存的努力；从洋务运动器物革命,到维新运动和辛亥革命制度变革的尝试,乃至宣传民主科学的新文化运动,无不透显出中华民族对中国社会走上现代化道路的探索精神；随着一系列希望的破灭,五四运动后,先进中国人开始接受马克思主义,踏上更为深刻的、适合中国国情的救亡之路。）

只有创设良好的问题情境,才能有助于学生实现原有的认知对新知识的同化,使认知结构得到补充和完善,从而促进学生的心理发展,最终实现有意义的学习。

3. 以合作探究的教学手段来显现时空观念的核心素养

教师在备课设计时运用课堂合作探究,充分培养发展潜能。所谓"合作探究"就是在教学中,围绕教学目标选择和确定相关研究主题,创设一种探究的情境,通过学生分工、合作、阅读、思考、讨论、交流等活动形式,获得知识、技能、态度与价值观的发展,培养学生的团队精神、探索精神、创新能力和实践能力的学习方式和学习过程。"通过合作学习凸显学习的交往性、互动性、分享性,培养学生合作的精神、团队的意识和集体的观念；通过探究学习强调学习的问题性、过程性、开放性,形成学生内在的学习动机、批判的思维品质和思考问题的习惯。"①

仍旧以华师大版"新航路的开辟"这一课的教学设计为例,在学生自主进行知识梳理的基础上,通过合作探究,构建起以开辟新航路为中心的中外历史发展体系框架,使学生在"大历史"视野下,认识到新航路的开辟在政治、经济、思想、文化等方面,对欧、亚、非、拉地区和世界都产生了重大影响；同时也从文明史观和全球史观等角度认识到新航路的开辟结束了世界各地相对孤立的状

---

① 余文森：《论自主、合作、探究》,《教书育人(校长参考)》2005年第5期。

态,各地文明开始会合交融,日益连成一个整体,世界市场的雏形开始出现,促进了人类向工业文明的转型。

同时,在备课时设计建构课堂多元评价,充分体现评价功能。教学评价是培养学生核心素养的一个支撑点。"正确的教学评价……引导着学生的学习态度和学习行为,影响着学生的成长时间和学习面貌。……多元智能理论认为,评价是一个不断发展的动态过程。没有多元评价,就无法客观、公正地判断课程目标是否达成,就不能有目的地改进教学和提高教学质量。……教学评价不能仅仅片面地针对某一方面的智能,应建立'为多元智能而评'的全面评价理念,通过评价促进学生潜能的发挥和个性的发展,让所有的学生都真切地感受到'天生我才必有用',关注学生个体发展的差异性和个体发展的不均衡性,强调评价目标的多元化、评价主体的多元化和评价方式的多元化,重视评价功能的发展性和对学生个体发展的建构作用,其实质是全面地评价学生,以促进学生的发展。在课堂教学中实施多元评价,有利于培养学生自我评价和评价他人的能力,有利于突出学生学习。"①

在教师的指导下,学生通过独立探究中外历史共时性等问题,结合相关史实,论述自己对历史发展的认识。然后,教师选取三个不同层次学生的小论文,设计如下多元评价环节:

评价目标的多元化——评价学生对史料的理解与解析技能的掌握,也重视学生对史料观点的概括和论述能力的评价,同时关注学生在东西方航海探索对人类发展影响方面的情感、态度与价值观的形成和发展的评价。

评价主体的多元化——充分发挥学生在评价过程中的主体地位,以学生自我评价和相互评价为主,教师评价学生作为指导、点拨。

评价方式的多元化——以过程性评价为主,不仅评价学生对历史知识掌握的结果,而且评价学生在撰写小论文过程中对历史的感悟和升华。

二、时空观念素养落实的教学实践

(一)课堂教学中落实时空观念素养的教学实录

严格意义上讲,并没有单纯的以培养时空观念素养的课堂教学,因为学科核心素养是一个相互联系不可割裂的整体。然而,在实际的教学设计中,我们

---

① 霍华德·加德纳(Howard Gardner)著、沈致隆译:《智能的结构》,浙江人民出版社2013年版。

可以侧重于学科核心素养的某一方面或者某一点。下面我们以华师大版"祖国统一大业"一课为例,看一看课堂教学中怎样侧重于时空观念这一核心素养的落实。

【导入环节】

师:同学们,中国有句古话:男儿有泪不轻弹,只因未到伤心处。三十多年前,台北有一位诗人,他思念亲人不能见亲人,想念家乡不能回故乡。在万般无奈之下,他拿起手中的笔,满含着热泪,奋笔疾书。20分钟后,一首颂咏于海峡两岸的不朽诗篇《乡愁》诞生了。现在我们一起来诵读这首诗,体验一下这位诗人当时的感受,好不好?

小时候,乡愁是一枚小小的邮票,我在这头,母亲在那头。

长大后,乡愁是一张窄窄的船票,我在这头,新娘在那头。

后来啊,乡愁是一方矮矮的坟墓,我在外头,母亲在里头。

而现在,乡愁是一湾浅浅的海峡,我在这头,大陆在那头。

师:我想你们一定知道这位诗人是谁?

生:台湾著名诗人余光中。

师:对,他就是当代台湾著名诗人余光中先生。诗人在诗中描述的就是一种思念亲人不能见亲人,想念故乡不能回故乡的痛苦与无奈。那么,大家想一想,新中国成立时,我国还有哪两个地方人民也有类似的痛苦与煎熬。这两个地方就是——香港、澳门。

下面让我们一起翻开那充满辛酸与屈辱的史册,重新审视那段令人不堪回首的往事……

【实录片段赏析】

用台湾诗人余光中的《乡愁》导入新课,瞬间将学生的思维带入到一种深深的乡愁中!

时空观念的落实不是简单的时间与空间的叠加,而是一种情境,一种情境中的情感,一种情境中情感的共鸣!

【新课环节】

一、山河破碎沉痛的往事

师:首先,我们来回忆一下香港——这颗东方之珠是怎样被英国夺走的。

1842年，《南京条约》割占香港岛；1860年，《北京条约》割占九龙司地方一区；1898年，《展拓香港界址专条》强行租借新界99年。

师：我们再看，澳门是怎样被葡萄牙人赖走的。

1553年，葡萄牙人骗居澳门；1887年，《中葡北京条约》，葡萄牙占领澳门；1951年，葡萄牙仍宣布，澳门是它的一个"海外省"。

师：最后，我们看台湾又是怎样与祖国分离的。

1895年，《马关条约》割台湾及附属岛屿；1945年，抗战胜利，台湾回到祖国怀抱；1949年，解放战争后期，国民党败逃到台湾，台湾与大陆又被人为地分离了。

师：对刚才回顾的这段历史，大家有什么感受要说吗？

生：山河破碎、国土沦丧的悲壮和气愤，这样的历程，我想起了老师之前讲过的几个历史故事：1895年，《马关条约》在这里签订，李鸿章请求伊藤博文不要割占台湾岛，但伊藤博文说：俄国都可以割，大日本帝国为什么就不能割。1919年夏天的巴黎，一战的战胜国在这里分享胜利果实。中国作为战胜国理所当然要分一杯羹，然而，无论北洋政府的外交家顾维钧等人如何据理力争，最终，英、法、美、日、意所谓五大国还是无情地牺牲和抛弃了中国。1942—1945年，蒋介石政府先后三次提出收复香港的主权，都未能如愿。丘吉尔甚至说：除非从我的尸体上踏过去，否则休想把香港从大英帝国分离出去！[1]

师：说得好，面对国土沦丧，当时的政府为维护国家主权和统一也作出了努力但没有成功，这种失败的结果说明了什么呢？同学们能否用一两句话概括。

生：说明了政府腐败，国家力量决定国际关系，弱国无外交。

师：旧中国因为国家的综合国力太弱了，所以，当1949年新中国成立时，香港和澳门还分别控制在英国和葡萄牙手中，我们当然要收回国家主权。台湾早在1945年就回到了祖国怀抱，但全国解放时，被国民党占据，因此，必须结束分裂实现统一。首先还是让我们从香港回归祖国怀抱的历程讲起。

---

[1] 北京泛亚太经济研究所编：《告别港英：两个世纪之交的两个香港之命运》，中国社会出版社1996年版，第534—539页。

【实录片段赏析】

　　时空观念的落实,不是简单地给出一个时间轴线就可以完成的,学生看到的时间轴线,其实就是一个数学中的数轴,某种情况下,毫无意义。那么,如何才能让学生在具体的时空观念下学习历史呢?最为重要的是要让学生"身临其境"。

　　在这个片段中,教师并非简单地给出几个枯燥的时间数字,而是给了这些时间以特定的历史事件,这样,学生就会有身临其境的感觉。

二、香港回归祖国的怀抱

师:首先告诉大家一个鲜为人知的秘密。请看材料。

(教师出示材料一)1949年,中国人民解放军第四野战军邓华部的15兵团勒马深圳河,取香港轻而易举之时,但却按兵不动。(《党史博采(纪实)》)

师:从材料上看,中国当时有没有能力恢复对香港行使主权?解放军为什么不乘胜一举收回香港的主权,是惧怕英国吗?

生:中国是有能力恢复对香港行使主权的,没有立即收回,肯定是有考虑的,绝不是惧怕英国。

师:说得对,后来的朝鲜战争证明,美国我们都不怕,何况一个英国。那么,不收回香港一定是有原因的。大家可以结合新中国成立后所处的内外环境角度和老师所给的图片材料来考量这个问题。

生:从内部来看,新中国成立后,百废待兴,尤其是重整被国民党搞得濒临崩溃的国民经济。从外部来看,中华人民共和国成立后,帝国主义国家对华采取外交孤立、经济封锁、军事威胁等手段,企图把新中国扼杀在摇篮中。新中国为打破帝国主义对中国的经济封锁,保留香港作为国际通道,所以没有立即收回香港主权。

师:请注意:历届中国政府从来不承认关于香港地区的三个不平等条约,声明将在适当的时候收回香港。中国对香港恢复行使主权问题就这样暂时搁置起来。这一搁置就是30年。1982年,随着我国改革开放的深入进行、国力的进一步增强以及新界租期的到期,香港问题的解决迫在眉睫了。但英国会甘心把香港归还中国吗?

生:当然不会。

师：为此，英国多次派人到北京打探消息，结果是，中国政府的决心非常坚定。最后，被称为铁娘子的英国首相撒切尔夫人终于坐不住了。1982年9月22日下午，英国首相撒切尔夫人乘专机抵达北京。会谈一开始，撒切尔夫人便理直气壮地提出：中国必须遵守有关香港问题的三个条约①。撒切尔夫人理直是为什么呢？她认为这三个条约都是国际协议，至今仍然有效，因此根据国际法的规定，中国只能通过协商加以修改，不可单方面予以废除。

师：那么，如果中国遵守这三个条约，香港主权能够全部收回吗？

生：香港岛与九龙是通过条约割让的，而新界是租借的，将来要归还的是新界，香港岛与九龙则是英国领土。

师：面对"铁娘子"的无理要求，小平同志不急不躁但口气冷峻地说（教师出示材料二）：

"坦率地讲，主权问题不是一个可以讨论的问题，在这个问题上，中国政府没有回旋的余地。我可以明确地告诉你们，中国政府在1997年要收回的不仅是新界，而且包括香港岛、九龙。"②"如果中国政府在1997年还不能把香港收回来，那就意味着我们中国政府是晚清政府，我们这些中国领导人就成了李鸿章。如果15年后还不能收回，我们政府就应该自动下野。"③

师：这段对话经媒体披露后，有人说：邓小平有些蛮横无理，你认为邓小平有理吗？理在哪里？

生：条约是不平等条约，中国历届政府都不予以承认；国际法最基本的原则就是主权国家地位平等。国家主权对内最高，对外独立。

师：1972年，联合国大会通过决议，把香港和澳门从殖民地的名单中删除。这意味着，香港和澳门的主权无可争议的是——中国的，撒切尔夫人没有想到，小平同志比她更熟知国际法，她更没有想到中国领导人的立场如此坚定。再想一想改革开放后中国拥有强大的综合国力，撒切尔夫人又生一计，她说："香港今天的繁荣证明，我们英国的管理是极为成功的。"④大家想一想，撒切尔夫人的言外之意是什么呢？

生：言外之意，主权可以归还中国，但是管理权还是归英国。中国当董事

---

① 转引自徐日彪：《世纪谈判——中英关于香港问题的会谈和〈联合声明〉的签署》，《乡音》1997年第3期。
② 《邓小平文选(第三卷)》，人民出版社1993年版。
③ 《邓小平文选(第三卷)》，人民出版社1993年版。
④ 转引自王义浩："铁娘子"难敌"钢铁公司"》，《光明日报》2000年3月22日。

长,英国做总经理。

师:邓小平直截了当地说:"保持香港的繁荣,我们希望取得英国的合作,但不是说,香港继续保持繁荣必须在英国的管辖之下才能实现。关键在于1997年后中国采取什么方式来管理香港,继续保持香港的繁荣稳定;想用主权来换治权是行不通的。中国1997年收回香港的政策不会受任何干扰、没有任何改变。"[1]

撒切尔夫人还不死心,她抱着最后一线希望婉转地说:如果香港前景不明朗,美国、日本等国的国际财团会觉得在香港投资太冒险。会给香港带来灾难性的影响,甚至动荡。

小平同志斩钉截铁地说:"如果说宣布要收回香港就会像夫人说的'带来灾难性影响',那我们要勇敢地面对这个灾难,做出决策。"[2]混乱是人为的,这当中不光有外国人,也有中国人,而主要是英国人。他明确地说,中国政府在做出收回香港决定的时候,各种可能都估计到了。如果在十年的过渡期内香港发生严重的波动,中国政府将被迫不得不对收回的时间和方式另作考虑。之后,撒切尔夫人又千方百计地试图阻挠中国向香港派驻军队,小平同志则说:"向香港派驻军队是国家主权的象征。"[3]

这场会谈比原定时间足足超过了50分钟。撒切尔夫人从人民大会堂出来,似乎有些恍惚,一失足在石头台阶上跌倒。事后有的记者对此一语双关地评论道:"撒切尔夫人同邓小平会谈时跌了跤。"

本来,撒切尔夫人来京商谈香港问题,是想挟马岛之战的胜利余威,重振大英帝国的雄风,她的如意算盘打错了。中国不是阿根廷!香港也不是马尔维纳斯群岛!邓小平,更不是李鸿章!后来,中英两国政府经过两年22轮的艰苦、曲折和长期的谈判,终于就解决香港问题达成协议。1984年,中英签署了关于香港问题的联合声明。

师:永载史册的时刻终于到来了!1997年6月30日这一天的下午,香港下了一场瓢泼大雨,彻底洗刷了香港被殖民者侵占的百年耻辱。当英国的米字旗从香港上空最后一次降下时,我们在查尔斯王子落寞的眼神里,看到的是英国殖民者对香港的依依不舍和无奈之情。然而"日不落"时代毕竟早已化作

---

[1] 《邓小平文选(第三卷)》,人民出版社1993年版。
[2] 《邓小平文选(第三卷)》,人民出版社1993年版。
[3] 《邓小平文选(第三卷)》,人民出版社1993年版。

如烟的往事了。

在这庄严而又令人激动的时刻,改革开放的总设计师却缺席了。他曾说:"最大的愿望就是在1997年收回香港之后,到中国自己的土地上走一走,看一看。"老人的这个深情愿望最终也没有实现,他带着遗憾走了,但却把中国统一的伟大构想永远地留了下来!

1995年,《财富》杂志曾撰文《香港之死》,体现了西方人对香港回归后的前景持悲观态度。但2001年的财富论坛偏偏就选址在香港。香港回归十年后,最新出版的《时代》周刊,在13年后为此言论进行重新审视,以整整25页的篇幅承认其姊妹杂志《财富》当年报道错误,更承认香港比从前更有活力。

【实录片段赏析】

香港回归的历程某种程度上是中国国力强弱的晴雨表,单纯地给学生一个在什么时间谈判了,什么时间签订了条约,什么时间回归了,学生就不会有强烈的印记和感觉。一定要把香港回归的历程与国际国内重大历史事件结合起来,从国家实力强弱的角度,才能给学生以切实的时空感,才能让学生有所感悟。

讲完香港回归的历程后,教师用下面的一段话深化立德树人的目标:永载史册的时刻终于到来了!1997年6月30日这一天的下午,香港下了一场瓢泼大雨,彻底洗刷了香港被殖民者侵占的百年耻辱。当英国的米字旗从香港上空最后一次降下时,我们在查尔斯王子落寞的眼神里,看到的是英国殖民者对香港的依依不舍和无奈之情。然而"日不落"时代毕竟早已化作如烟的往事了。

三、澳门回归祖国的怀抱

师:在香港问题顺利解决的过程中,中葡之间也开始着手解决澳门问题。1987年4月,中葡澳门联合声明签署;1999年12月20日,中国政府恢复对澳门行使主权。相比较而言,澳门回归要比香港回归顺利得多。大家想一想这是为什么?

生:葡萄牙的国际地位不高;有香港回归做先例,1974年,葡萄牙发生民主革命,新政府宣布放弃海外所有殖民地。

师:然而,即便是较为容易解决的澳门问题,葡萄牙还是在澳门回归的时间问题上制造了小小的麻烦：他们想将澳门政权移交的时间定在21世纪。同学们，已经强大起来的中国能让这种耻辱延续到21世纪吗？最后，在中国政府坚决要求下，将回归时间定于1999年12月20日。

师：澳门回归的这个曲折过程说明了什么呢？

生：祖国统一进程远比我们想象的要复杂艰难得多，外交无小事。

【实录片段赏析】

澳门回归祖国相比较香港回归要顺利得多，尽管也有波澜，但是，有香港回归在前，可以说是波澜不惊，因此，教师在这里不是作为重点来处理。

四、剪不断理还乱的乡愁

师：如果说港澳回归是全体中华儿女的荣耀，那么海峡两岸的统一则是我们剪不断理还乱的乡愁。

台湾自古就是中国领土不可分割的一部分，祖国大陆与台湾同根、同源、同文、同种，那么是什么原因使大陆与台湾隔海相望却不能相见，近在咫尺却远在天涯？

昨天的大陆与台湾，我们还得从新中国成立之时谈起。

1949年，在祖国大陆基本解放的情况下，中央军委命令第三野战军调兵遣将，加紧进行解放台湾的准备。台湾当时已处在风雨飘摇之中。但是，远东国际局势突然发生急剧变化，1950年6月25日，朝鲜爆发战争，中国人民解放军组成志愿军入朝参战。

美国对台政策由对蒋"撒手不管"，改为积极"扶蒋反共"。美国在派遣第七舰队进驻台湾海峡的同时，阻止中国人民解放军解放台湾。

1953年7月，朝鲜停战协议签订；1954年4月，越南停火协议签订，国际紧张对峙关系有所缓和。面对这一新的形势变化，中国共产党提出了和平解放台湾的主张。但就在两岸关系有所缓和时，美国却强迫国民党接受其"划峡而治"的阴谋。把驻扎在金门和马祖的军队撤回台湾岛内。

师：大家想一想，如果真的让美国的企图得逞，祖国大陆与台湾不是会越离越远吗？怎么样才能粉碎美国分裂中国的阴谋呢？空喊口号是不行的。

生：中共于1958年8月命令福建前线部队"万炮齐发"，第二次炮轰金门，一是打击美蒋的嚣张气焰；二是以炮火与台澎金马保持联系，粉碎美国分裂中国的阴谋。与此同时,蒋介石政权针对岛内的"台独"势力坚决打击,他曾说:谁搞"台独",我搞他脑袋!①

师:从新中国成立到20世纪70年代末,影响台湾问题解决的主要因素是什么呢?

生:美国等国家干涉中国内政,这一时期,两岸关系不管如何紧张,也无论美国如何的干涉中国内政,海峡两岸有一点认识是相同的,海峡两岸都承认一个中国,双方只不过是政权归属之争。

师:同学们的认识真的很深刻了。尤其是"文化大革命"时期,我们的民主政治的建设走了一段曲折的道路,也直接影响到与台湾的关系,这不能不说也是我们自己错失了一些解决台湾问题的机会。可贵的是,中国共产党也认识到了这一点。

师:今天的大陆与台湾:

1978年,十一届三中全会后,改革开放,中国的综合国力不断提高。同时,国际上,冷战的坚冰逐渐解冻。睿智而有远见的中国共产党,此时调整了对台湾的政策。请同学们一起告诉我,这个和平方式统一祖国的方针是什么?

生:"一国两制",在统一的中国内,大陆实行社会主义制度,台湾、香港和澳门可以实行资本主义制度。

师:"一国两制"政策提出后,两岸关系有了进一步发展:

两岸和缓的先声——民众探亲。在"一国两制"政策的感召下,台湾地区领导人蒋经国于20世纪80年代,开放党禁,解除戒严。一方面为台湾民主政治的发展开辟了道路,1987年台湾当局开放民众到大陆探亲。海峡两岸关系有了新发展和新突破。在此期间,两岸的经济文化交往与交流逐渐频繁。但是,另一方面,"台独"势力也因此抬头与发展。

高层互访的突破——汪辜会谈。1992年大陆海协会与台湾海基会代表在香港举行会谈,达成了海峡两岸均坚持一个中国原则的共识,成为两岸关系发展的基础。1995年初,江泽民发表了《为促进祖国的统一大业的完成而继续奋斗》的重要讲话,提出了推进祖国和平统一,发展两岸关系的八点主张,带动两岸关系出现良好发展势头。但是,就在两岸人民对祖国统一满怀希望之时,一股逆流重新又沉渣泛起。

---

① 于教仁:《蒋介石说:谁搞"台独",我搞他脑袋》,《晚霞》2006年第6期。

台海危机的频发——"台独"风潮。1995年,美国准许台湾领导人李登辉访美,李登辉进而提出"两国论",导致两岸关系发生严重挫折。2002年,民进党陈水扁上台后,顽固坚持"台独"立场,拒不承认一个中国原则与"九二共识",抛出"一边一国"的谬论;今年(2002年),又唆使个别国家向联合国大会提出所谓的台湾加入联合国的提案。再次向"台独"迈出危险的一步。

为和平之旅铺路——党际交流。为了反对和遏制"台独"势力分裂国家,促进祖国统一,2005年3月,全国人民代表大会通过《反分裂国家法》。2005年,胡锦涛总书记先后邀请主张"一个中国"立场的中国国民党主席连战、亲民党主席宋楚瑜来大陆访问,开辟了海峡两岸实现党际交流,共同促进两岸关系发展,遏制"台独"势力的新格局。岛内的民众和团体也展开了规模浩大的反"台独"运动。

师:明天的大陆与台湾:

从刚才的学习中,我们可以很清晰地知道解决台湾问题的有利和不利条件。有人说:台湾的未来真是扑朔迷离,看不清楚。请同学们思考一下,谈一谈你的想法。

生:有没有台海大战的可能,有,前提是岛内的"台独"势力敢于宣布台湾"独立"。解决台湾问题毕竟是有利因素为主,所以台湾的未来一定是在和平统一、"一国两制"的方针指引下,实现中华民族的完全统一。

师:解决台湾问题任重而道远,同学们现在都知道,世界上只有一个中国毋庸置疑;海峡两岸同属一个中国毋庸置疑;"一国两制"和平统一的方针毋庸置疑。但通过刚才的学习,我们又知道,海峡两岸的统一不可能一蹴而就。那么,依据材料,在现阶段我们党的最主要工作目标是什么呢?

(教师出示材料三)我们郑重呼吁,在一个中国原则的基础上,协商正式结束两岸敌对状态,达成和平协议,构建两岸关系和平发展框架,开创两岸关系和平发展新局面。(胡锦涛:《高举中国特色社会主义伟大旗帜为夺取全面建设小康社会新胜利而奋斗——在中国共产党十七次全国代表大会上的报告(2007年10月15日)》,人民出版社2007年版。)

生:结束两岸敌对状态,达成和平协议,构建两岸关系和平发展框架。

政治:坚持一个中国原则,是两岸关系和平发展的政治基础。

方针:遵循"和平统一、一国两制"的方针和现阶段发展两岸关系、推进祖国和平统一进程的八项主张,坚持一个中国原则决不动摇,争取和平统一的努力决不放弃,贯彻寄希望于台湾人民的方针决不改变。

经济:推动直接"三通",使彼此感情更融洽、合作更深化。

社会:台湾任何政党,只要承认两岸同属一个中国,我们都愿意同他们交流对话、协商谈判,什么问题都可以谈。

依靠:13亿大陆同胞和2 300万台湾同胞是血脉相连的命运共同体。

斗争:两岸同胞要共同反对和遏制"台独"分裂活动。中国主权和领土完整不容分割。

【实录片段赏析】

在一个中国原则下,坚持"一国两制、和平统一"是我们解决台湾问题的基本方针。在现阶段,最首要的任务是,构建两岸关系和平发展框架。血浓于水,所以我们不曾改变梦想,脐带相连,所以我们的感情日益醇厚,家和万事兴,以史为鉴,祖国要统一,超越历史,祖国一定能统一。

本节课最为核心的立德树人的根本,在这里得到明确和落实。

(二) 时空观念素养落实的教学实录解析

华师大版"祖国统一大业"这一课,涉及"一国两制"构想的提出,香港、澳门的回归,台湾问题三部分。通常情况下,如果以"一国两制"构想的产生、成功实践和未来展望去统领整节内容,是会使本节教材头绪更加清晰。然而,有两点因素必须考虑到:其一,与旧教材相对照,课题中,将"一国两制"去掉了,这是否意味着"一国两制"不重要了呢? 不是,反而是因为它太重要了,所以要在讲解港澳和台湾问题中予以突出;其二,对于高中学生来讲,无论是"一国两制"的内容与内涵还是港澳回归以及台湾问题,他们都有相当多的了解,有的还是更深入的认识,那么,我们还讲什么? 难道仅仅是知识的梳理吗?

实录的这节课,授课教师给了我们非常清晰答案,即通过时空观念为线索,创设情境,让学生在情感态度价值观方面有更深的体会与感悟。

1. 课堂教学内容的科学性问题——讲什么?

这其实是考问教师在领会和掌握教材精髓的基础上,如何重组教材的环节,也就是我们经常说的,用教材教而不是教教材的环节。

首先在线索问题上,教师设置了两条线:一条是横向的新中国与旧中国的对比;第二条是新旧中国在祖国统一大业问题上的各自做法与结果。通过第一条线新旧中国的对比,学生很容易对旧中国国土沦丧、山河破碎感到震惊、气愤,进而领悟到国家的综合国力决定国际关系这一政治学原理。同时,对新中国完成祖国统一大业有一种非常强烈的认同感和使命感。通过第二条线索的学习,学生能够领悟到祖国统一大业的复杂性、艰巨性,进而萌发要为祖国统一大业的早日完成而努力的思想感情。

其次在重点问题的确定上,"和平统一、一国两制"是我国的基本国策,这个问题,不仅仅是历史课要讲,政治课、地理课等都要讲,学生早已了然于胸。所以,授课教师是通过其他问题的讲解来不断强化它的重要性的。那么,本节课,教师确定的重点问题有两个:一个是香港的回归,一个是台湾问题。授课教师力图通过对这两个问题的重点讲解,真正使学生感悟我们国家领导人统一祖国的坚定决心,高度的灵活性与坚定的原则性。体会到党和政府实现祖国统一的坚定决心,坚信通过全体中华儿女的共同努力,台湾一定会早日回到祖国母亲的怀抱。

再次在难点问题的突破上,本节课的难点在于台湾问题复杂多变的原因和台湾问题的前景展望。台湾问题本来是中国的内政问题,由于有国外反华势力的干预而越来越复杂,怎么样让学生在这种纷繁复杂中理清头绪,这一点非常难,又非常必要。

2. 课堂教学手段的艺术性问题——怎样讲?

历史课不是政治课,历史是要用史实说话的。其实这是要求历史教师在关注细节上下功夫,因为,在细节中蕴含着深刻的历史内涵。细节指细小的环节或情节,历史细节一是指历史事实的细小情节,包括人物的语言、动作、外貌等;事件的过程(包括数字、序列等);成果的外形、大小、重量等;二是指历史材料的细小情节,包括各类史料中体现证据价值的内容(文献中的关键词及话中之意;实物史料的显性与隐性信息;口述史料中的细节与言外之意等)三是指历史认识的细小环节,证据链之间的逻辑关系;运用史观诠释历史的辩证逻辑;等等。

结合实录,讲述香港回归的过程,如果非常简单地介绍一下回归的历程,然后让学生观看香港回归的视频文件,可不可以,当然可以。但是,学生怎么体验和感悟到香港的回归是祖国改革开放以来国力增强的必然结果,又怎能体验和感悟到香港回归是以邓小平为首的中国领导人艰苦、细致而又充满智慧的斗争的结果,又怎能体验和感受到香港回归是在洗刷了百年耻辱后全体中华儿女的荣耀?

再如,讲述台湾问题,如果不去关注新中国成立到改革开放前大陆与台湾的关系,学生是不会深刻地体会到外国反华势力对中国内政的干涉,也很难体会和感悟到一个中国原则的正确性。因此,在实际设计中,关于香港回归,授课教师重点讲述撒切尔夫人与邓小平的会晤的细节,关于台湾问题,授课教师特意补充了新中国成立后到 70 年代末,大陆与台湾关系的史实。

三、时空观念素养落实的实践反思

(一) 时空观念素养组织教学的原则

1. 科学合理地确立教学立意,指导引领教学实践

教学立意即课程内容主旨,是一节课的灵魂,它应当是能够统帅一节课的主要教学目标,应当能体现出为什么而教,能在较高层次上体现出一节课的价值。在基于对历史学科学科育人价值追求的基础上,依据课程标准及教材内容,学生的知识、能力与思想实际,社会现实生活中的重大问题或热点确定"教学灵魂"。在准确把握课程内容主旨的基础上,落实实践能力和思想意识。当然,对课程内容认识理解的不同,学校类型的不同,学生能力的不同,决定了对内容主旨(教学立意)的认识是有差异的。

课堂教学的灵魂,实际上是一堂课的真正重点,是能把全课时教材带动起来又能全面完成学科任务的一个点,这个点一般是一个基本观点,或者某一理论概念。在确立时应该紧扣课程标准,严格控制教学的广度与深度。如华师大版初中教材"19 世纪的文学艺术成就"这一课,我们就可以确定如下的教学立意:得益于科技的发展与经济的繁荣,19 世纪成为欧洲文学艺术大发展的时代,涌现出了以雨果、狄更斯、贝多芬、凡·高等为代表的一批文学家与艺术家。经历过文艺复兴与启蒙运动洗礼的欧洲艺术虽然表现形式各异,但不约而同地反映出对于人性的思考与时代的反思。艺术家们人文关怀与理性精神在作品中的反映,不仅折射了当时的社会状况,更引领了欧洲社会思维模式的转变。此教学立意,不仅从隐含的话语叙述中勾勒出 19 世纪的时空框架,更描绘出 19 世纪的时代背景。

2. 准确地设计课堂教学目标,充分发挥目标作用

教学目标是课堂教学的出发点和归宿,对教学起到引领、指导、规范和约

束作用。教学目标的设计是否准确清晰而有效,直接关系到学科素养的培养与发展,不仅影响着教学过程的展开,很大程度上也牵制了最终的学习效果。因此,教师在教学目标设计时,必须深刻领会"时空观念"素养的内涵等要素,仔细研读历史课程标准及其教学要求,也可以结合高考考试说明,把握好"时空观念"素养的内在联系。

在华师大版"祖国统一大业"这一课的教学目标设定上,授课教师是这样设定的:

知道香港、澳门、台湾与祖国分离的时间,能够准确地在地图上指出三者的位置;以时间为依据,概述香港、澳门、台湾与祖国大陆分离的过程;依据时间和地图,说明对香港、澳门恢复行使主权的重大意义;选择恰当的角度,谈一谈"一国两制"对于台湾问题解决的认识。

这样的教学目标的设定,不是简单化时空观念这一学科核心素养,而是对于学科核心素养在层次上进行了划分,依据不同的认知层次,逐层落实时空观念素养。

3. 巧妙地创设课堂教学情境,充分营造学习氛围

情境教学是指在教学过程中,教师有目的地引入或创设具有一定情绪色彩的、以形象为主体的生动具体的场景,以引起学生一定的态度体验,从而帮助学生理解教学内容,并使学生的认知水平、智力状况、情感态度等得到优化与发展的教学方法。所谓问题情境是指学生已经明确了要达到目的,但又不知如何达到这一目的时的一种心理困境,即已有知识不能解决新问题时出现的一种心理状态,要摆脱这种处境,就必须拟定出以前未曾有过的新的活动策略,即完成创造性活动。创设问题情境的实质在于揭示事物的矛盾或引起学生内心的冲突,动摇学生已有的认知结构的平衡状态,从而唤起学生的思维,激发其内驱力,激起学生获取新知识的愿望和兴趣,使学生进入问题探索者的角色,真正参与到学习活动之中,进而促使学生积极思维,达到掌握知识,训练思维能力的目的。

我们以华师大版高中教材"美国内战"一课导入教学环节为例:

在上课前,屏幕上打出了"宽恕,是结束痛苦的最美丽的句点!"配以背景音乐 Home Sweet Home(温暖甜蜜的家)。

师:就在9天前的2008年11月5日12点零4分,全世界的目光几乎都集中到了一个地方?那就是……?(美国)大家知道为什么吗?

生：美国总统大选。

师：结果如何？

生：奥巴马获胜，将成为美国第56届总统，也是美国历史上第一位黑人总统。

师：奥巴马获胜的原因很多，但我们不难看出，美国人民对他寄予厚望。其实，美国人民对总统的期待和要求一直都是非常高的，所以时常会做一些相关的民意调查。1962年，美国《纽约时报》杂志举行过一次推选"最受尊敬的美国总统"的民意测验。40年后的2002年，美国有线电视台也做了一项民意调查，对美国历史上的41位总统进行排名，有意思的是，两次调查的结果是惊人的相似，有一位总统两次高居榜首，大家猜猜他是谁？

生：亚伯拉罕·林肯。

师：是的。大家知道他为什么会有如此高的威望吗？

生：维护统一和废除黑奴制度。

此课的导入，教师通过图、文、声、像等多种信息手段，营造相对和谐的人文教学的氛围，充分应用情感因素影响教学，让教学不仅满足学生的认知需求，也满足学生的情意需求，从而在轻松、愉快、民主的人文氛围，让学生通"晓"历史，了解历史基础知识。教师又适时地设疑和质疑，让同学们在感受历史的同时非常自然地导入新课而不显得牵强附会。通过这种让学生感到清晰、流畅、有序、自然的教学导入，使学生轻松地接受学习、喜欢学习并向善于学习转化。

同样在"祖国统一大业"这一课的情境创设上，授课教师是这样做的：

关于香港问题，授课教师主要是以时任英国首相的撒切尔夫人访华与邓小平的会晤为线索，按照一定的时间顺序展示双方的言语和思想交锋，通过一个又一个鲜活的典型的具体事件，揭示了中国人民对于香港问题解决的热切盼望与坚强决心，学生在一个又一个鲜活的典型的具体事件情境中，感受到了祖国统一的意义所在，初步意识到外交是一个国家实力的体现这一基本道理。

"教学有法，教无定法，贵在得法。"一节优秀的课堂教学，如果能创设符合学生年龄特征和心理特点的教学情境，以便唤起学生学习的自主性、能动性和创造性，激发起学生学习的兴趣，使他们以最佳的精神状态自觉地参与到教学活动中。

4. 恰当地运用课堂合作探究,充分培养发展潜能

所谓"合作探究"就是在教学中,围绕教学目标选择和确定相关研究主题,创设一种探究的情境,通过学生分工、合作、阅读、思考、讨论、交流等活动形式,获得知识、技能、态度与价值观的发展,培养学生的探索精神、创新能力和实践能力的学习方式和学习过程。通过合作学习凸显学习的交往性、互动性、分享性,培养学生合作的精神、团队的意识和集体的观念,通过探究学习强调学习的问题性、过程性、开放性,形成学生内在的学习动机、批判的思维品质和思考问题的习惯。

仍然以"祖国统一大业"这一课为例,授课教师是这样做的:

在解读了一系列关于台湾问题的材料后,提出了两个探究性问题,要求学生合作解决。第一个问题:从刚才的学习中,我们可以很清晰地知道解决台湾问题的有利和不利条件。有人说:台湾的未来真是扑朔迷离,看不清楚。你们怎么看?第二个问题:解决台湾问题任重而道远,同学们现在都知道,世界上只有一个中国毋庸置疑;海峡两岸同属一个中国毋庸置疑;"一国两制、和平统一"的方针毋庸置疑。但通过刚才的学习,我们又知道,两岸的统一不可能一蹴而就。那么,依据材料,在现阶段我们党的最主要工作目标是什么呢?

通过这样的设计,学生在合作探究期间,自然会关注包括时空观念在内的学科核心素养的落实,没有这样的环节设置,学生说不出来,感受也不会更加的强烈。

5. 有效地建构课堂多元评价,充分体现评价功能

教学评价是培养学生核心素养的一个支撑点。正确的教学评价引导着学生的学习态度和学习行为,影响着学生的成长时间和学习面貌。内容主旨制约着整个教学活动的全过程,完整的教学活动应当包括教学目标、教学过程和教学评价三个主要环节。教学目标是对课程内容主旨的进一步分解,教师基于教学目标,通过问题导引、作业设计等,不仅能反馈、控制和进一步完善教学过程,亦能据此判断教学目标的科学性与有效性,进而有助于课程内容主旨的落地与深化。就具体操作而言,是需要教师在确立单元内容主旨的前提下,分解、整理单元中各课的核心史实与观点,进而拟定"教师可教""学生可学"并且是可以测量的教学目标。

多元智能理论认为,评价是一个不断发展的动态过程。没有多元评价,就无法客观、公正地判断课程目标是否达成,就不能有目的地改进教学和提高教

学质量。教学评价不能仅仅片面地针对某一方面的智能,应建立为多元智能而评的全面评价理念,通过评价促进学生潜能的发挥和个性的发展,让所有的学生都真切地感受到"天生我材必有用",关注学生个体发展的差异性和个体发展的不均衡性,强调评价目标的多元化、评价主体的多元化和评价方式的多元化,重视评价功能的发展性和对学生个体发展的建构作用,其实质是全面地评价学生,以促进学生的发展。在课堂教学中实施多元评价,有利于培养学生自我评价和评价他人的能力,有利于突出学生学习的主体地位,真正把知识、能力、情感、态度等诸方面的考查渗透到各个教学环节,提高教学效率,促进学生主动全面发展,这正是新课程评价所倡导的改革方向。因此,教师必须从根本上改变传统的评价模式,建构多元评价模式,以促进学生的全面发展。

"祖国统一大业"这一课的评价设计,给了我们很多的思考,授课教师是这样做的:

结合所学知识,可以从任一角度,谈一谈你对下面这段话的看法。

邓小平同志以其非凡的智慧和魄力,创造性地提出了"一国两制"的构想。"一国两制"的构想成功地解决了港澳问题,雪洗了中华民族的百年耻辱,为解决台湾问题指明了方向。我们坚信,通过全体中华儿女的共同努力,祖国的完全统一大业就一定能够早日实现。

这样的评价设计,关注到了学生个体发展的差异性和个体发展的不均衡性,强调评价目标的多元化、评价主体的多元化和评价方式的多元化,重视评价功能的发展性和对学生个体发展的建构作用,其实质是全面地评价学生,促进了学生的发展。

(二)时空观念素养组织教学的认识误区

1. 简单化时空观念为时间轴线和历史地图

时空观念是指对事物与特定时间及空间的联系进行观察、分析的观念。任何历史事物都是在特定的、具体的历史时间和地理条件下发生的。只有将史事置于历史进程的时空框架当中,才可能对史事有准确的理解。知道特定的史事是与特定的时间和空间相联系的;知道划分历史时间与空间的多种方式,并能够运用这些方式叙述过去;能够按照时间顺序和空间要素,建构历史事件、历史人物、历史现象之间的相互关联;能够在不同的时空框架下对史事作出合理解释;在认识现实社会时,能够将认识的对象置于具体的时空条件下进行考察。

这是课程标准对于时空观念这一学科核心素养的具体表述,我们可以认识——时空观念绝对不是简单的对时间轴线和历史地图的认知,至少应该包括四个层次:第一个层次,知道特定的史事是与特定的时间和空间相联系的,这个层次应该说用时间轴线和历史地图是可以落实的。第二个层次,知道划分历史时间与空间的多种方式,并能够运用这些方式叙述过去,这个层次的重心在叙述过去,就是能够依据一定的时空变换叙述历史事件的来龙去脉与因果联系,在这个层次中,时间轴线和历史地图只不过就是一种叙述用的工具。第三个层次,能够按照时间顺序和空间要素,建构历史事件、历史人物、历史现象之间的相互关联,能够在不同的时空框架下对史事作出合理解释,这个层次要求学生能够利用时间轴线和历史地图阐释历史事件之间的关联,相对于第二个层次而言,一个是纵向的因果关联,一个是横向的因果关联,难度更大、要求更高。第四个层次是在认识现实社会时,能够将认识的对象置于具体的时空条件下进行考察。这个层次的要求是立德树人目标的落实,也是学习历史的终极目的。

而在实际的教学过程中,很多教师的认识仅仅停留在第一个或第二个层次上,认为只要是提供了时间轴线和历史地图,学生的时空观念就建立起来了。这样的认识误区需要我们对于新的课程标准做进一步准确地理解才能克服。

2. 脱离具体生动的历史情境而空谈时空观念

按之前所述,时空观念的落实至少需要从四个层次、层层递进才能最终来完成,而广大一线教师对于时空观念的落实往往仅停留在前两个层次上,为什么第三和第四个层次的落实会有很大的难度呢?关键就在于教师在课堂教学中脱离具体生动的历史情境。只有合理、科学地创设历史情境才能使学生在纷繁复杂的历史事件、历史人物和历史现象中建立起关联,有了历史的关联学生才能对其中的问题作出恰当的解释,才能以古喻今,形成正确的人生观、价值观和世界观。而在实际的教学活动中,教师们或者认识上有偏差,或者能力上的缺陷,又或者以时间紧、任务重等理由为借口,忽视历史情境的创设,这也严重地影响到时空观念这个学科核心素养的落实。

3. 运用时空观念曲解史料的本来面目

创设历史情境往往需要提供不同形式的史料,而在实际的教学过程中,教师们有一种倾向就是为了达成所谓的"结论",对于历史史料的解读生拉硬套、过度解释甚至是无中生有,来实现所谓的教学目标的达成。历史是多元的,历史的真相永远不可能被完全、客观地认知,但是历史又是客观的,不以人的意志为转移的,通过史料的解读,我们也是可以无限地接近历史真相的。因此,在实际教学中,不能为了所谓的最终结论而去曲解史料,要让学生明白,伴随着社会的进步、科技的发达,人们对于历史真相的认知也会更加客观,更加接近于真相,这也是唯物史观的基本原理。

第四章 史料实证是教学设计的抓手

一、史料实证素养的初步了解

(一) 史料实证素养要点的解读

长期以来,中学历史教学更多侧重于知识和结论的传达和灌输,而对获得历史结论的过程和方法则鲜有涉及,教学中普遍存在着重知识和结论、轻证据和逻辑的倾向。史料实证素养的提出有效弥补了这一不足,也必将有助于进一步展现历史学科的特点和魅力。

1. 史料的概念界定

史料是研究和认识历史的基本依据,是历史学存在和展现价值的基石,任何历史结论的获得必然要基于史料的分析和演绎。对史料本身的认知是史料实证素养培育乃至历史教学目标达成最为基础的一环。史料是什么?梁启超先生认为:"史料者何?过去人类思想行事所留之痕迹,有证据传留至今日者也。"[①] 虽然这个定义非常宽泛,但却指明了史料内涵的三个要点:第一,史料的本质是历史的遗存,指人类历史发展过程中遗留于后世的痕迹,它可能是一鳞半爪的,或者是不成系统的;第二,史料的内容反映的是人类在历史发展过程中的活动,包括思想活动与社会行为;第三,史料的主要功能是它提供了我们认识、解释和重构历史的痕迹,成为重构与复原历史的重要证据。也就是说,史料是那些人类历史发展过程中遗留后世的,能够帮助我们认识、解释和重构历史的痕迹。与梁启超先生对史料的界定相对应,对史料还有一种狭义的说法,即单指史实的载体,也就是历史事实的原始记录。与狭义"史料"概念相匹配的还有历史叙述、史料解释、历史评价、历史观点、史学范式等概念范畴。能够区分史学构成的三大要素"史实""史论""史识"以及了解和理解历史

---

① 梁启超:《中国历史研究法》,上海人民出版社2014年版,第38页。

事实、历史叙述、历史解释、历史评价等概念范畴是"史料实证"素养的基本认知能力。

史实就是历史事实,是在漫长的时空中客观存在的事实,它不会因人的意志而发生转变;史论是对历史事件和历史人物的评论,偏重于事件与人物历史影响的研究;史识是人们对过去的主观性理解和认识,即以科学史观为指导,通过分析大量可靠的史实后得出科学的结论。史识与史论的不同在于,前者偏重于对现实或后世的影响,而后者则着重强调对当时的作用。一般情况下,我们对"史实"的表述多是客观的。例如"刘彻是西汉时期的一位皇帝",就是对史实的客观表述,这种表述形式不带有个人的主观色彩。但如果在这种表述中加入带有评价性的词,如"刘彻是西汉时期一位有作为的皇帝",这种包含了对历史人物评价的表述,就属于带有"史论"性的表述了。但如表述为"汉武帝接受董仲舒'罢黜百家、独尊儒术'的建议,把儒家学说立为正统思想,使儒家忠君守礼的思想成为大一统政权的精神支柱并成为历代王朝的统治思想",虽然这一表述同样是对客观史实的主观认识,但基于史实进行研究分析,有科学的依据支撑结论,则属于包含"史识"的表述。

2. 史料的类型鉴别

历史学科是一门庞大且复杂的学科,历史的不可复现性给历史研究带来了难题和困惑。历史学习和研究的前提就是依据史料,但由于种种主观和客观的原因,任何一种类型史料,都不是完全可信的,甚至可能有错误、可能有偏见、可能有私人的情感和态度,可能有地方及民族的成见,如不经精密的考证即笃信不疑,后患实属无穷,因此需要研究者对史料进行必要的鉴别和考证。运用相关的知识和方法对某些存在真伪问题的事、物进行辨伪考证是历史学习和研究的重要环节,也是我们认识历史的重要手段与必要时提。那么如何对史料进行鉴别和考证呢?梁启超先生概括为:"史料以求真为尚,真之反面有二:一曰误,二曰伪。正误辨伪,是谓鉴别。"[①]胡绳先生也指出:"史料的考订工作可以分为两个方面:'外形'的考订是区别史料的真伪,确定其时代和作者,对历史文献的版本文字进行研究,使其尽可能恢复原来的面目。'内部'的考订就是辨明史料的实际价值,把有价值的史料和价值不大的史料区别开来,

---

① 梁启超:《中国历史研究法》,上海人民出版社 2014 年版,第 38 页。

把错误的记载和正确的记载区别开来。"①因此,对史料的鉴别考证、价值的判断和比较也成为历史学"史料实证"素养的重要组成部分。

既然对史料的鉴别考证、价值的判断和比较是"史料实证"素养的重要组成部分,那么区分不同类型的史料及其价值判断无疑成为其前提和关键。许多历史学家依据不同分类标准对史料的类型进行了划分并专文论述,如梁启超以呈现方式为标准将史料分成文字史料和文字之外的史料两大类。文字史料分为旧史、关系史迹之文件、史部之外之群集等七种,文字之外的史料则包括"曰现存之实迹、曰传述之口碑、曰遗下之古物"②等三种。翦伯赞以来源为标准将史料分为考古史料、文献史料和文艺作品中的史料③。李剑鸣以史料的存储形式为标准将史料分为文字史料、实物史料、口碑史料、声像史料和数字化史料④。荣孟源则将史料分为四种:第一类为书报,包括历史记录、历史著作、文献汇编和史部以外的群籍;第二类为文件,包括政府文件、团体文件和私人文件;第三类为实物,包括生产工具、生活资料和历史事件的遗迹;第四类为口碑,包括回忆录、调查记录、群众传说和文艺作品等⑤。此外,马克·布洛赫以史料作者的意图为标准将史料分为有意史料和无意史料⑥。傅斯年在《史学方法导论》中则介绍了八对各具特色的史料种类:直接史料对间接史料、官家的记载对民间的记载、本国的记载对外国的记载、近人的记载对远人的记载、不经意的记载对经意的记载、本事对旁涉、直说对隐喻、口说的史料对著文的史料等⑦。

3. 史料的价值判定

历史学科的本质在于"知真",而我们对于历史的认知则源于史料。如果说历史是一门科学,它的客观性就是建立在证据基础之上,尊重历史首先是尊重历史证据,历史的独立思考也只有建立在证据基础上才叫思考。史料作为揭示时代特征、社会风貌等的证据,是学者形成历史认识的证据,历史学家借助史料和逻辑方法,按图索骥,层层推演,再现历史的真相,而且透过史料的表

---

① 胡绳:《社会历史的研究怎样成为科学——论现代中国资产阶级唯心主义历史学在这个问题上的混乱观念》,《历史研究》1956 年第 11 期。
② 梁启超:《中国历史研究法》,上海人民出版社 2014 年版,第 40 页。
③ 翦伯赞:《史料与史学》,北京出版社 2005 年版,第 85—113 页。
④ 李剑鸣:《历史学家的修养和技艺》,上海三联书店 2007 年版,第 241—247 页。
⑤ 荣孟源:《史料和历史科学》,人民出版社 1987 年版,第 15—36 页。
⑥ 马克·布洛赫著,张和声、程郁译:《为历史学辩护》,中国人民大学出版社 2006 年版。
⑦ 傅斯年:《史学方法导论》,中国人民大学出版社 2011 年版。

述、评述,也能知晓作者的情感、态度与价值取向。

史料的解读和历史推论是历史课堂教学和历史考查的重中之重,也是"史料实证"素养所蕴含的关键能力。无论依据哪一种史料标准对史料的类型进行分类,对史料的鉴别和价值判定是前提和基础,这种借助史料进行合理想象和证史推演的基本理路可分解如下:即史料信息的提取、基于史料的逻辑推测、着眼再现的合理想象、史料的联系与比较、证据链条的建构。

在学习和研究历史时,过于纷繁复杂的史料可能会给历史的真相蒙上一层面纱,因此,学会对史料进行价值判断是我们必须具备的关键能力之一。史料的信度指向可靠性,史料的效度则指向准确度。当然,在判断史料价值时,还需注意的是,史料撰述者的知识背景、主观立场、时代观念、社会环境等都会对历史的记载产生重大影响,史料价值的比较并非一言可以说清,需要结合研究目的、研究的对象和史料本身的特征判断其价值。可见,史料的价值并不是绝对的,而是相对而言的。即使是同一则史料,其性质和价值也并非固定不变的。随着研究对象和问题的转变,史料的有效性与可靠性可能也会发生本质的变化。例如,在唐朝初期的敦煌壁画中,有一幅壁画描绘了张骞辞别汉武帝、出使西域的场景。这幅壁画作为文物,属于重要的"实物史料",对于我们了解唐朝佛教壁画发展史而言,是"原始史料"和"直接史料"。然而,如果我们的研究对象转变为西汉丝绸之路的开辟,那么这幅壁画的史料性质就发生了变化,成为"非原始史料"了。由此可见,史料的性质判断需要视研究的具体问题而定。又如,以时下流行的历史题材影视作品《金陵十三钗》为例,这是一部以南京大屠杀为历史背景创作的影视作品。作为影视作品,《金陵十三钗》加入了许多艺术处理手法,它不是对南京大屠杀的客观史实复原,而是经导演加工过的"间接史料"。但如果研究对象是导演张艺谋对南京大屠杀历史事件的认识,那么这部电影就是重要的"直接史料"了。

当然,除了对史籍、专著、实物、文学作品、传说等的史学价值进行比较判断之外,还有很多相对或者相关联的史料需要我们进行价值判别。

4. 史料的价值运用

历史学是一门严谨的学科,虽然我们在学习历史和研究历史的过程中注意"有一分史料说一分话",但若仅仅依据一则史料去解释历史,则很有可能会出现对历史认识的偏差,有时甚至是错误的。历史研究中有一个专用词——"孤证不立",即如果只凭一则史料便推理出某个历史结论,这个结论难以令人信服。一般而言,多条能构成"证据链"的相关史料的互证,能够推理出较为可靠的历史结论。因此,我们在学习历史时应尽可能地掌握史料,通过多重史料的互证,全面客观地认识历史。这一思想还经常在考古学、考据学等方面广泛使用。

例如,为驳斥日本右翼分子叫嚣的"南京大屠杀是20世纪最大谎言",我们可以运用为炫耀其"战果"、刊登在《东京日日新闻》上的"百人斩"照片和由日本军部奖励侵略者的、刻有屠杀无辜中国百姓人数的日军军刀,两则史料的互证,从加害者的角度得出大屠杀的结论;同时,我们还可以从受害者的角度,以亲历南京大屠杀的中国军民的控诉以及第三方目击者的回忆如《拉贝日记》等史料,揭露日本侵略者在南京犯下的滔天罪行。日本右翼分子的"谎言"论在这些材料的印证下不攻自破。

对于中学历史教学而言,根据史料的表现形式,我们可以将史料分为文献、图片与实物三大类;依据史料的性质,我们可以将史料分为"原始史料"与"非原始史料",或者"直接史料"与"间接史料"。

一是文字史料。所谓文字史料主要指的是通过文字方式进行记载的史料内容,文字史料又可以分为三个小类:第一是原始史料,当中主要包含了文件、档案、信函、日记、回忆录、报告和笔记等等内容。例如在人教版教材"历史1必修"中"夫志天下尤曳大木然,前者唱邪,后者唱许。君与臣,共曳木之人也……"①这一段史料源自黄宗羲的《明夷待访录》。第二是撰述史料,这一类史料主要指的是来自各种名著和典籍当中的资料。第三则是文艺史料类,这部分史料主要指的是利用诗歌、小说和民谣等文艺载体而反映和折射历史的史料。

二是图片史料。图片史料主要指的是利用图片的形式来反映历史的一些内容。一般来说在中学的历史教材中包含了大量的图片,例如文物图片、历史地图、漫画、宣传海报以及数据图片等内容。这些图片配合文字史料能更好地反映出当时的一些情境,利于学生对历史内容进行了解和理解。

三是实物史料。实物史料主要指的是人类在社会的发展过程中所遗留下来的遗迹以及前人所创造的各种历史客观存在的实物。在种类上是极其丰富的,主要包括了人类历史活动场所、居住地址和古迹文物等等,这些实物史料

---

① 黄宗羲撰、李伟译注:《明夷待访录》,岳麓书社2016年版。

直接的展现在学生面前将会带给学生更加深刻的印象和震撼,从而达到历史教育的功能。

而"原始史料"主要指真实历史发生时直接产生的史料,反之则为"非原始史料"。例如,甲骨文是我们了解殷商历史的"原始史料";西汉司马迁所著的《史记》中对殷商历史的记载,则属于"非原始史料"。一般来说,档案、信函、日记、回忆录、照片、文物古迹等都可被认作"原始史料",其信度与效度远高于"非原始史料"。"直接史料"主要指未经中间人修改的史料,凡经中间人修改或重写的史料均为"间接史料"。一般而言,"直接史料"的信度和效度要高于"间接史料"。

史料在中学历史教学中的作用主要有如下几个方面:

一是调动学生学习兴趣。历史史料的魅力不仅仅在于它的精彩表现形式,而是在于它所包含的真实性和神秘性,能够将历史画面重新展现在人们的面前,促使人们以现代的眼光来对历史的发展进行感悟和理解,从而更好地指导和观察当前的社会。当学生在对历史史料进行分析和阅读的过程中,他们将能更直接地体验到当中所包含的丰富地历史内容,让历史重新进入到他们的视野中,从而以历史的角度来正确地感悟当前的社会。这种方式一方面能提升学生的历史学习兴趣,另一方面也能够促使他们历史感悟和理解能力的进一步提升。在条件许可的情况下组织学生参观文物古迹和历史圣地,则可加深学生对于相关事务的历史印记,提升学习兴趣,提高学习的效益。

二是引导学生参与活动。教学活动本身是一个双向性的互动过程,要想促使教学取得良好的效果,那么就需要充分地发挥出学生的主观能动性和积极创造性,以便于他们能在学习过程中习得更多的知识以及更加稳定的、科学的知识构架体系,掌握更牢固地获取知识和知识构架体系的能力和方法。日常教学中,在教师秉持以学生为主体的原则引领下,积极引导学生参与教学活动能进一步提升学生的主动性和创新思维,而历史材料在教学中的介入则为学生更加广泛地参与到教学活动中提供机会,同时学生也能依据历史材料阐述自己的观点,发表自己的建议。在当前的中学历史教学中,应用史料进行教学已经相当普遍,合理运用史料教学,能相对更客观地使学生投身历史事实、再现历史场景,能帮助学生更深层次地加深对历史事实的认识和理解,能进一步发展和完善学生分析历史问题的能力、方法和思维,让学生成为课堂中真正的主人。

三是培养学生的思辨能力。思维能力的培养在现代教育背景下是十分关键的,由于历史教学的内容有着一定的外显和内在的逻辑性,因此历史课堂中对思维能力的培养就显得尤为重要。史料是教学的依据,是为说明历史现象所展现的一种素材和线索。在传统的教学中,由于教学比较重视单一的学业成绩评价,因此更加强调对教学中的结论性知识和权威性解释内容的记忆,导致学生对于这些内容的出现原因(背景)和历史发展缺乏正确的研判和认识。将历史史料应用到中学的历史教学中,教师则能引导学生从史料入手,对历史事实进行分类、归纳,对历史解释和历史结论进行合乎科学、理性和公平的评价,从而探寻历史发展的规律和趋势,进而培养学生讲证据、重理性、合逻辑地历史思辨能力。这里所说的历史思辨能力指的是唯物主义的历史辩证法,它是辩证唯物主义对社会历史辩证发展过程的正确揭示,是科学的历史辩证法。历史辩证法分为两个部分,即历史和辩证——用历史的视角看待问题,用辩证的方法解决问题。用历史的视角看待问题要求我们规避个人的主观态度,尽可能以客观的立场分析和理解历史;用辩证的方法解决问题要求我们以对立统一、普遍联系和变化发展的思维解释和评价历史。

(二)史料实证素养落实的基本方法

所谓的史料实证关键在"实证"二字上,史料的出处、史料的分类和史料的价值都是为实证服务的,而为了能够证史,创设具体的问题情境从而引出史料显得尤为重要,但史料的呈现不是最终的目的,要设计真正的问题,引发学生的探究,从而达成某种认知的、情感的、态度的变化才是终极目的所在。

1. 创设具体的问题情境,引导学生理解证据

历史是过去特定的时间和空间内所发生的现实的事,后世人是不可能完全还原真实的历史的。但是,通过对史料的研读与辨析,是可以无限地接近历史的真相的。而创设历史情境,其实质就是为史料的研读与辨析搭建舞台,没有情境的创设,也就没有史料展现的舞台,更没有在具体的情境中对史料的历史的解读与辨析。

例如,在讲解统编版(五·四学制)第一分册"秦末农民大起义"这一课时,授课教师是这样创设情境的:

公元前221年,时年39岁的秦王嬴政在历经了10年的兼并战争后,终于

迎来了天下一统,正所谓"六王毕、四海一"。志得意满的嬴政自觉功盖三皇五帝,遂自创"皇帝"称号,称始皇帝。希望江山社稷二世三世乃至于万世,传之无穷。公元前207年,被废去帝号的始皇帝之孙子婴头系绳索、身穿素服、手捧玉玺跪倒在咸阳街头向刘邦投降。一个想世世代代相传直至万世的朝代,为什么仅仅存在了15年就二世而亡了呢?

这样的情境创设,给学生两个鲜明的对比画面:一个是始皇帝志得意满、春风得意,一个是子婴落魄沦丧、任人宰割。如此鲜明的对比,引发了学生深入思考的兴趣,也为进一步对史料的研读与辨析提供了一个时空舞台。

史料在历史课堂教学里的运用始终要与历史探究紧密结合。没有问题也就没有证据,正是问题才可以将过去的零星碎屑化为证据。探究问题的抉择不仅是史学探索模式的核心,而且对于史料在历史课堂上的有效运用至关重要,也是学生理解证据的基础。过去遗留下来的材料和我们历史探究的焦点之间的关系是学生理解证据观念的关键所在。如果认识到这一点,那么思考的关键就应该是如何设计基于史料的探究问题。那么,什么才是能引发学生探究的真问题呢?真问题是指所提问题自身是焦点、是至关重要的。仍以"秦末农民大起义"一课的教学片段为例,授课教师是如此进行问题设计的:

师:西汉史学家司马迁在《史记》中,引用了和他同时代的政治家贾谊的观点,而该观点也为后世所接受。

(教师出示材料一)一夫作难而七庙隳,身死人手,为天下笑者,何也?仁义不施而攻守之势异也。(贾谊:《过秦论》)

师:所谓"仁义不施"就是指秦的暴政。在众多的历史文献中,有关秦暴政的史料汗牛充栋。秦始皇大规模营建"骊山陵墓",不仅工程浩大,而且在陵内"以水银为百川江河大海""以人鱼膏为烛",极尽奢华。连同修建阿房宫,两项工程役使的人工在70万以上。

(教师出示材料二)(秦)始皇为人……专任狱吏,狱吏得亲幸……上(始皇)乐以刑杀为威。(司马迁:《史记·秦始皇本纪》)

(教师出示材料三)常衣牛马之衣,而食犬彘(猪)之食。(班固:《汉书·食货志》)

师:通过对上述材料的阅读,你能归纳历史文献所叙述的秦朝的暴政主要反映在哪些方面吗?

生:繁重的徭役、苛刻的法律与沉重的赋税。

师：在文学作品和民间故事中，我们也可以找到关于秦朝暴政的描述。

（教师出示材料四）使天下之人，不敢言而敢怒。独夫之心，日益骄固。戍卒叫，函谷举，楚人一炬，可怜焦土。呜呼！灭六国者，六国也，非秦也；族秦者，秦也，非天下也。（杜牧：《阿房宫赋》）

师：天下之人怒的是什么？为什么敢怒而不敢言？

生：繁重的徭役、苛刻的法律与沉重的赋税。因为法律严苛敢怒而不敢言。

（教师出示材料五）秦始皇时，范喜良被强征去修万里长城。丈夫被征走后长期没有音信，孟姜女思念丈夫心切，到长城工地为丈夫送寒衣。不料丈夫范喜良早已被繁重的劳役折磨致死。孟姜女悲痛欲绝，在长城边痛哭，一下子把长城哭倒了，就在倒塌的长城废墟下，孟姜女发现了丈夫的尸骸。万分悲痛的孟姜女也投海自杀了。（据民间故事《孟姜女哭长城》整理）

师：对民间传说的记载，你有什么看法？

生：文学作品绝非信史，因为文学作品中的史实，经过艺术的加工，有夸张和想象的成分，通常又以间接的、夸张的、局部的、变化的等诸多形式来表达，但我们可以把文学作品看成作者所处时代和作者本人思想、情感、立场、实践的反映。杜牧不是秦朝人，但他运用丰富的想象，极力形容阿房宫的壮丽和宫廷生活的奢侈荒淫，进而指出秦朝不惜民力，只知穷搜民财，终于亡国。这至少可以证明，推至唐朝，文人已接受秦朝因暴政而亡的观点。

师：同样，一般是指在非官方的途径产生和流传，在流传中又经过传播者不断加工的民间故事，经非正式的历史记载代代相传而保存下来，它固然不能当作信史来看，但却可以反映一个或多个历史时期普遍存在的社会心态，关于孟姜女的传说恰恰从一个侧面反映出人们对秦因暴政而亡的观点的普遍认同。

师：同学们，秦帝国统一后，滥用民力、赋税徭役沉重、法律严苛，这种残暴统治已经远远超出了社会所能承受的限度，所以农民起义推翻了秦的统治。秦灭亡了。秦帝国应该灭亡！但在激动之余，理智却在提醒我们：秦始皇不是傻瓜，他也知道暴政是要亡国的！那么，难道秦朝仅仅因暴政而亡吗？对历史事件的分析真的就如此简单吗？史实间的因果关系真的就如同 1＋1＝2 那样的一因一果吗？

"难道秦朝仅仅因暴政而亡吗？对历史事件的分析真的就如此简单吗？史实间的因果关系真的就如同 1＋1＝2 那样的一因一果吗？"这样的问题设

计,简直是振聋发聩,学生从来没有想过秦朝的灭亡除了暴政之外还有原因,教师的一系列的铺垫也是用史料论证着秦朝暴政而亡。这就是真问题,是聚焦这节课核心内容的、至关重要的问题,是可以引导学生更好地阅读和理解史料的基础上进行探究的问题。

2. 提供有效的"脚手架",引导学生分析史料

在很多情况下,学生往往表面地而不是历史地分析史料,只看到史料文字表面意义的信息。因此,搭建有效的"脚手架"对于学生将史料转化为证据的研习活动来说是非常必要的。对史料的有效分析必须建立在全面了解的基础之上。

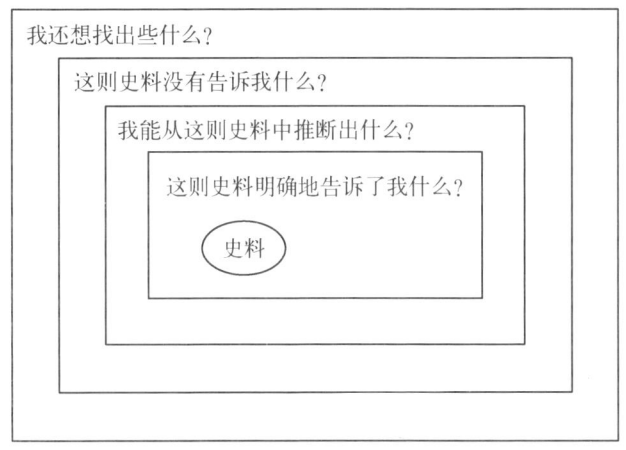

图 4.1

图4.1中的四个问题由浅入深、由表及里、层层递进,符合一般的认知过程,为学生理解史料提供了有效的"脚手架"。教师可以根据教学需要对上述的问题分层进行必要的调整,或是简化问题,或是调整结构。仍以"秦末农民大起义"一课为例,教师针对一则史料,是这样由浅入深、由表及里、层层递进设计问题的:

(教师出示史料)陈胜者,阳城人也,字涉。吴广者,阳夏人也,字叔。陈涉少时,尝与人佣耕,辍耕上垄上,怅恨久之,曰:"苟富贵,无相忘。"佣者笑而应曰:"若为佣耕,何富贵也?"陈涉太息曰:"嗟乎,燕雀安知鸿鹄之志哉!""公等遇雨,皆已失期,失期当斩……且壮士不死即已,死即举大名耳,王侯将相宁有种乎!"(司马迁:《史记·陈涉世家》)

师：从上述材料中，我们可以看出农民陈胜少有大志，这个大志是什么？

生：大富大贵。

师：材料是怎样说的呢？

生："苟富贵，无相忘。""王侯将相宁有种乎！"意思就是说，王侯将相难道天生就应该是富贵的吗？我要是富贵了，一定不会忘记大家。

师：很好，这则材料告诉我们，农民起义的将领的终极诉求是求富贵，那么，从这则材料你能看出以农民领袖为代表的农民阶级起义是为了反对秦的暴政吗？这说明了什么？

生：王侯将相宁有种乎！这个口号和陈胜的大志有关，但显然与秦的暴政关联不大。这说明秦末农民起义的原因并非单纯的暴政。也许还有不为材料所体现的原因。

师：那么，怎样才能更为准确地解读秦末农民大起义的原因呢？

生：可能还需要更丰富的史料，相互印证。

借助精心设计的"脚手架"，学生可以对原始史料进行择取、甄别、解读和分析，融入主观判析和逻辑推断，从而将物质层面的史料转变为思维领域的证据，这才是真正意义上的史料实证。

3. 呈现丰富的史料类型，引导学生多角度认识证据

史料是潜在的证据，具有多种形态，也可以划归不同的种类。从形式上分，史料可以分为文献、实物和口传三大类；从性质上分，史料又可以分为原始的史料和滋生的史料。历史课堂上的史料以文献为主，这是由客观因素决定的。即便如此，教师也应该尽力拓展史料的类型，为学生提供形式多样、内容丰富的史料。仍以"秦末农民大起义"一课为例，授课教师补充了考古资料来说明问题，落实史料实证素养。

在讲述秦朝灭亡的原因时，教师采用了合作探究的教学环节：

师：秦朝仅仅是因暴政而亡的吗？我们先撇开民间故事和文学作品中的相关记载，暂且从想象、虚构、夸张、局部的记载中抽出身来，回到史书中，看看史书中对于秦暴政的说法！

（教师出示材料）始皇……乃营作朝宫渭南上林苑中。先作前殿阿房，东西五百步，南北五十丈，上可以坐万人，下可以建五丈旗。（司马迁：《史记·秦始皇本纪》）

师：从这则材料中，我们可以得出怎样的结论？

生：秦始皇灭六国的同时，着手建造阿房宫。

师：那么从这则材料，我们可以做出怎样的推断？

生：宫殿比较奢侈豪华，说明秦始皇滥用民力。

师：能不能从材料中看出，秦亡的原因与暴政或者说滥用民力相关？

生：不能过度地推断，也许秦亡与滥用民力有关，但是材料中并没有特别明确的表述。

师：即使是这样，我还有一个爆炸性的问题！《史记》的这种说法真的可信吗？今天我们能用什么办法来证明这种记载的可信与否呢？

（学生迷茫中，没有人接话）

师：想要印证《史记》的说法正确与否，可以通过考古发掘的实际来判断，到实地考察来印证。

师：2006年，考古队在陕西咸阳以北的135平方公里范围内，进行了大量的调查、勘探和发掘。最新考古表明，除了没有完工的阿房宫前殿的建筑外，阿房宫并没有其他建筑。考古队对前殿遗址进行了全面的探测，发现前殿遗址台基东西长1270米、南北长426米，现存高12米。夯土台基面的东、西、北三面有墙，南面无墙。三面墙所围区域内没有秦代堆积层，没有宫殿建筑遗迹，也没有发现火烧痕迹。

师：阿房宫的考古发掘结果能推断出哪些结论？

生：阿房宫并没有建造成功，仅仅是建造了一个地基，更没有被焚毁的可能。

师：同学们，历史文献和考古发掘的不一致说明什么？

生：司马迁可能夸大了阿房宫的壮丽，进而使人们在"阿房宫的壮丽"和"秦的不惜民力"间产生思维的关联，在"秦的不惜民力"和"秦的暴政"间画上了等号。

师：说得好，司马迁写这段历史也是在秦灭亡之后的百年左右，也许在有意无意之间，司马迁并没有真正地考证过阿房宫的问题，因此，对于文献史料的记载还是要与考古资料相印证。当然，《史记》对于阿房宫描述的不实，并不影响《史记》其他记载的证史价值。

历史学科最高层次的"证据"观念就是能够将史料放入它所处的历史情境中去理解，知道史料对于它的制造者和目标观众来说分别意味着什么。唯有如此，史料才有可能从潜在证据转变为直接证据。相较于文献史料，当学生接触考古史料或者其他类型史料时,他们会更多地思考"这是什么",而不是"这说了什么"。很明显,"这是什么"的问题更便于学生在相关事实背景下解读和辨析史料,因而更容易将他们的思考引向更高层次的证据观念。

4. 创造开放的生成空间,引导学生运用证据建构结论

其实,历史教学的重点是学生如何运用史料来构建一个精心组织的、有关过去的叙述,而在学生怎样才能将评价、分析史料与推断、论述历史相联系的问题,还有许多工作有待进一步展开。基于史料的教学不再仅仅着眼于史料的择取、甄别、辨析和诠释等步骤,而是更强调史料作为证据的潜在价值,将史料研习融入史学探索程序,最终形成一个论证充分的历史结论。换句话说,"学历史"的目的是"理解历史",本质上是让学生知道历史知识是如何和为何被建构起来的。历史知识和史学探索程序密不可分,将两者之间的关系更加清楚地呈现给学生,有助于他们理解历史知识的本质和状态。仍以"秦末农民大起义"一课为例,授课教师是这样引领学生建构结论的:

师:从刚才的学习中,我们知道,秦朝的灭亡是多重因素交织的结果,你怎么看?

生:秦的暴政肯定是秦朝灭亡的原因之一,没有暴政就不会那么迅速地激化社会矛盾,但是,显然秦朝灭亡还有其他的原因,比如:有人们在心态上追名逐利、实力竞争的原因,有新旧制度交替过程中处理方式不当的原因,也有因用强力推行法家思想而使士人阶层离心离德的原因,更有秦始皇后二世统治僵化腐朽等原因。

师:秦始皇呢?你怎么看秦始皇在秦朝灭亡中的作用?

生:秦朝灭亡的根子在秦始皇。秦始皇无视民生、迷信强暴导致工程浩繁,目空众怒;秦始皇崇法重利、四维不张以致权谋横溢,满朝小人;秦始皇面临匈奴威胁,时不利也才致穷兵黩武,竭尽国力。

师:说得很好,老师都赞同!

中华文明史上第一个空前大一统帝国居然出乎意料地强势焚毁了,点燃这烈火的是中国历史上第一次大规模农民起义。一群"以愚黔首"下不得教养的,甚至直觉自己也是王侯将相之"种"的农民,在走投无路的情况下,为了存活,绝无意识地推动了历史的发展——在肯定了强权大一统的同时否定了其暴政,为汉代的皇帝留下了天下可"居马上得之,宁可以马上治之乎"的思考!似乎是"祸兮,福之所倚"。

从这个意义上我们不得不说,在以后的两千一百多年里,秦末农民战争和秦帝国一起使统治者,乃至被统治者梦回萦绕,主导了中华文明的一幕又一幕。

(三) 史料实证素养落实的重要所在

学生"证据"观念的发展是不断超越对史料证据的误解和低层次的认识的过程。在最初阶段,学生倾向于将史料视为提供关于过去直接可得的"图像"和"信息";随后,他们将史料看作证言,没有认识到辨别史料真伪的重要性;当证据观念发展到"剪刀加糨糊"的阶段时,学生会意识到即便在同一份史料中,不同内容的可靠程度也是不同的,他们认为只要从不同史料中找出真实的叙述就可以拼凑出历史的真相;最后,学生将史料理解为证据,理解作为证据的史料是特定社会的产物,这些关于史料证据的主导观念是由弱渐强发展而来的。教师要尊重学生证据观念发展的阶段特征,掌握学生的"最近发展区",确定合理的发展目标,组织适当难度的学习任务。

1. 重视史料与证据的区别,强调理解史料证据的本质

史料不是证据,但学生往往只看到史料的表面意义,直接将史料看作证据。史料和证据之间的混淆,既造成了学生在史料实证教学活动中的种种消极表现,也妨碍了他们对史料证据的真正理解。设计史料评价活动的程序、创设具体的问题情境、提供有效的"脚手架"、呈现多元的史料类型,实际上都是为了引导学生在鉴别、解读、分析和评价史料的过程中历史地理解史料证据的本质。

证据是有局限性的,所以根据证据得出的结论只可能是暂时的和试验性的。历史是在漫长的时空中客观存在的事实,它不会因人的意志而发生转变。由于发生于过去时空的历史不能重现,我们只能通过遗留下来的文献、文物、遗迹等材料去解释历史。这些材料无论如何丰富,本身却不会说话。因此,包括历史教科书在内的历史书籍只是编撰者对历史的某种解释。随着新材料的发现、新技术的运用,有些历史结论可能会发生改变。以考古研究为例,20世纪考古工作者使用北京人遗址周边的动植物化石,运用放射性碳素断代法,判断出北京人生活在距今约50万—40万年前。进入21世纪,考古工作者运用目前最新的铝铍埋藏测年法,将北京人的"年龄"增加了"20多万岁",确认他们生活在距今约70万—20万年前。

真伪并不影响史料的价值,评判的标准取决于你问了什么问题以及你掌握了多少情境知识。众所周知,没有经过刻意伪造的材料是复原历史事实的可靠证据。然而,伪造的材料难道就没有历史价值吗?答案是否定的。历史材料的真伪是一个相对的概念,从某种意义上来说,伪造的材料本身也是历史。如第二次世界大战中有一张经由苏联官方公布的题为"胜利旗帜插到帝国国会大厦"的照片,照片中一名苏联红军战士将"镰刀锤子"红旗插上德国国会大厦楼顶,成为战争摄影作品的经典之作,也被苏联人民视为胜利的标志。然而,这张被"幸运"抓拍到的照片后被证实是伪造的。1945 年 5 月 2 日,塔斯社战地记者叶夫根尼·哈尔杰伊在柏林,当时国会大厦已经被攻克,为了拍摄胜利的场面,哈尔杰伊布置了拍摄场景,还要求几名苏联红军摆出照片中的姿势,将红旗插在大厦的制高点,这张照片显然无法成为苏联红军攻克柏林的直接证据,但却直接折射出作者的思想情感和立场态度,一定程度上也折射出当时苏联民众的普遍心态。伪造的材料就其反映的历史事实而言,证史价值会大打折扣。但如果我们深究伪造材料背后的背景、动机及其所带来的影响,那么,伪造的材料也可以揭示作者的个人情感、作者所处时代的价值取向和社会心态。从这一角度看,伪造的材料也具有很高的证史价值。

因此,证据对于解决相关历史问题来说应该是真实有效的,用以支持历史观点的证据固然多多益善,但是无论搜集到多少证据,只要出现一个可靠的反例就足以反驳。理解证据就要"神入"到产生它的那个特定社会和年代,在事实和时代背景下解读。这些认识会随着学生对史料理解的逐渐深入而出现和得到强化。

2. 关注运用史料证据的能力,突出构建历史知识的过程

历史这个词有双重含义,即客观的历史和认识的历史。客观的历史是指人类过往的历史进程,它以时间为纵坐标,以空间为横坐标,具有时空的不可逆转性和客观性。认识的历史是指人们对于过往的历史进程的主观认识,故而,具有认知性和解释性。历史作为真实的存在是超越人类认知能力的,它不能存在于人类的知识体系中;存在于人类知识体系中的历史,只是对历史的近似的恢复,而恢复的方法又是多途径的。可以说,一切历史知识都是人们对过往作出的解释,本质上是人类认识的产物。

学生在历史课堂上不是简单地记住历史知识,而是要理解这些历史知识是如何被建构起来的,要想确保学生的历史知识是根植于对历史证据之性质

和用法的理解,就必须让他们体会运用史料证据发现历史的过程,发展相关能力。

历史事件都不是孤立存在的,而是相互联系密不可分的,割裂地看待历史事件无法看清历史的原貌,也就无法认清真正的历史。学会在历史事件间建立起联系是我们解读历史的重要手段。那么,历史联系该如何建立呢?通常我们可以从横向(空间)视角或是纵向(时间)视角,对历史事件建立关联系。

一是横向关联的建立。横向关联即从空间视角进行历史关联。我们可以将同一历史时期,在不同地理空间或不同领域空间发生的历史事件进行关联,例如:19世纪中叶,英国成为"世界工厂";1840年,英国发动侵略中国的鸦片战争;19世纪三四十年代,欧洲三大工人运动爆发,俄国开始工业革命;1848年,《共产党宣言》在伦敦发表;1859年,达尔文《物种起源》出版;19世纪60年代,日本开始明治维新。从关联中,我们不难看出英国工业革命的发展不仅仅改变了自己,也改变了世界历史的发展进程。

二是纵向关联的建立。纵向关联即从时间视角进行历史关联。我们可以时间顺序,将先后发生的不同历史事件进行关联。例如:1769年,瓦特改良了蒸汽机;1776年,第一批新型蒸汽机应用于实际生产;1807年,富尔顿制造出蒸汽船"克莱蒙"号;1814年,斯蒂芬森制成蒸汽机车;1830年,英国利物浦至曼彻斯特的铁路线上正式使用蒸汽机牵引列车;19世纪40年代,冶金、采矿等工业部门先后采用以蒸汽机为动力装置的大机器生产。从关联中,我们可以认识到蒸汽机在动力领域突破了传统,并直接影响了各大工业领域的迅猛发展。

当然,我们也可以以延续与变迁的视角去建构和解释历史。"延续"指的是按照原来的样子继续下去,它侧重表现长时段一以贯之的特性;"变迁"指的是变化与迁移,它侧重表现短时段的转变。要以延续与变迁的视角建构与解释历史,首先应设定时间范围。

以俄国为例:18—19世纪,为了改变俄国社会经济发展大大落后于西欧国家的状况,彼得一世与亚历山大二世分别对俄国进行了自上而下的改革。从长时段来看,两次改革均大大增强了俄国的国家实力。但是,它们在本质上仍是维护沙皇统治的手段。这是从延续的视角来看俄国改革中一以贯之的特性。从短时段来看,彼得一世的改革涉及俄国政治、经济、军事、文化等方方面面,其主要目的是使俄国迅速摆脱落后的困局,然而改革强化了俄国的农奴制度,是一场封建农奴主的改革;1861年农奴制改革则主要针对农奴制存在导致的严重危机,通过废除农奴制的方式使得俄国农奴获得一定程度的自由和解放,改革既维护了农奴主的利益,也推动了资本主义在俄国的发展,是一场资产阶级性质的改革。这是从变迁的视角来看俄国改革中短时段的转变。

总而言之,只有当以学生"史料实证"素养的发展为旨归,有效课堂教学才能找回真正的意义。同样,只有将"史料实证"素养的培养有机融入课堂教学,学生"史料实证"素养的发展才有可能。

二、落实史料实证素养的教学实录及赏析

史学是发展的,因而解释会有所不同,但历史课堂教学又是相对封闭的,因此基于唯物史观和历史学科本体的史学为历史教学提供学科理论及内容结构的支撑,史学的发展与进步决定了历史教学的延展及开放,所以史学素养决定教学的实效,仅仅追求教学的形式而忽视史学的内涵是粗鄙的。教学的目的在于让学生学会学史的方法以触类旁通,获得结论的过程比获得的结论更为重要,因此课堂教学是要让学生获得学习历史的方法,教是为了不教。教学的实效在于让学生显露以方法举一反三的过程,仅仅满足教师示范的教学是不够的,而应让学生通过教师的示范,模仿着、独立着进行迁移与反思,教学实效在于提升素养,仅仅追求史学的结论而忽视获得的过程是徒劳的。

统编版教材"秦末农民大起义"一课的课堂教学实录如下。

【导入新课】

师:公元前221年,时年39岁的秦王嬴政在历经了10年的兼并战争后,终于迎来了天下一统,正所谓"六王毕、四海一"。志得意满的嬴政自觉功盖三皇五帝,遂自创"皇帝"称号,称始皇帝。希望江山社稷二世三世乃至于万世,传之无穷。公元前207年,被废去帝号的始皇帝之孙子婴头系绳索、身穿素服、手捧玉玺跪倒在咸阳街头向刘邦投降。一个想世世代代相传直至万世的朝代,为什么仅仅存在了15年就二世而亡了呢?

同学们,一个对后世影响如此深远的朝代,一个梦想着代代相传直至万世的帝国,竟然只存在了15年。是什么原因断送了始皇帝的梦想?自秦亡后直到今天,仍然是一个众说纷纭的问题。今天,我们先来回溯秦朝最后的那段时光,看看能否从中寻找到其轰然崩塌的原因。

> 【实录片段赏析】
>
> 通过历史情境的创设,引发问题的探究,给学生两个鲜明的对比画面:一个是始皇帝志得意满、春风得意,一个是子婴落魄沦丧、任人宰割,如此鲜明的对比,引发了学生深入思考的兴趣,也为进一步史料的研读与辨析提供了一个时空舞台。

(以下为问题设置引发探究的教学环节)

师:通过初中的学习,我们已经知道:公元前210年6月,秦始皇在最后一次巡游途中突然病死。出于种种原因,丞相李斯和宦官赵高对秦始皇的死讯密而不发,为掩盖因为天热而出现的尸臭,始皇帝的尸体竟与腌鱼为伍。

公元前209年7月,距离始皇帝死后一年多,在大泽乡陈胜、吴广率领900余名贫苦农民举起了反秦的大旗。

师:有些成语与秦末农民起义有关,你能说出一些吗?

生:揭竿而起、斩木为兵、鱼腹丹书。

师:这些成语都在说着秦末农民大起义,陈胜、吴广起义开始后,各地反秦起义蜂拥而起,刘邦、项羽就是其中两支重要的力量。还在秦始皇一次巡游分别路过刘邦和项羽家乡的时候,看到始皇帝威风凛凛,刘邦就曾说过:"大丈夫当如是也!"项羽比他说得更为露骨:"彼可取而代也!"

公元前206年,刘邦率领大军攻入咸阳,秦王子婴投降。此时,秦二世胡亥已经被赵高杀死,秦朝灭亡。

师:同学们,从上述历史叙述中,你认为秦朝灭亡的原因是什么?

生:秦朝的灭亡与农民的反秦起义有关,农民起义推翻了秦朝的统治。

师:如果我们把目光聚焦于农民起义,就会发现陈胜、吴广起义的爆发具有极大的偶然性,但短时期内星星之火就成燎原之势并非偶然性所能解释。依据你所掌握的历史知识,能否说出为何并非偶然呢?

生:陈胜、吴广起义是秦暴政的产物,秦朝的残暴统治引发了农民大起义,所以,绝非偶然。

师:是的,古往今来的政治家、史学家也都是这样说的。因此,秦朝的灭亡是因暴政而亡!

【实录片段赏析】

　　以学生的已有知识为切入点,也是一种史料实证,教师就是这样搭建起一个根基较为牢固的脚手架,让学生在具体的熟知的情境中展开深入的思考和探究。

　　陈胜、吴广起义是不争的事实,陈胜、吴广起义后,全国风起云涌的起义浪潮出现是不争的事实,秦王朝很快就灭亡了是不争的事实,那么,秦朝因暴政而亡一定是不争的事实吗?

(探究一:秦朝是否因暴政而亡?)

师:西汉史学家司马迁在《史记》中,引用了和他同时代的政治家贾谊的观点,而该观点也为后世所接受。

(教师出示材料一)一夫作难而七庙隳,身死人手,为天下笑者,何也?仁义不施,而攻守之势异也。(贾谊:《过秦论》)

师:所谓"仁义不施"就是指秦的暴政。在众多的历史文献中,有关秦暴政的史料可谓汗牛充栋。秦始皇大规模营建"骊山陵墓",不仅工程浩大,而且在陵内"以水银为百川江河大海""以人鱼膏为烛",极尽奢华。连同修建阿房宫,两项工程役使的人工在70万以上。

(教师出示材料二)(秦)始皇为人……专任狱吏,狱吏得亲幸……上(始皇)乐以刑杀为威。(司马迁:《史记·秦始皇本纪》)

(教师出示材料三)常衣牛马之衣,而食犬彘(猪)之食。(班固:《汉书·食货志》)

师:通过对上述材料的阅读,你能否归纳历史文献所叙述的秦朝的暴政主要反映在哪些方面吗?

生:繁重的徭役、苛刻的法律与沉重的赋税。

师:在文学作品和民间故事中,我们也可以找到关于秦朝暴政的描述。

(教师出示材料四)使天下之人,不敢言而敢怒。独夫之心,日益骄固。戍卒叫,函谷举,楚人一炬,可怜焦土。呜呼!灭六国者,六国也,非秦也;族秦者,秦也,非天下也。(杜牧:《阿房宫赋》)

师:天下之人怒的是什么?为什么敢怒而不敢言?

生:繁重的徭役、苛刻的法律与沉重的赋税。因为法律严苛敢怒而不敢言。

（教师出示材料五）秦始皇时，范喜良被强征去修万里长城。丈夫被征走后长期没有音信，孟姜女思念丈夫心切，到长城工地为丈夫送寒衣。不料丈夫范喜良早已被繁重的劳役折磨致死。孟姜女悲痛欲绝 在长城边痛哭 一下子把长城哭倒了，就在倒塌的长城废墟下，孟姜女发现了丈夫的尸骸。万分悲痛的孟姜女也投海自杀了。（据民间故事《孟姜女哭长城》整理）

师：对民间传说的记载，你有什么看法？

生：文学作品绝非信史，因为文学作品中的史实，经过艺术的加工，有夸张和想象的成分，通常又以间接的、夸张的、局部的、变化的等诸多形式来表达，但我们可以把文学作品看成作者所处时代和作者本人思想、情感、立场、实践的反映。杜牧并不是秦朝人，但他运用丰富的想象，极力形容阿房宫的壮丽和宫廷生活的奢侈荒淫，进而指出秦朝不惜民力，只知穷搜民财，终于亡国。这至少可以证明，推至唐朝，文人已接受秦朝因暴政而亡的观点。

师：同样，一般是指在非官方的途径产生和流传，在流传中又经过传播者不断加工的民间故事，经非正式的历史记载代代相传而保存下来，它固然不能当作信史来看，但却可以反映一个或多个历史时期普遍存在的社会心态，关于孟姜女的传说恰恰从一个侧面反映出人们对秦朝因暴政而亡的观点的普遍认同。

师：同学们，秦朝统一后，滥用民力、赋税徭役沉重、法律严苛，这种残暴统治已经远远超出了社会所能承受的限度，所以农民起义推翻了秦的统治。秦朝灭亡了。秦朝应该灭亡！但在激动之余，理智却在提醒我们：难道秦朝仅仅因暴政而亡吗？对历史事件的分析真的就如此简单？史实间的因果关系真的就如同1+1=2那样的一因一果吗？

【实录片段赏析】

"难道秦朝仅仅因暴政而亡吗？对历史事件的分析真的就如此简单？史实间的因果关系真的就如同1+1=2那样的一因一果吗？"这样的问题设计，简直是振聋发聩，学生从来没有想过秦朝的灭亡除了暴政之外还有原因，教师的一系列的铺垫也是用史料论证着暴政而亡。这就是真问题，是聚焦这节课核心内容的、至关重要的问题，是可以引导学生更好地阅读和理解史料的问题。

在这一环节的学习过程中,还有一个突出的亮点,就是引用了民间传说这种史料形式,往往民间传说不被用来证明历史,而在这段史料实证的表述中,民间传说却被授课教师用作了佐证材料,学生也能够很好地利用这段史料来看待问题。正如学生在回答问题中所说的:文学作品绝非信史,因为其中的史实,通常以间接的、夸张的、局部的、变化的等诸多形式来表达,但我们可以把文学作品看成作者所处时代和作者本人思想、情感、立场、实践的反映,杜牧并不是秦朝人,但他运用丰富的想象,极力形容阿房宫的壮丽和宫廷生活的奢侈荒淫,进而指出秦朝不惜民力,只知穷搜民财,终于亡国。这至少可以证明,推至唐朝,文人已接受秦朝因暴政而亡的观点。

(探究二:秦朝仅仅因暴政而亡吗?)

师:疑问一:我们暂且撇开民间故事和文学作品中的相关记载,看看史书中对于秦暴政的说法是否就一定可信呢?

(教师出示材料六)始皇……乃营作朝宫渭南上林苑中。先作前殿阿房,东西五百步,南北五十丈,上可以坐万人,下可以建五丈旗。(司马迁:《史记·秦始皇本纪》)

师:从这则材料中,我们可以得出怎样的结论?

生:秦始皇灭六国的同时,着手建造阿房宫。

师:那么从这则材料,我们可以做出怎样的推断?

生:宫殿比较奢侈豪华,说明秦始皇滥用民力。

师:能不能从材料中看出,秦亡的原因与暴政或者说滥用民力相关?

生:不能过度地推断,也许秦亡与滥用民力有关,但是材料中并没有特别明确的表述。

师:即使是这样,我还有一个爆炸性的问题!《史记》的这种说法真的可信吗?今天我们能用什么办法来证明这种记载的可信与否呢?

(学生迷茫中,没有人接话)

师:想要印证《史记》的说法正确与否,可以通过考古发掘的实际来判断,到实地考察来印证。

师:2006年,考古队在阿房宫135平方公里范围内,进行了大量的调查、勘探和发掘。最新考古表明,除了没有完工的前殿建筑外,阿房宫并没有其他建筑。考古队对前殿遗址进行了全面的探测,发现前殿遗址台基东西长1 270米、南北长426米,现存高12米。夯土台基面的东、西、北三面有墙,南面无墙。三面墙所围区域内没有秦代堆积层,没有宫殿建筑遗迹,也没有发现火烧痕迹。同学们,历史文献和考古发掘的不一致说明什么?

生:司马迁可能夸大了阿房宫的壮丽,进而使人们在"阿房宫的壮丽"和"秦的不惜民力"间产生思维的关联,在"秦的不惜民力"和"秦的暴政"间画了等号。

师:疑问二:按照史书的记载,秦统一六国前,就以法律严苛而闻名,许多重大工程也是在统一前就进行的。为什么同是暴政,同是不惜民力却出现前后截然相反的两种结局?看来,秦朝的灭亡除了暴政以外,还有更多的因素。

【实录片段赏析】

授课教师依据史料提出了两点疑问,阿房宫作为秦朝暴政的标志之一,是真实存在的吗?文献史料的记载告诉我们,阿房宫修建了,而且富丽堂皇,后来被项羽一把火烧掉了,授课时教师呈现的考古资料显示,阿房宫不但没有被项羽烧掉,甚至只是建造了一个地基而已,这就初步动摇了学生已有的秦朝暴政而亡的认识。接着授课教师又提出了第二个疑问,秦朝统一前和统一后,其实都在做着几乎是同样的事,为什么统一前做的事,我们通常评价较高,如,为统一奠定了基础等等,而统一后再去做,就说是暴政呢?由此引领着学生探究秦朝灭亡的其他的因素。

(探究三:秦朝灭亡的原因究竟有哪些?)

师:探究秦朝灭亡的原因,离不开对当时那个时代的分析。秦朝统一前,是春秋战国的分裂割据时期,连年的征战,社会动荡,经济、政治、文化等各个领域发生了急剧的变化。同学们能否回顾这些变化的具体表现?

生:最深刻的变革来自经济领域。新技术出现,农业生产提高到一个新水平,新阶层产生,整个社会呈现出前所未有的追逐利益、实力竞争的局面;政治上:由西周的封邦建国体制变为秦的中央集权大一统体制;思想文化领域:"士"阶层活跃,百家争鸣局面形成。

师:经济领域的变革,使农业生产提高到一个新水平。小农经济日益发达。整个社会呈现出前所未有的追逐利益、实力竞争的局面。成则王侯败则寇,成为当时人们的共识。这种观念在秦朝建立后没有丝毫的动摇。

那么事实真是这样的吗？请同学们看材料：

(教师出示材料七)陈胜者,阳城人也,字涉。吴广者,阳夏人也,字叔。陈涉少时,尝与人佣耕,辍耕上垄上,怅恨久之,曰:"苟富贵,无相忘。"佣者笑而应曰:"若为佣耕,何富贵也？"陈涉太息曰:"嗟乎,燕雀安知鸿鹄之志哉！""公等遇雨,皆已失期,失期当斩……且壮士不死即已,死即举大名耳,王侯将相宁有种乎！"(司马迁:《史记·陈涉世家》)

师：从上述材料中,我们可以看出农民陈胜少有大志,这个大志是什么？

生：大富大贵。

师：作为反对暴政的农民起义,陈胜、吴广等人提出了什么口号？你怎样看这个口号？

生：王侯将相宁有种乎！这个口号和陈胜的大志有关,但显然与秦的暴政关联不大。这说明秦末农民起义的原因并非单纯的暴政。

师：同学们,那些反秦朝的起义者们,到底想得到什么？

(教师出示材料八)高祖常繇咸阳,纵观,观秦皇帝,喟然太息曰:"嗟乎,大丈夫当如此也！"(司马迁:《史记·高祖本纪》)

(教师出示材料九)秦始皇帝游会稽,渡浙江,梁与籍俱观。籍曰:"彼可取而代也。"梁掩其口,曰:"毋妄言,族矣！"(司马迁:《史记·项羽本纪》)

生：大富大贵,权力,如果说陈胜是农民阶级的代表,那么,刘邦与项羽就分别是富裕阶层和六国贵族的代表。他们的话语反映了当时人们的一种心态,这种心态是勇武好斗、追名逐利。春秋战国以来,社会发生了质的变化,小农经济日益发达。整个社会呈现出前所未有的追逐利益、实力竞争的局面。

师：秦统一后,对多数小农而言最迫切需要的是什么呢？

生：安定的社会环境、宽松的生产时间。

师：而秦统一后,是否提供了这种环境和条件呢？

生：没有,徭役繁重,兵役沉重,农民没有生产时间。

师：从当时人们的社会心态角度讲,追名逐利、实力竞争成为主流,秦朝统一后,并没有很好地加以引导和疏通,多数民众反而为沉重的赋税和徭役所累,因此,起义与反抗也就不可避免。当时社会的上层其实也面临同样的问题。

师：春秋战国时期,礼崩乐坏,周公建立的封邦建国体制和礼乐制度越来越不能承载起规范社会行为的历史重任了。秦朝建立后,一套新的大一统的中央集权制建立起来,但其建立者却忽视了一个基本问题,那就是,新制度为统治阶层和人民认可需要有一个过程,无论制度多么的合理与先进,必须通过执行者才能付诸实践。那么,秦朝建立后,新制度是否为统治阶层所接受,又是怎样执行的呢?

(教师出示材料十)丞相绾等言:"燕、齐、荆地远,不为置王,无以镇之。请立诸子。"秦始皇下其议。廷尉斯曰:"周文、武所封子弟同姓甚众,然后属疏远,相攻击如仇雠,周天子弗能禁止。……"始皇曰:"天下共苦战斗不休,以有侯王。赖宗庙,天下初定,又复立国,是树兵也;而求其宁息,岂不难哉!"(司马迁:《史记·秦始皇本纪》)

师:材料中双方争论的焦点是什么?各自的理由又是什么?秦始皇的态度如何?

生:双方争论的焦点是实行郡县制还是分封制,如果不分封就不能保卫中央王朝,而分封则容易造成分裂,所以还是主张实行郡县制。

师:同学们,按照周的封邦建国体制,秦始皇除了分封子弟外,还要分封哪些人?

生:功臣、先代贵族。

师:从材料上,秦始皇是用强力推行的新制度,这会引起那些阶层的不满?

生:一些反对新制度的功臣,六国的贵族。

师:同学们,上述资料可以证明,秦灭六国只是在疆域、国家政权上完成了统一,人们的思想认识、价值观念、包括对新制度的认同都存在着很大的差异。秦始皇在用强力推行着他的新制度。如此看来,新制度的执行要大打折扣甚至某种程度上恰恰成为统治不稳的先决条件。

师:从以上的分析来看,秦王在完成统一之时,也正是它风雨飘摇之始。秦王嬴政用"急风骤雨"式的争霸战争统一了中国,仍想要"急功近利"式的思想来维护和巩固统治,这也是秦末农民起义烈火点燃的因素之一,可以说是秦始皇自己在秦末农民起义烈火中加上了一把干柴。秦国以法家思想立国,但完成统一后,在政治、经济、文化发展极不平衡的原六国区域也是一刀切地推行法家思想,甚至焚书坑儒,迫害士人。这进一步激化了士人与秦专制政权的矛盾,加剧了士人对秦王的反叛意识,把这支任何政权都不可小视的力量推向了自己的对立面,以至当陈胜、吴广农民军举起反秦大旗时,许多士人都纷纷加入起义行列。孔子九代孙孔(鲋)甲就是在这种形势下参加陈胜农民军的。再请看史料:

(教师出示材料十一)陈涉起匹夫,……不满半岁而灭亡,其事至微浅,然而缙绅先生负礼器往委质为臣者何也?以秦焚其业,积怨而发愤于陈王也。(班固:《汉书·儒林传》)

师:也就是说,在秦朝统一后,就已经出现统治的危机。秦始皇也许已经注意到此问题,统治十年间先后五次出巡,其真正意图在于用强力来稳定危机四伏的帝国。

师:秦始皇死后,人们把希望寄托在了继位的秦二世身上,但二世皇帝一面继续穷奢极欲,乱杀功臣和骨肉兄弟;一面依赖赵高,不知悔改。指鹿为马的故事在说明赵高阴险毒辣的同时,也在告诉我们,二世皇帝面对王朝的种种问题,面对父亲留下的烂摊子,依旧不能审时度势、改弦易辙,却显示了其"内斗内行"的凶残无能,因此,他对秦朝的灭亡也负有不可推卸的责任。再请看史料:

(教师出示材料十二)赵高欲为乱,恐群臣不听,乃先设验,持鹿献于二世,曰:"马也。"二世笑曰:"丞相误邪?谓鹿为马。"问左右,左右或默,或言马以阿顺赵高。或言鹿者,高因阴中诸言鹿者以法。后群臣皆畏高。(司马迁:《史记·秦始皇本纪》)

师:从以上诸多的史料记载和分析中,同学们又有怎样的想法?

生:秦朝的灭亡是多重因素交织的结果,有人们在心态上追名逐利、实力竞争的原因,有新旧制度交替过程中处理方式不当的原因,也有因用强力推行法家思想而使士人阶层离心离德的原因,更有秦始皇后二世统治僵化腐朽等原因。

师:那么,从古至今,无论是政治家,还是文人墨客,抑或普通百姓,为什么将秦亡的原因仅仅归于暴政?这说明了什么?

生:政治家、史学家想以此告诫统治者须轻徭薄赋、以民为本;通过起义而夺得皇位的刘邦等想为自己的夺权寻找合法依据;普通百姓想以此渴求统治者轻徭薄赋、以民为本。

师:讲得非常好!历史不能重演,但历史可以借鉴。公元前206年至公元前202年,刘邦和项羽为争夺统治权进行了四年的楚汉战争,刘邦获胜后,建立了汉朝的统治,史称"西汉"。西汉统治前期,认真吸取了秦亡的教训,在"文景之治"后,出现了汉武帝时期的极盛局面。

【实录片段赏析】

暴政固然是秦朝灭亡的原因,但仅仅是原因之一。秦朝灭亡的原因是多种因素彼此交织、共同作用的结果。

授课教师通过不同类型的史料,引领学生分析问题,不仅仅是从史料中得出结论,重要的是在分析的过程中,学生逐步体悟到了:历史不能重演,但历史可以借鉴。公元前206年—公元前202年,刘邦和项羽为争夺统治权进行了四年的楚汉战争,刘邦获胜后,建立了汉朝的统治,史称"西汉"。西汉统治前期,认真吸取了秦亡的教训,在"文景之治"后,出现了汉武帝时期的极盛局面。

三、史料实证素养落实的实践认识

(一)史料实证素养教学的基本原则

1.史料实证素养是史实确认的重要手段

众所周知,历史事实是指过去已经发生过的一切事件或过程,具有逝去性、一维性、不可回溯性等特点,如果我们想要实现恢复具体历史事实客观的、真实的面目,唯有借助历史上遗留下来的相关史料。正如梁启超所说:"史料为史之组织细胞,史料不具或不确,则无复史之可言。"[1]再通过实证的方法(古代称为考据)对其进行阅读、分析、归纳、综合,最后重现历史事实的客观面貌。

因此必须厘清历史与史学、史实与史论、结论与过程等之间的问题。历史不是一个个确定的答案,而是一个个有待解决的问题,也就是说历史是基于史料证据和视角的解释。向学生传达历史认识的结论,远不如教会他们认识历史的思想方法来得重要。在历史课堂的教学中要重在凸显历史认识的思维逻辑即"我们如何知道"和"我们如何认识",用分解、归整、作业、训练……等途径体现史学思想方法的习得意义,强化思想方法背后的证据、兼容、责任、人

---

[1] 梁启超:《中国历史研究法》,上海人民出版社2014年版,第38页。

格……等价值导向。显然，在这个"求真"的过程中，史料实证手段是史实确认不可或缺的重要方法，如果没有史料实证，所有的史料就是碎片化的、没有生命的。而我们教材中叙述的历史事实，就是教材编写者对相关史料进行实证的产物。据此，在历史课堂教学中，往往也需要借助史料实证方法对有关的历史内容进行学习，以帮助学生准确掌握历史上的基本史实。

例如运用史料实证方法对"分封制"历史事实的恢复，采用了如下三则典型原始史料文本进行史料实证。

材料一：昔周公吊二叔之不咸，故封建亲戚，以蕃屏周。（《左传·僖公二十四年》）

材料二：武王追思先圣王，乃褒封神农之后于焦，黄帝之后于祝，帝尧之后于蓟，帝舜之后于陈，大禹之后于杞。于是封功臣谋士，而师尚父为首封。封尚父于营丘，曰齐；封弟周公旦于曲阜，曰鲁。封召公奭于燕，封弟叔鲜于管，弟叔度于蔡，余各以次受封。（司马迁：《史记·周本纪》）

材料三：天子适诸侯，曰巡狩。巡狩者，巡所守也。诸侯朝于天子，曰述职。述职者，述所职也。无非事者……一不朝，则贬其爵；再不朝，则削其地；三不朝，则六师移之。（《孟子·梁惠王下》）

学生阅读分析了材料一所叙述的内容，可以获取分封制实施的目的证据，从材料二信息中可以获悉分封制实施的对象的历史依据，从材料三内容反映出的历史信息揭示的分封制中天子与诸侯间的相互关系，然后综合与归纳三个历史材料有效信息进行加工，就可以把西周时期政治制度分封制的真实面貌勾勒出来，这样的教学效果一定比教材文本叙述更具说服力。

2. 史料实证素养是实现史事理解与解释的重要基础

历史理解与历史解释是历史认识的重要手段。历史理解是指研究者以"移情""重演""推理""想象"为手段，力图恢复和重建历史事实的真面目，是历史认识主体与历史认识客观之间相互作用的思维过程。历史解释是指研究者在历史理解的基础上，运用一定的理论、概念、方法对历史事实观察的结果再作理性的分析，说明为什么是这样的而不是那样的客观评判的过程。但对史事无论采用何种理解与解释的方法，都一定离不开史料实证的基本方法，它是历史理解与解释的重要基础。以上师大版初中历史教材"文化思想的繁荣"一课为例。教师首先让学生研读下列四则原始史料，并归纳四个派别的思想特点。

（教师出示史料）

材料一：民为贵，社稷次之，君为轻。是故得乎丘民而为天子，得乎天子为诸侯，得乎诸侯为大夫。诸侯危社稷，则变置。牺牲既成，粢盛既洁，祭祀以时，然而旱干水溢，则变置社稷。（《孟子·尽心下》）

材料二：绝圣弃智，民利百倍；绝仁弃义，民复孝慈；绝巧弃利，盗贼无有。此三者以为文不足，故令有所属；见素抱朴，少私寡欲。（《老子·第十九章》）

材料三：若使天下兼相爱，爱人若爱其身，犹有不孝者乎？视父兄与君若其身，恶施不孝？犹有不慈者乎？视弟子与臣若其身，恶施不慈？故不孝不慈亡有。犹有盗贼乎？故视人之室若其室，谁窃？视人身若其身，谁贼？故盗贼亡有。犹有大夫之相乱家、诸侯之相攻国者乎？视人家若其家，谁乱？视人国若其国，谁攻？故大夫之相乱家、诸侯之相攻国者亡有。（《墨子·兼爱上》）

材料四：术者，因任而授官，循名而责实，操杀生之柄，课群臣之能者也，此人主之所执也。法者，宪令著于官府，刑罚必于民心，赏存乎慎法，而罚加乎奸令者也。此臣之所师也。君无术则弊于上，臣无法则乱于下，此不可一无，皆帝王之具也。（《韩非子·定法第四十三》）

在学生阅读史料讨论分析的基础上，然后据此将教学内容设计一个历史情景剧活动，让学生扮演成各个学派的代表人物，让他们在课堂上神入和重演历史，让他们"穿越"到那个战乱纷争的时代，"移情"人物的内心，体悟历史人物情感的沧桑。

当然，春秋战国时期，文化思想领域的繁荣，不仅推动着当时的社会转型，同时也对今天产生着巨大影响。因此在"文化思想的繁荣"一课中，教师不仅仅是通过这些原始材料的释读和历史情景剧的展演，而是通过对儒道法墨四家的对比、引申，以文化思想的维度诠释春秋战国时期的变革转型，使学生感受到文化思想对中华民族的深刻影响。

教师在讲述儒道之别时，通过对老子和《道德经》的介绍以及引用南怀瑾的评述，展现儒道之间"入世与出世"的差别，同时理解今天中国文化中"重伦理轻哲理"的现象。

师：与孔子同时代的有一位大学者，他姓李，名耳，字聃，就是我们所说的老子，老子事迹确实充满了传奇。据史书记载，老子活了一百多岁，相传晚年，老子看到中原战事不断，决定去关外隐居。走到函谷关，函谷关守关官员关尹，少时即好观天文、爱读古籍，修养深厚。一日夜晚，独立楼观紫气东来，断定有圣人西行经此地。有个成语流传至今——

生：紫气东来。

师：一位老者骑着青牛缓缓而来，这个圣人就是老子。关尹，夹道焚香，一定要留老子一晚向他求教。一晚之后，关尹再来找老子，老子已经离开，留下了两本书，一本叫德经，一本叫道经。后世在这两本书的基础上，建立一个学术流派叫道家学派。《道德经》的字数，比《论语》还少，只有5 400多字。但同样博大精深，比如：里面有一句话，福祸相依，有个故事鲜明地反映了这一点。

生：塞翁失马。

师：这种的朴素辩证思想，是老子最先提出的，所以后人也称老子为中国哲学之父。儒家学派和道家学派的不同还有处世的态度，儒家是如孔子，周游列国，去实践自己理念的入世之学，而道家则是如老子，驾牛归隐山林的出世之学。由于儒道在处世的态度，政治的理念之间的差别，后世他们的境遇不同。国学大师南怀瑾就说："儒家如粮店，道家如药店。"那么，在生活中你认为哪个更重要？

生：都重要，但是一般都会先想到粮店。

师：儒家是伦理，道家是哲理，所以中国历来是重伦理而轻哲理。

教师在讲述儒墨之争时，通过对比"仁爱与兼爱"的差别，了解儒家"仁爱观"的时代局限。

师：儒道之间虽然有差别，但是这样的差别还不至于针锋相对。但是，有一家学说却曾经与儒家学说有过屡次激烈的争论——就是由墨子所创立的墨家学说。墨子和孔子一样有着悲天悯人的胸怀，提倡非攻，希望挽救这个动荡的时代。但是，平民出身的墨子与贵族出身的孔子在理念上出现了巨大差异，比如：兼爱与仁爱——

生：仁爱有等级差别，兼爱没有。

教师在讲述儒法之争时，以"守株待兔"的成语解读与现实模拟，使学生了解"德治与法治"的差别和局限；进而理解后世统治者"内法外儒""风雷并集"治国理念的形成。

师：显赫一时的墨家消失了，但有一家学说在整个漫长的中国历史中的影响力却不亚于儒家，就是强调法（法令）、术（权术）、势（威势）治国的法家学说。法家学说的代表人物是韩非子，他非常善于讲故事，通过故事来阐述他的观点。比如"守株待兔",故事中的农夫如果是孔子,兔子是指什么呢?

生:周。

师:韩非子认为时代是前进的,恢复周朝时期的礼乐是不现实的。当时,对于诸侯国国君而言,面前都摆了两套方案,一套是儒家的德治,一套则是法家的法治。不过这个法治,在当时就是严刑酷法,那么,当时的统治者会怎么选择呢?

生:选择效果更显著的法家学说。

师:所有的战国七雄都选择了变法,而变法最彻底的秦国则统一了天下。但是,严刑苛法治理下的秦朝也没过多久就灭亡了。所以,后世统治者在面对儒法治国理念之间的选择时,往往是风雷兼具,内法外儒。所以,龚自珍有句诗——九州生气恃风雷。

通过这一史料实证活动的开展,可以让学生充分认识到儒家的醇厚、道家的超逸、墨家的谨严、法家的冷峻等思想特点,它们共同构造了中华民族传统文化的基本精神。

3. 史料实证素养是实现史事评价的重要基础

我们都知道人们认识历史并不是单纯为了弄清楚过去发生过什么事情,更重要的是为了探究历史事实所生成的历史意义,即历史评价。历史评价是人们对历史人物、事件、现象从历史或现实价值角度所做的认识。当然,无论是对历史过去产生的意义还是对现实生成的意义,都需要建立在史料实证方法的基础上,否则生成的意义就失去了历史事实的本真,失去了历史的依据。在中学历史教学中,运用史料实证方法,可以帮助学生正确理解教材文本中史事评价的内涵与意义。例如运用史料实证方法对"辛亥革命"的评价。

材料一:共和政体成,专制政体灭;中华民国成,清朝灭;总统成,皇帝灭;新内阁成,旧内阁灭;新官制成,旧官制灭;新教育兴,旧教育灭;枪炮兴,弓矢灭;新礼服兴,翎顶补服灭;剪发兴,辫子灭;盘云髻兴,堕马髻灭;爱国帽兴,瓜皮帽灭;爱华兜兴,女兜灭;天足兴,纤足灭;放足鞋兴,菱鞋灭;阳历兴,阴历灭;鞠躬礼兴,拜跪礼灭;卡片兴,大名刺灭;马路兴,城垣巷灭;律师兴,讼师灭;枪毙兴,斩纹灭;舞台名词兴,茶园名词灭;旅馆名词兴,客栈名词灭。(《时报》1912年3月5日)

材料二:过去专制主义是正统,神圣不可侵犯,侵犯了就要杀头。现在民主主义成了正统,同样取得了神圣不可侵犯的地位,侵犯了这种神圣固然未必

就要杀头,但为人民所抛弃是没有疑问的。(林伯梁在孙中山先生诞辰九十周年纪念大会上的讲话)

材料三:"民国"之取代自秦始皇以来两千多年的"帝国",是近代中国社会内在矛盾发展的结果,是一种前无古人的变化。它抉破了历代王朝的更迭机制,否定了整个皇权体制,因而也触动了传统社会的各条神经,是政治制度和社会思想的一大跃进。(陈旭麓:《近代中国社会的新陈代谢》)

从材料一学生可以感性地认识辛亥革命在政治、军事、教育、社会习俗等方面对中国当时社会所带来巨大变化,从材料二学生可以认识辛亥革命给人们的思想观念带来了巨大冲击,从材料三学生可以认识辛亥革命在中国历史上的地位。三则史料从感性到理性阐释了辛亥革命深层的历史意义,学生也就不难理解教材文本中的有关评价:"极大地推动了中华民族的思想解放,为中国先进分子探索救国救民的道路打开了新的视野。虽然它未能改变旧中国的社会性质和人民的悲惨境遇,但为中国的进步潮流打开了闸门,使反动统治秩序再也无法稳定下来,激励中国人民为争取民族独立和人民解放、实现国家富强而更加勇敢地奋斗。"

历史是已经发生过的一切事件或过程,因此,我们历史课堂教育的任务是运用史料实证的方法还原、重建、说明已经发生过的一切。再如教师在讲述上师大版初中历史"国民党统治的危机"一课时,当讲述到重庆谈判内容时,是如此设计的:

师:1945年蒋介石突然发现,在抗战的过程中,共产党军队依托人民与抗日敌后根据地,已经茁壮成长起来。从1936年的长征后共计3万多人已经成长为拥有近300万人民武装的共产党,武装力量翻了近100倍。

(教师出示材料一)1936年,长征结束……此时红军人数共约3.4万人。(王桧林:《中国现代史》)

(教师出示材料二)1945年,解放区八路军、新四军及其他人民军队上升到91万,民兵220万。(中共中央党史研究室:《中国共产党历史》)

师:如果你是1945年的蒋介石,你对中共军队又会持何态度呢?

生:力求消灭。

师:那同学们的猜测是否和蒋介石想法一致呢?我们来看蒋介石的一则密令。

(教师出示材料三)各战区应分别限止缩小奸军活动区域,逐渐围困歼灭

之。(蒋介石密令师:1945年8月,引自杨天石《寻找真实的蒋介石——蒋介石日记解读》)

师:密令中的"奸军"是谁?

生:共产党的部队。

师:这则密令中显示了蒋介石对于共产党军队怎样的态度?

生:剿灭。

师:同学们,我们注意这则密令发布的时间,1945年8月,正值抗战结束之际,蒋介石已迫不及待地要求各个战区立即分割包围并且着手消灭共产党军队,可见此时抗战硝烟尚未散去,内战阴云已逐渐笼罩。

【环节点评】
教师出示抗战前后共产党军事力量变化的数据与蒋介石对其态度的密令,试图通过历史数据的解读,逐步接近与还原历史的真相。

师:正在此时,毛泽东连续收到了三封来自蒋介石的电报,第三封电报中言辞尤为恳切,一反常态,流露出希望与毛泽东共同商讨国家前途命运的意向。

(教师出示材料四)仍盼先生能与恩来先生惠然偕临,则重要问题方得迅速解决。国家前途,实利赖之。(1945年8月23日蒋介石第三次致毛泽东电,引自杨奎松:《失去的机会?——抗战前后国共谈判实录》)

师:如果你是毛泽东,面对一反常态的蒋介石,你认为是否需要前往重庆谈判?

生:需要。

师:为什么你认为需要去重庆与蒋介石商谈国家大计呢?

生:因为如果不去,蒋介石就会将"内战"的帽子扣在共产党的头上。

师:既然需要去,那毛泽东是否有所顾虑?

生:有。

师:有什么顾虑呢?

生:可能去了就回不来了。

师:是的,正如各位同学所想的一样,毛泽东此时,也在进行慎重的抉择。而正在此时,毛泽东收到了一封来自远方的电报。发报人正是当时苏联的最高领导人——斯大林。

(教师出示材料五)你到重庆去同蒋会谈,你的安全由美、苏两家负责。(杨奎松:《失去的机会?——抗战前后国共谈判实录》)

师:斯大林在电报中说了些什么呢?

生:美苏两国保证毛泽东在重庆谈判期间的安全。

师:虽然美苏两国的保证使毛泽东没有了安全方面的顾虑,但是同学们,你们是否看好此次谈判的前景?

生:不看好。

师:为什么不看好呢?

生:因为蒋介石的方针政策就是消灭共产党,很有可能这是一次假意的谈判。

师:的确如此,所以此次谈判的过程,疑云重重,正如笼罩在迷雾中的山城重庆。

【环节点评】

教师通过出示抗战结束后,蒋介石第三次致毛泽东意欲共商国家前途命运的电文与斯大林致毛泽东电文节选,意图结合时代背景,假设若毛泽东前往重庆进行谈判可能发生的情况,并对重庆谈判的前景加以预判。

师:当飞机降落在重庆,毛泽东即刻向中外记者发表了书面谈话:"目前最迫切者,为保证国内和平,实施民主政治,巩固国内团结。"(毛泽东:《在重庆机场发表的谈话》)

同学们,从毛泽东的书面谈话中,你们认为此时的共产党在重庆谈判中的原则是什么呢?

生:保证战后的和平、民主、团结。

师:那其他国家当时对中国、对重庆谈判的态度又是如何呢?

1945年,苏联驻中国大使曾经表达了这样的意见:"苏联希望看到一个政治上统一的中国……两党应该通过相互让步达成协议。"([美]易劳逸:《毁灭的种子》)

同学们,苏联对中国的态度是怎样的?

生:通过让步,达成协议,维系统一。

师:同年,美国总统杜鲁门表达了这样的观点:"我一直在同那里的两个

政府合作……直至我们能使它们联成一体。"([美]易劳逸:《毁灭的种子》)

师:美国当时对于中国,又持什么样的态度呢?

生:希望两党联合,避免内战。

师:可见经历过二战伤痛的美苏两国和中共都不愿意再次看到战争,所以,共产党提出的原则完全符合国际局势的需要,也反映了普通民众对于战后和平的诉求。那么国民党,对于此次谈判,又持何种态度呢?让我们来看一则蒋介石的日记。

(教师出示材料六)对共方针……对政治之要求应予以极度之宽容,而对军事则严格之统一,不稍迁就。(杨天石:《寻找真实的蒋介石——蒋介石日记解读》)

师:说到这儿,我想问下在座的同学们,你们是否有记日记的习惯呢?

生:有/没有。

师:你的日记会给别人看吗?

生:不会。

师:为什么呢?

生:是隐私。

师:日记是一个人的隐私,也是一个人内心的独白。所以日记对于我们研究蒋介石的真实心态有很大的帮助,具有很高的史料价值。那么,现在让我们根据蒋介石的日记,我们分析一下,国民党此次对共产党谈判的原则是什么呢?

生:政治上宽容,军事上严厉。

师:那么国民党所拟定的谈判原则,是否完全没有谈判的余地呢?

生:也不是,至少政治上,双方可能有可以商谈的余地。

【环节点评】

疑云重重的谈判前抉择,是摆在以毛泽东为代表的共产党人面前的考验。师生通过对毛泽东发表的公开谈话、苏联驻中国大使彼得罗夫的讲话、美国总统杜鲁门的讲话与蒋介石的日记节选等多方史料的解读,揭示了国民党的谈判政策背离了二战后世界主要大国对于反对大战的一致要求。

师：谈判桌前，双方坐定后，共产党代表逐一提出了各项主张，同学们，假设你现在是一位国民党的谈判代表，根据蒋介石拟定的谈判原则，对共产党方面所提出的如下要求进行表态。

第一，确定和平建国方针，以和平、民主、团结为统一的基础，实现三民主义。

生：同意。三民主义是总理遗愿。

师：第二，拥护蒋主席之领导地位。

生：同意，这根本不必说。

师：第三，承认解放区政权。

生：不同意。

师：为什么不同意？

生：因为解放区里有解放军。

生：同意。

师：解放区为什么被称为解放区？

生：因为里面有解放军。

师：那还能同意吗？

生：不同意，同意了就违背了蒋介石的命令。

师：第四，解放区部队编为16军48个师。

生：绝对不同意。

师：没错，当时在重庆谈判中，国民党的谈判代表的态度和各位一样，整个谈判出现了喜忧参半的情况，政治上，双方迅速取得了共识，而在军事问题上，双方始终不肯退让半步，僵持不下。在这样的情况下，蒋介石秘密下令，在上党、绥远地区制造大规模军事摩擦，希望以军事手段逼迫共产党让步。正如同张漾兮的漫画《小距离》一样，毛泽东与蒋介石在"和平、民主、团结、统一"的横幅下，在"团结谈判"的谈判桌上欲握手言和。

(教师出示张漾兮漫画《小距离》，1945年10月发表于《自由画报》，见图1)

图1

师：同学们，他们的手握到一起了吗？

生：没有。

师：为什么没有握到一起？

生：因为蒋介石在"团结谈判"的桌下"关门放狗"。

师：那毛泽东呢，毛泽东是否任人宰割？

生：不是，毛泽东拿起手杖，予以坚决还击。

师：军事摩擦的结果使蒋介石大失所望，共产党在上党、绥远战役中取得大胜，愤怒的蒋介石在10月5日的日记里写下了这样一句话："以根绝共匪……巩固统一为第一。"①此时的重庆谈判还能不能继续下去呢？

生：不能，再无谈判的希望。

师：10月10日，国共双方就之前达成的意向，签署了《政府与中共代表会谈纪要》，并于两天后公开发表，双方承认了之前谈判中所达成的政治共识，对于内战，双方在书面上共同表示必须着力避免，而根据之前的蒋介石日记，同学们，你们认为此时国共双方是否真能如协定中的那样坚决避免内战？

生：不能。

师：为什么不能？

生：蒋介石要打内战，他的剿共态度没有变化。

师：那为什么国民党要签这个协定呢？

生：是国民党的缓兵之计。

师：那么共产党为什么要签这个协定呢？

生：因为无论怎样，这个协定是由政府签订的，代表了政府的态度。如果将来打起内战，就是蒋介石和国民党背信弃义。

师：正如毛泽东先生在回到延安以后，曾经这样评价重庆谈判："国民党再发动内战，他们就在全国和全世界面前输了理。"（中共中央党史研究室：《中国共产党历史》）

就在"双十协定"发表的第二天，蒋介石就在日记中写下："共党若不速以剿除……必贻害无穷……"②，于是国民党方面便调兵遣将，着手发动内战。国民党背信弃义的行为，老百姓都看在眼里。连政府签订的协议都不作数，那什么是作数的？国民党统治下的人心，开始动摇了。

---

① 杨天石：《寻找真实的蒋介石——蒋介石日记解读》，山西人民出版社2008年版。
② 杨天石：《寻找真实的蒋介石——蒋介石日记解读》，山西人民出版社2008年版。

【环节点评】

通过对中国共产党的谈判要点、蒋介石日记节选、毛泽东的讲话与当时的政治漫画等解读,学生认识到对同一历史事件,多方在不同视角会持各异的态度,能折射各社会阶层对于同一事件的不同立场,及其对历史进程产生的影响。感悟在重庆谈判的过程中,共产党代表在坚持保证国内和平、实施民主政治、巩固国内团结的原则前提下提出系列主张的博大胸怀。

4. 史料实证是检验历史认识的重要手段

由于受到研究者的哲学观、历史观、思维方式、认识能力等影响,不同认识者往往会形成不同的历史观点。而要检验一种历史认识或历史观点的正确性,同样需要以史料文本为依据。在中学历史教学过程中,学生也会遇到这样或那样的历史观点,为了帮助学生理解这些观点,也需要学生掌握史料实证的方法,以培养学生"论从史出、史从证来"的意识。例如,我们以两则一手历史史料为依据,运用史料实证方法论证胡锦涛主席对孙中山的历史评价,即《在孙中山先生诞辰140周年纪念大会上的讲话》:"孙中山先生一生追求真理,始终与时俱进……一生不懈奋斗,始终坚韧不拔……一生热爱祖国,始终致力于振兴中华……孙中山先生的一生,是为近代中国的民族独立、民主自由、民生幸福而无私奉献的一生,是为实现国家统一、振兴中华而殚精竭虑的一生。"

材料一:文奔走国事三十余年,毕生学力尽萃于斯,精诚无间,百折不回,满清之威力所不能屈,穷途之困苦所不能挠。吾心所向,一往无前,愈挫愈奋,再接再厉。用能鼓动风潮,造成时势。卒赖全国人心之倾向,仁人志士之赞襄,乃得推覆专制,创建共和。(孙中山:《建国方略》)

材料二:中国数十年来为主义而奋斗者,中山先生一人而已。中国政界中之人格,不屈不变,始终如一者,中山先生一人而已。中山先生真爱国者也;于为国之外,无其他杂念,可谓纯洁之爱国者。中山先生真实行者也;不顾成败,不问毁誉,可谓勇往之实行者……故以有名于世者,中山先生诚中国一人而已。(《申报》1925年3月12日)

学生通过对以上史料研读可以认识到,第一则史料是从孙中山自身的角度,叙述其一生革命经历的艰辛和困苦,充分说明他是一位近代中国为民族独立、民主自由、民生幸福而具有无私奉献的民主革命家;第二则材料则是一家近代报纸对孙中山一生的评价,揭示了他高尚的人格和不屈不挠的爱国精神。这些史料充分佐证了胡锦涛主席对孙中山的高度历史评价。

(二) 史料实证素养养成的五种能力要求

历史的过往隐藏在各种不同的史料之中,后人对历史的知晓和认识,需要史料的论证,这是学习历史最基本的方法,也是历史教学中能力培养的重要目标之一。史料是学者形成历史认识的依据,历史学家借助史料和逻辑方法,按图索骥,层层推演,再现历史的真相。史料解读和历史推论是"史料实证"素养所蕴含的关键能力。全国《义务教育历史课程标准(2011年版)》明确了中学生需要掌握多种渠道获取历史信息、解释历史、重证据、处理历史信息的能力,了解多种历史呈现方式如文献、图表、实物、口述、历史文学作品以及甄别时序与地域、原因与结果、动机与后果、延续与变迁、联系与综合、理解和判断的思想方法。《上海市历史学科教学基本要求(新修版)》在课程目标中也明确提出学生的"核心能力"是史料的集证辨据能力和历史的诠释评价能力。

运用集证辨据的史学方法区别证据的效度与信度,即能区分对史实的客观表述和主观认识;懂得实物、文字、口传等资料的检索和调查访问是获得史料的基本途径;懂得文学艺术作品的史料价值,正确汲取和整理其中的主要信息;懂得"原始资料"与"非原始资料"、"直接证据"与"间接证据"的区别,正确汲取和整理其中的主要信息;通过归纳和比较,发现史实间重大或主要特征的异同点;能透过对史实的表述、评述,知晓其情感、态度与价值取向;懂得用现代科技手段获得的考古信息,其有效性与可靠性取决于这些科技手段的先进性和正确运用;懂得因对象和问题不同,史料的有效性与可靠性会发生变化;不同的史料有不同的历史价值;"有意史料"与"无意史料"的区别,汲取其中的历史信息。其基本内涵是区分表述与评价、史料的一般分类、获取史料的途径、史料证史的路径、史料性质的判断、史料的比对归纳。

诠释评价解释的视角与视野主要有运用辩证法范畴、评人的主要视角、评事的主要视角、评文明成果视角、质疑他人的结论、反思的基本路径,即以史实的内在联系或相同与不同、背景与条件、原因与结果、动机与效果等常用概念,分析、综合或梳理重大史实;从时代特征、社会地位、文化背景、思想认识等方面解释评价历史人物;从时代特征、自然环境、文化传统、社会生活等方面解释评价历史事件;从基本特征、主要贡献等方面解释与评价优秀文明成果;根据一定的史实、史料或视角,质疑有明显缺陷的历史叙述或解释;懂得通过辨别史料性质和检查思维方式,有助于认识历史真相;以联系与区别、量变与质变、主观与客观等概念范畴,比较、归纳基本史实和相关问题;从政治、经济、文化背景,以及历史人物的地位、认识、处境等视角,解释与评价历史人物;从经济、政治、文化、社会等视角,解释与评价历史事件;从创新及社会作用与影响的视角,解释与评价优秀文明成果;根据一定的史实、史料或是视角,对有明显缺陷的观点或评价提出质疑或反驳;通过查证史料及其性质的有效性、可靠性,检验思维逻辑的合理性,反思认识与解决问题过程的正确性和准确性。

借于此,借助史料进行的证史推演可以分解为五种能力要求:即史料信息的提取、基于史料的逻辑推测、着眼再现的合理想象、史料的联系与比较、证据链条的建构。

1. 史料信息提取的能力

首先是解读史料。这是利用史料进行历史教学的最基本的阶段。史料可以增加历史的真实感和培养学生的历史感,使得学生更贴近历史去感受历史事件和历史人物的气息。

利用史料教学的第一步是读懂史料。中国古代和近代史的史料大部分是文言文,所以理解和研究的前提是粗通文字,理解大意。比如讲授郡县制时可以用《史记》中的文字史料:"廷尉李斯议曰:'周文、武所封子弟同姓甚众,然后属疏远,相攻击如仇雠,诸侯更相诛伐,周天子弗能禁止。今海内赖陛下神灵一统,皆为郡县,诸子功臣以公赋碎重赏赐之,甚足易制。天下无异意,则安宁之术也。置诸侯不便。'"[①]这就需要学生理解此段文字的大意,从而知道李斯建议郡县制的缘由,以及秦始皇采用郡县制的目的。第二步是拓展阅读面。教师可利用多媒体技术,或者将重要的文字资料印发给学生,适当地加以点拨甚至引发讨论。比如,讲完"太平天国"一课主要内容后,教师将马克思在1862年对太平天国的评价给予学生:"(太平天国)除了改朝换代以外,他们没有给自己提出任何任务……他们给予民众的惊惶比给予老统治者们的惊惶还要厉害。他们的全部使命,好像仅仅是用丑恶万状的破坏来与停滞腐朽对立,

---

① 司马迁:《史记》,岳麓书社1988年版,第57页。

这种破坏没有一点建设工作的苗头。……显然太平军就是中国人的幻想所描绘的那个魔鬼的化身。"[①]在此基础上让学生讨论应该对太平天国作何评价,从而引导学生逐渐进入学习和研究历史的新境界。

其次是理解与分析史料。这是史料教学最重要的部分,需要引导学生以所学的历史知识为依托,全面分析史料所包含的意义,从而得出正确的结论。如引导学生总结太平天国的爆发原因时,通过以下材料来完成。

材料一:鸦片战争后鸦片大量进口,10 年当中,每年从 3 万箱增至 6～7 万箱,造成白银大量外流,引发了银贵钱贱现象并日益严重。(《中国近代经济史统计资料选辑》,中国社会科学出版社 2012 年版)

材料二:鸦片战争后,洋布、洋棉排挤了土布、棉布:"民间之买洋布、洋棉者十室而九。"(《中国近代经济史统计资料选辑》,中国社会科学出版社 2012 年版)

材料三:清政府为了支付战争赔款和军费开支,极力搜刮,加捐加税。1843—1850 年规模较大的群众暴动有 70 余起,遍及十几个省。(《中国近代史》,江苏人民出版社 2017 年版)

对每则材料通过提问的方法来完成解读:材料说的是什么问题?这个问题出现的原因是什么?会对当时的中国造成怎样的影响?随着问题的逐渐深入,史料也会更接近于真相。在回答问题时,学生则需要利用有关西方列强侵略中国的相关史实。通过对此材料的解读与分析,学生可以更深层次地理解太平天国爆发的背景和原因。

再次是综合分析史料。这是利用史料教学的较高层次,在理解史料的基础上,进一步培养学生对史料的比较、概括、归纳的能力。比如讲对太平天国的评价,学生在了解教材对其评价的基础上,再结合马克思对太平天国评价的资料,可以基本形成对太平天国的较全面和客观的评价,既了解太平天国的积极作用,又了解了太平天国在以社会发展眼光评价的消极作用。从中学生将世界发展趋势和中国近代历史发展趋势相结合,得出比较正确的结论;又培养了学生以辩证发展的眼光看待历史问题的能力。

引导学生关注教材中的表述,教会学生阅读文字史料的方法,即正确地分

[①] 倪英才、吴晓云、杨秀萍主编:《马克思主义经典作家论中国近代史》,贵州人民出版社 2002 年版,第 70—71 页。

析历史材料,提炼观点,从整体上把握材料,从中获取准确的信息。作为基本的史学素养,从史料中提取信息有三个要求:

一是任何文字材料必然有其特定的时空背景和来源,在解读关键信息时,聚焦文字材料所表述的时空信息和切入角度是最基本的方法。如:文字材料的作者是谁?有何身份?该材料形成于何时?出自何处?有什么特殊的时代背景?尤其是针对诠释评价类的文字材料,运用所学的历史知识率先进行时空和角色分析是准确解读材料的前提。

二是重点分析是全面深入解读文字材料的关键,对有效字词的查找与信息提取是最基本的方法。教师应帮助学生准确地掌握寻找并重点解读关键词的方法,包括:反映基本史实的字词,如:时间、地点、人物、事件等历史信息;表达史论观点的评价性语句;能够与其他产生联系、比较的引申部分等。

三是对文字材料的全面深入解读必须从整体出发,不应局限于材料本身的叙述,而是将其置于更大的历史时代背景中去理解,学会对文字材料进行整理和辨析,比较和分析不同来源、不同观点的史料,能够在辨别史料作者意图的基础上利用史料论证来得出观点,做到史论结合、论从史出。

如笔者在讲述华东师大版高中历史第四分册"美国的扩张与强盛"一课时,力图以林肯的生平作为主线,通过其所思、所为、所言的各种史料所描绘的画面展现19世纪上半叶美国的社会图景。明晰美国领土扩张的进程和特点,并进而认识在此过程中美国思想、观念、制度等的扩张,从而理解扩张与强盛的内在逻辑关系。具体教学进程如下:

师:1809年,林肯出生于肯塔基州。当他7岁那年全家搬到了印第安纳州的西南部,并在那里度过了童年时代。大家请看材料:

(教师出示材料一)1816年秋天,亚伯拉罕七岁,汤姆(林肯之父)把他的肯塔基农场换了四百加仑左右的威士忌酒,举家迁往印第安纳州的荒凉林野。([美]戴尔·卡耐基:《林肯传》,哈尔滨出版社2015年版)

师:从这段材料中我们可知林肯父亲的身份是什么?

生:农场主(农民)。

师:林肯的父亲是富裕的农民还是比较穷困的农民?

生:比较穷困的农民。

师:如何得知他比较穷困?

生:汤姆卖了农场了之后搬到了"荒凉林野",有可能说明他生活比较拮据。

师：汤姆不是卖了农场吗，应该有所收入呀。

生：卖农场的收入是四百加仑威士忌酒。

师：为什么不是直接付钱？难道此时的美国不使用货币吗？

生：不是。（思考原因）

生：威士忌酒有可能比纸币更值钱。

师：很好。1792年肯塔基成为一个州加入联邦，相比大西洋沿岸各州经济落后，纸币价值极不可靠。有时候，连牧师都收威士忌酒作为礼拜的报酬。从材料中可以看到，林肯一家新的居住地条件也不好，为什么还要搬迁呢？请同学们推测一下他们搬迁的理由。

生：做了坏事待不下去了。

生：新地方有利可图。

生：自己家的土地被地主强占了。

师：大家发言都很踊跃，其实林肯在后来的自传中是这样说的，他父亲将全家搬到印第安纳州"主要是因为地契上的纠葛"，输了官司，最后丢失了两个农场的所有权。而在印第安纳州，1780年代联邦土地法令规定，联邦政府在移民拓殖之前就必须测量好土地，再通过土地事务总署将其售出。请问这一法令有什么作用？

生：以联邦政府的名义，保障了土地所有权的合法性与合理性，吸引更多农民到西部州开拓。

师：很好。然而好景不长，1830年，当21岁的林肯准备干一番事业时，印第安纳州暴发瘟疫，老汤姆又被迫举家迁往邻近的伊利诺伊州梅肯县，经营一片新的荒地。林肯独自前往临县小镇纽塞勒谋生，做起了土地测量员。

（教师出示材料二）有一次在彼得斯堡，他把一条街道设计成弯的，因为如果按常规把这条街道搞成笔直的话，寡妇杰迈玛·埃尔莫尔家的房子就要划到街心去了。而林肯知道，她和她的孩子们只有一个小小的农场。（《世界历史名人丛书——林肯》，海南出版社1997年版）

师：土地测量员的职责是什么？

生：测量土地。

生：规划道路。

师：如果印第安纳没有土地测量员，更多的穷人会像林肯的父亲和寡妇杰迈玛一样丢失财产,所以土地测量员的另一个职责是解决纠纷。从这件事中我们还能发现林肯是一个什么样的人?

生:是一个善良、富有同情心的人。

师:土地测量员的行为说明当时伊利诺伊州是否已经开发完毕?

生:不是,是正在开发、进行规划中的地区。

师:以印第安纳州、伊利诺伊州为例,此时美国的中西部地区是拓殖者的乐土。林肯一家是拓殖者队伍里的一员。请大家观察林肯一家迁徙图,描述林肯一家的迁徙路线,概述其特点。(出示美国地图和林肯家庭西迁路线图)

生:从东北大西洋沿岸地区出发,向南进入宾夕法尼亚和弗吉尼亚,在林肯出生后从肯塔基迁至印第安纳,最后达到密西西比河流域的伊利诺伊。

生:向西迁徙。

师:林肯一家的迁徙反映了美国领土在18世纪末19世纪初发生了怎样的变化?

生:从独立战争前的大西洋沿岸13块殖民地,扩张到独立战争后密西西比河流域。

师:扩张的总体方向是?

生:不断向西扩张。

师:随着领土的扩张,美国人对国家疆域、人生规划等方面产生了什么新的认识?

生:认为国家的疆域可以通过各种方式不断扩大。

生:西部地区广袤的领土亟待征服。

生:农民不再安土重迁,勇于开拓成为美国人标榜的精神之一。

师:联邦政府以什么方式吸引民众去西部开拓?

生:通过法律、政策引导。

师:西部地区法律体系的完善,进一步保障了私人财产不可侵犯。从另一角度而言,美国的扩张不仅是领土的扩张,还有人口、法律、观念在新开拓领域的建立和扩展,为美国的强盛做了思想和制度上的准备。

(教师出示材料三)1816年秋天,亚伯拉罕七岁,汤姆(林肯之父)把他的肯塔基农场换了四百加仑左右的威士忌酒,举家迁往印第安纳州的荒凉林野。([美]戴尔·卡耐基《林肯传》,哈尔滨出版社2015年版)

(教师出示材料四)有一次在彼得斯堡,他把一条街道设计成弯的,因为如果按常规把这条街道搞成笔直的话,寡妇杰迈玛·埃尔莫尔家的房子就要划到街心去了。而林肯知道,她和她的孩子们只有一个小小的农场。([美]戴尔·卡耐基《林肯传》,哈尔滨出版社,2015年版)

师:上述两段文字材料出自戴尔·卡耐基的《林肯传》,卡耐基是美国著名人际关系学大师,他的成功学著作世界闻名,强调普通人可以通过不断努力最终取得成功。在其他的林肯人物传记中没有对其青年生活非常细致的描写,为什么卡耐基的版本中注重这一点?

生:卡耐基通过青年林肯的事迹,宣扬他善良、刻苦的品质,同时强调他是由平凡的小人物成长起来的。

师:卡耐基强调这些内容的目的是什么?

生:卡耐基把林肯青年时代的努力、勤奋和总统时代的壮举联系到一起,将《林肯传》作为论证自己理论的典型案例,传播自己的成功学理论。

师:我们在学习历史的过程中,要注意史料的来源,不同作者站在不同立场上,对史料的选择和叙述都有着自己特定的目的。

通过课程的学习,学生掌握通过人物所见、所闻、所思、所感表达历史现象变化的技能。通过林肯生平历史细节的呈现和串联,搭建一个19世纪上半叶美国历史图景和框架,形成有情境、有线索的历史课,让学生主动探究人物、国家的命运走向,摆脱固定的因果分析模式和框架。在此基础上完成对美国领土扩张、美国工业革命、南北战争等知识的学习。此外重视培养学生对史料的批判性思考,渗透学习历史、思考历史的过程,学会主动进行"作者怎么说?""作者为什么这么说?"的思考,完成"学史重法"的深层次目标。

2. 基于史料的逻辑推测能力

历史是一门注重逻辑推理和严密论证的实证性的人文社会学科。对历史的探究是以求真求实为目标,以史料为依据,通过对史料的辨析,将符合史实的材料作为证据,进而形成对历史的正确、客观的认识。

从史实到结论的推理,是学习和研究历史必须具备的逻辑思维能力,"史由证来""论从史出"的过程就是逻辑推演的过程。历史研究"在于根据史料而加以间接之推理,非直接之观察也。所有历史之知识均属间接之知识,故历史之为学实属推理之科学,其方法乃一种用推理进程之间接方法也"[①]。

---

① 傅斯年:《史学方法导论》,中华书局2015年版。

"推测",即根据已经知道的事情合理想象不知道的事情。历史是基于史料的解释。将已掌握的有限史料与严密的逻辑相结合,对未知的历史作出合理推测是切实可行的。需要注意的是,推测历史必须要以史料(证据)作为前提。

如新疆和田出土了三件《兰亭序》抄本,考古学家据此推测:在唐代,《兰亭序》已经作为练习书法的习字本在民间流传,不排除这些抄本是当地少数民族所写。这就是历史认知中的合理推测。当然,这些推测是否能成立还需要更多的证据去证明。如果仔细地观察历史文本中的措辞,我们不难发现,推测的合理性也取决于用词的准确性。

例如:迄今为止,最古老的人类化石和石器多数出土在非洲,据此,科学家认为,非洲大陆可能是人类最早的起源地之一。宏伟壮观的金字塔是世界建筑史上的奇迹,它证明了古埃及高超的建筑技术和数学水平;《汉谟拉比法典》原文刻在黑色玄武岩石柱上,石柱上端的浮雕反映出古巴比伦王国"君权神授"的观念;阿尔塔米拉山洞穴壁画透露出史前人类对动物的了解程度及其相互的关系。

推测历史是基于历史不可重演的客观现实与人类意图解释历史发展的主观愿望而采取的认知历史的手段。充分的史料依据是作出逻辑推测的必要条件。

3. 着眼再现的合理想象能力

《现代汉语词典》给予"想象"的定义是"对于不在眼前的事物想出它的形象"。它可以分为以下两类:如果想出来的形象是从未有过的,属于创造想象;如果想出来的形象是曾经有过的,则属再造想象。创造想象实质是"发明";再造想象实质是还原和重现。两者既有共同之处又有区别所在,而历史想象属再造想象。

历史包罗万象、纷繁复杂,虽然历史记载汗牛充栋,但在探讨具体问题时依然会遇到史料不足的情况,如何去编织连续的、立体的、完美的"过去的画面"?怎样去构建真实地、客观地的历史,如果说逻辑推测是基于史料到结论的必然性,要求研究者置身于外做出冷静地分析与科学的判定。那么,合理想象则提供了史料到结论的可能性,是一种基于推测而作出的可能性判断,要求研究者神游于内,置身过去的时空依据事理人情做出合理的猜测和判断,从而将"大胆假设"和"小心求证"链接在一起,让想象成为历史学习和研究的有效手段。历史想象的"主要功能只是用来填补空白和连属的缺环,如此才能求得叙述的连续性、完整性和充实性"①,"没有想象就根本不可能有历史学"。

历史合理想象属再造想象,再造想象的实质是还原、重现,而不是前些年比较热闹的虚拟情景,更不是虚构、"架空"。而借助想象弥补历史中的缺环则要求研究者神游于内,置身过去的时空,依据事理人情做出猜测和判断,从而将"大胆假设"和"小心求证"链接在一起,让想象成为历史学习和研究的有效手段。

学生独立思考能力的提升是建立在学生原有知识经验基础上的,历史建构主义则更加强调学生的主观能动性以及对历史的好奇与兴趣。引导学生历史想象、思考探究的过程,正是史料实证素养落实的关键。合理想象实是一种高级的历史思维活动,包含了形象思维、逻辑思维和创新思维。历史的学习和研究都离不开合理想象,史料实证素养的培养也离不开合理想象。需要注意的是,历史合理想象的关键在于"想象的合理",是在依据现有史料的基础上,对某些情节进行一定的合理想象,但不能违背基本的历史事实。

学生在掌握一定历史现象、概念的基础上,对历史事物进行分析、综合、推理等,以认知人类历史活动的过程,很多时候,作为感性思维的历史想象也可以在作为理性思维的历史推断的基础上进行。例如:讲述统编教材(五·四学制)七年级第一分册"中国早期人类的代表—北京人"这一课时,笔者出示了这样一段材料:"在北京人居住的洞穴中,由上到下发现有四层面积较大而且较厚的灰烬层。最上的灰烬层位于一块巨大石灰岩块之上。这块巨大的岩块上,留有两大堆灰烬。"然后,请同学们针对这样的一段材料想象一下北京人的生产生活状况。

学生们看到这样一个题目先是惊愕,继而展开了激烈的讨论,经过一番唇枪舌剑,学生们基本形成了较为一致的看法:有成堆的灰烬,不仅说明北京人曾经利用石灰岩当作地板居住过,且由于灰烬成堆,没向四周蔓延,才能说明北京人已具备保存、管理火种的能力。甚至,学生还有很多的具体的描述:距今 60 万年前的某一天,在今天北京周口店的山洞里,一群原始人类自由自在的生活着,突然天空阴云密布,下起了瓢泼大雨,一道闪电划过天空,将原始人群生活区域的一棵大树劈成了两半,伴随着雨势的逐渐减弱,大树开始燃烧起

---

① 张耕华:《历史哲学引论》,复旦大学出版社 2009 年版。

来。大雨过后,在燃烧的大树旁边,原始人群发现了一具被烧焦的野狼的尸体,饥饿的原始北京人,顾不得许多,纷纷抓着已经烤熟的狼肉吃了起来!真是美味呀,他们突然发现,用火烤过的肉类食物,远比生食要好吃的多!于是,他们想方设法地开始保存火种。

历史事实是不是这个样子的,我们已无从考证。但是学生们描述的场景,基本上是在一定的历史现象之上的合理想象。这样的想象,不仅让学生掌握了基本的史学知识,重要的是形成了在一定历史现象基础上的合理推断的能力。

历史教学中,我们也可以通过场景的展示,使学生穿越时间隧道,亲身感受和体验真实的历史,从而激发学生的学习兴趣,加深对历史的理解。例如:讲述甲午中日战争这一课时,笔者出示了这样一段材料:当时,致远号被日舰击中,军舰上的炮弹也打光了,邓世昌下令致远号向日本的旗舰吉野号撞去,距离50米左右的时候,不幸被日本的鱼雷击沉了。然后,我请同学们就这段材料写一段小故事,同学们写出来的故事都非常的感人,有一位同学是这样写的:1894年7月15日,注定是一个值得所有中国人铭记的日子。近代历史上第一次大规模的现代化的海战在中日之间爆发了……邓世昌所带领的致远号是北洋海军战斗力非常强大的一艘战舰,从中午十二点到下午十五点三十分,已经奋战了近4个小时,炮弹都打光了,致远舰的舰身也多处被日舰打坏了,舰体开始逐渐下沉。看到这样的场景,邓世昌把全体官兵召集到甲板上,他说:大清国勇敢的士兵们,炮弹我们已经没有了,现在是国家需要我们尽忠的时候了,敌人的吉野号是他们的旗舰,现在就在我们的旁边,我决定开足马力撞沉吉野号,勇士们你们的想法呢?虽然是询问,但是邓世昌知道,他的兵没有一个是孬种。果然甲板上一片寂静,战士们视死如归的眼神已经做出了他们的选择。几分钟后,致远舰开足了马力向吉野号撞去……就在战舰即将撞沉吉野号的同时,由于距离太近,没有躲开吉野号发射的最后的两枚鱼雷,致远舰沉没了!邓世昌身负重伤落水后,他的爱犬拼命地想要把主人带离逐渐沉没的致远舰,邓世昌拼尽了最后的气力,死死抱着他的爱犬一同沉入了涛涛的黄海之中……

真实的历史是不是这样的先不论,学生的小故事最起码体现了浓浓的家国情怀,让人动容。这样的小故事在一定程度上弥补了历史叙事的空白和裂隙,使叙述具有连续性和完整性,使历史变得有血有肉。当然我们把历史想象引入教学中,应该就历史的一些枝叶去想象,一定要强调历史想象的合理性,以提高想象出来的历史的可信度。同时,教师在教学过程中还要引导学生就真实的历史和想象的历史严格加以区分,注意两者间的联系与区别。这样历史想象运用于教学中,才能起到促进教学作用。

4. 史料的联系与比较能力

历史是纵横交错的,"史之所纪,则若干时间,若干地域,若干人物,皆有联带关系,非具有区分联贯之妙用,不足以胪举全国之多方面,而又各显其特质"①。更多的时候,历史研究需要对多则史料进行联系比较,互证互通。史料关联有两个角度:一是纵向角度的联系,也就是提供两则具有前后关联的史料,通过比较发现变化;二是横向角度的比较,也就是针对同一个内容提供两则不同但具有一定关联度的史料,通过比较差异,探讨史料作者的主观立场、时代风貌,进而培养批判性思维能力。

如在讲述上师大版初中教材"空前的民族危机"一课时,张学良在谈及皇姑屯事件时可出示如下材料:

材料一:(张学良)关于东北问题,南京政府不断劝告实行统一合作,政府内部也大体倾向于此。(1928年7月16日《张学良与林久治郎的谈话》,《文史资料选辑》,中国文史出版社2011年版)

材料二:(林久治郎)与南方合作就无异于同我国对抗……(1928年7月16日《张学良与林久治郎的谈话》,《文史资料选辑》,中国文史出版社2011年版)

材料三:(张学良)日方欺我太甚,誓死易帜,即死于青天白日旗下,吾亦甘心。(1928年《国闻周报》第30期张学良言行之记录,《文史资料选辑》,中国文史出版社2011年版)

材料四:(张学良)我说日本人混蛋,也许那时候操纵我父亲能比操纵我容易,他们没想到我这家伙是这样的。(唐德刚编:《张学良口述历史》,山西人民出版社2013年版)

教师通过出示皇姑屯事件一个月后张学良与日方的对话,以及其晚年对此事件的回忆,在对同一历史事件、不同史料的比勘过程中,来窥视当事人(张学良)可能隐藏其行为的真实动因。

---

① 柳诒徵:《国史要义》,岳麓书社2010年版,第82页。

再如在讲述日军发动"九·一八事变"后的"不抵抗政策",教师可出示以下一系列史料进行互证。

材料一:不准抵抗,不准动,把枪放到库房里,挺着死,大家成仁,为国牺牲!(荣臻,9月18日晚致第七旅之指示,时任东北边防军中将参谋长)(杨奎松:《国民党的"联共"与"反共"》,广西师范大学出版社2016年版)

材料二:北平。张副司令钧鉴……无论日本军队此后如何在东北寻衅,我方应予不抵抗,力避冲突……。中正。(洪钫,时任张学良秘书处主任)(《文史资料选辑》,中国文史出版社2011年版)

材料三:采取不抵抗政策,竭力退让,避免冲突,千万不要逞一时之愤,置国家民族于不顾,希转遵照执行。(赵镇藩回忆蒋介石电报内容,时任东北军第七旅的参谋长)(杨天石:《找寻真实的蒋介石》,山西人民出版社2008年版)

教师可设问如下:凭借两位亲历者与一位当事人的回忆,能够坐实"蒋介石向东北军下了不抵抗的命令"的事实吗?接着再出示史料:

材料四:1931年9月18日深夜,张学良在北平召集北平市的东北军高级将领会议纪要(节选):我们本应和他们一拼,不过日军全国的兵力可以源源而来,绝非我一个人及东北一隅之力所能应付。我们是主张抗战的,但须全国抗战;如能全国抗战,东北军在最前线作战,是义不容辞的。我们避免冲突,不予抵抗,……勿使事态扩大,以免兵连祸结,波及全国。(《文史资料选辑》,中国文史出版社2011年版)

材料五:对于日人,无论其如何寻事,我方务万方容忍,不可与之反抗,致酿事端。即希迅速密令各属切实注意为要。(张学良1931年9月6日给荣臻的电报,原电今藏辽宁省档案馆《日人中村案》,杨奎松:《西安事变新探:张学良与中共关系之谜》,山西人民出版社2012年版)

材料六:当时中央给我的指示是,相应处理。不抵抗的命令是我下的,我承认那时判断错误。(1990年12月9日张学良接受日本NHK电视台记者采访,转引自唐德刚:《张学良口述历史》,山西人民出版社2013年版)

教师通过对张学良于"九一八事变"当晚召开会议的会议纪要、事变前与东北军高级将领的电文及其晚年的回忆,在对比史料信度的过程中,对"疑而后信"的思想方法进行补充,对求证事件真相的方法有所了解。

5. 证据链条形成的能力

"治史如断案",西方学者认为,历史研究和法官断案具有相通之处,从史料信息的提取到结论的获得,应该形成一条清晰的证据链条。其间,无论是单则史料的解读,还是多则史料的归纳比对、逻辑的运用、想象的植入都是链条上的一环。这一链条可以比喻成水渠,历史研究的水流沿着这条水渠,将自然流向结论,而不会向别处冲出。建构证据链条是"史料实证"素养的综合体现。一般而言,历史研究证据链的形成需要满足三个条件:一是证据不可少,必须要有适合的、具有关联性和证明力的证据史料,而且一般不止一个;二是逻辑不可缺,证据史料能够通过各种逻辑形式指向结论;三是史料之间能够互相印证,具有协调性、一致性。

真实的历史比小说更加精彩,历史学则比我们所能够感受到的社会还要复杂。作为历史学重要的核心素养,"史料实证"对学史者的要求不仅是掌握多种史料分析和处理的方法,更为关键的是要涵养一种"尊重历史,追求真实"的精神。正如李大钊在《史学要论》结尾处所写的:"我们研究历史的任务是(一)整理事实,寻找它的真确的证据;(二)理解事实,寻找它的进步的真理。"[①]

[①] 李大钊:《史学要论》,北京出版社2016年版。

第五章　历史解释是教学设计的支撑

一、历史解释素养达成的基本方法

(一) 历史解释素养要点的解读

历史是过去的一切的事实和过程,具有不可重复性和不可实验性,所有的历史叙述在本质上是一种对过去事情的解释,既包含了叙述者对史事描述的整理与组合,又体现了叙述者对历史的立场、观念等。培养和发展学生对历史的解释能力,就是要帮助学生在历史情境和当代背景下,思考历史事件、历史人物和历史现象的重要性;了解历史叙事与历史解释之间的关系;以公正的角度去理解历史叙述中不同的历史解释,以辩证的眼光评析历史事件、历史人物和历史现象之间的因果关系;以客观的态度评判人类社会的历史与现实问题,进一步揭示历史解释的意义和价值,从而培养学生叙述历史和形成历史认识的能力。通过区分历史叙述中的史实与解释,知道对同一历史事物会有不同解释,并能对各种历史解释加以评析和价值判断;能够客观论述历史事件、历史人物和历史现象,有理有据地表达自己的看法;能够认识历史解释的重要性,学会从历史表象中发现问题,对历史事物之间的因果关系作出解释;能够客观评判现实社会生活中的问题。

通过历史教学,学生能够辨别教科书和教学中的历史解释;能够发现这些历史解释与已往所知历史解释的异同;能够对所学内容中的历史结论加以分析。能够选择、组织和运用相关材料并运用相关历史术语,对个别或系列史事提出自己的解释;能够在历史叙述中将史实描述与历史解释结合起来;能够尝试从历史的角度解释现实问题。能够分辨不同的历史解释;尝试从来源、性质和目的等多方面,说明导致这些不同解释的原因并加以评析。在独立探究历史问题时,能够在尽可能占有史料的基础上,尝试验证以往的假说或提出新的解释。

为什么历史知识能对学生的思想修养起哺育作用呢？这是因为对历史知识的认识过程中，有正确的观点和方法的引导，有哲理上的思考，从而建立起对历史的自觉认识的需要，进行自我教育的需要。通过历史学习，使学生明白，人为什么而活着才有意义。它不仅给学生历史知识，而且给学生一种人生观的思想教育，学生知道了世界的昨天，更加清楚地认识了世界的今天，更有信心地展望世界的明天。以古为镜，可以知兴衰。从历史中总结经验教训作为我们当前改革的借鉴是非常必要的，它可以使我们的改革不走弯路，得以顺利地进行。通过历史教学，既可以使学生掌握历史知识，了解人类的过去，又能够促进学生历史学科能力的发展和历史意识的生成，提升学生的人文素养和人文精神，使学生学会以全面、客观、辩证、发展的眼光来认识人类社会。历史教学与历史学一样，都强调对历史独特性的认可，以及把历史知识融入于对细节的理解。但是，与历史学不同的是，历史教学在培养"通识性智能"方面，追求个人对历史意义的判断，承认出自个人目的的好奇心，并以此为基础理解历史观点和事件。

（二）历史解释素养的落实方法

在历史学习过程中，我们有时会碰到某史事的"实际结果"与"预期目的"之间的差异问题，如战国时期郑国渠的开凿、西汉初的封国制、隋朝大运河的开通、秦汉长城的修筑等等，这成为干扰学生正确理解历史的障碍，需要教师对相关史事做出合理且充分的解释。历史研究的首项任务是史实考证，这属于"死的历史"，要把"死的历史"变为"活的历史"，需要我们用"历史解释"赋予其生命。意大利学者克罗齐认为：历史史实的考定是"死的历史"，要把"死的历史"变成"活的历史"，就需要历史学者赋予历史以生命，这就是对历史做出解释或说明[①]。即以史料为依据，以历史理解为基础，对历史事物进行理性分析和客观评判的态度、能力与方法。

人类社会及其历史的运动是人的自觉活动的结果，任何历史事件的发生都与人的自觉性密切相关。正如马克思所说："历史并不是把人当作达到自己目的的工具来利用的某种特殊的人格。历史只不过是追求着自己目的的人的

---

① 克罗齐著，田时纲译：《历史学的理论和历史》，中国人民大学出版社2012年版。

活动而已。"①历史学者所生活的社会和时代会影响其所写的历史,克罗齐的名言"一切真历史都是当代史"是不无道理的。关于这一点,爱德华·卡尔也有过著名论述:"历史是历史学家跟他的事实之间相互作用的连续不断的过程,是现在跟过去之间的永无止境的问答交谈。"②

当然,作为历史学者,教师应引导学生分清"既成的事实"与"既定的事实",尊重历史发展的多种可能性。正如张耕华所言:"把既成的事实说成是既定的事实,从而不恰当地将历史中的既有结果,都解释为一种不可避免的必然性,以至于抹杀了历史的多种可能性,这是当代历史学家最不能容忍的错误。"③

当然,在实际情况下,人类社会及其历史运动不可避免会受到其所在环境的影响。从某种程度上而言,人类历史进程与自然界的发展之间也有着一定的相似性。恩格斯在谈到社会规律与自然规律的联系时指出:"历史进程是受内在的一般规律支配的。因为在这一领域内,尽管各个人都有自觉预期的目的,总的说来在表面上好像也是偶然性在支配着……行动的目的是预期的,但是行动实际产生的结果并不是预期的,或者这种结果起初似乎还和预期的目的相符合,而到了最后却完全不是预期的结果。这样,历史事件似乎总的说来同样是由偶然性支配着的。"④

为了培养学生理性分析和客观评判史事的能力,我们既要考虑到历史的目的性和偶然性的相互渗透,又应想到历史与历史学者间的关联性,还须运用"非事实"想象这一工具和方法去研究历史。只有做到这些,我们才可能帮助学生从历史表象中发现问题,理解多样的历史解释,准确把握历史事件之间的因果关系。

课堂中的"历史解释"是学生建构历史的核心途径。下面以人教版"世界反法西斯战争胜利的影响"一课的教学片段为例,谈几点落实方法。

1. 区分"史实"与"史论"

课堂伊始,我的提问是:本课内容有几目?哪些是历史事实?哪些是历

---

① 马克思、恩格斯:《神圣家族》,《马克思恩格斯全集(第二卷)》,人民出版社 1965 年版。
② 爱德华·卡尔著,吴存柱译:《历史是什么?》,商务印书馆 1981 年版,第 28 页。
③ 张耕华:《历史哲学引论》,复旦大学出版社 2009 年版,第 135 页。
④ 恩格斯:《路德维希·费尔巴哈和德国古典哲学的终结》,《马克思恩格斯选集(第四卷)》,人民出版社 1995 年版。

史结论？

生：有四目，第一目空前的浩劫，第三目前事不忘、后事之师，第四目第二次世界大战的历史意义，这三目是历史结论。第二目正义的审判是历史事实。

生：不对，空前的浩劫应该是历史事实。其中提到战争涉及四大洲四大洋、伤亡人数多少等，法西斯的暴行有奥斯威辛集中营、南京大屠杀和"731部队"。这些都是史实。

问题的发生，即教学的开始。此时，教师指出，空前的浩劫是历史结论，其由战争规模、战争损失和法西斯暴行三块史实得出。以史实为依据，在历史叙述和历史理解中，做到"论从史出，史论结合"，就是优秀的"历史解释"。让学生分清"历史事实"与"历史结论"是"历史解释"的前提。"历史解释"可归纳可演绎。从"史实"到"结论"用归纳法，从"结论"到"史实"用演绎法。

2. 运用比较法

在课堂教学中采用比较法是"历史解释"的常用方法。以比较方式进行的"历史解释"更加客观、科学和有效。比如，如何解释"二战给人类带来了空前的浩劫？"教材通过罗列这次战争的规模与损失的数据进行解答。但我感觉就这样让学生得出"空前的浩劫"的结论比较难。建议方案是，通过列表比较一战和二战的规模与损失，让学生得出结论："战争规模空前：战火波及四大洲四大洋；参与国家、作战区域面积都是一战的2倍；生命财产损失巨大：死亡人数是一战的2倍，物质损失是一战的13倍。"这样，学生就能建立起"空前的浩劫"的认知了。

又如，应该如何处理罪孽深重的法西斯分子呢？教师提供了以下材料：

至于惩办战犯如何进行，长时间内莫衷一是。斯大林在德黑兰会议上提出要笼统处决五万名军官。……在雅尔塔会议上丘吉尔建议开列一份主要战犯的名单，在验明正身后予以枪决。……由英国大法官西蒙主持的联合国战争省罪行委员会……它提出了战犯名单，并建议对设他们进行刑法追究。

问题：你觉得哪种主张更有价值？理由是什么？

让学生比较不同主张，选择最佳观点，自主"历史解释"。这不仅能建立起纽伦堡审判、东京审判和法西斯暴行之间的因果联系，还能让学生避免情绪化的选择，提高了"历史解释"能力。这样，学生在正确的价值观指导下，对历史进行客观理性的阐释和评判。正义理应超越情绪。

3. 聚焦于学生疑难之处

学生的疑难之处就是教学的关键之处,历史解释应聚焦于此处。学习了纽伦堡审判和东京审判后,学生就会产生如下的困惑:为什么战后直到现在,德日两国对二战的认罪态度不同?

那么,我们又该怎样进行"历史解释"呢?笔者的方案是列表比较。设计如下表:

类 别	不 同 点		
	被告类型	被告人的选择	刑罚的执行
纽伦堡审判	战犯和犯罪组织	当时德国的全部首要战犯	所有战犯没有被减刑
东京审判	甲级战犯	主导方,天皇免于起诉	战犯可以减刑

教师提出问题:纽伦堡审判和东京审判在这三处的不同会产生哪些影响?在课堂互动中,展开历史解释教学。

这些区别在某种程度上导致了两国对"二战"历史的不同认识:第一,对德国的党、政、军机关和其他组织的起诉和审判,促使德国认真反思本国的战争责任,从而形成正确的历史认识。相反,日本则没有。第二,裕仁天皇逃脱了正义的审判,为日本右翼势力否定东京审判的合法性留下借口,也不利于日本正确认识战争责任。第三,刑罚的从宽执行破坏了东京审判的严肃性,让日本民众对审判的合法性产生怀疑。其后在对战争反思中,国家扮演着"风向标"的角色,如西德总理勃兰特的"华沙之跪"和日本多位在任首相都去参拜靖国神社。这样的"历史解释",定能厘清他们认罪态度不同之因的源流。

当然,解释是一种人为的行为。课堂中的"历史解释"不可避免地将师生个人的知识结构、个人的理解和情感融入其中,难免存在主观性的一面。但在正确的史观下,对同一史实多些视角,提供更多翔实的研究材料,也许能让"历史解释"趋近客观与正确。

(三) 历史解释素养的重要所在

历史解释是指以史料为依据,以历史理解为基础,对历史事物进行理性分析和客观评判的态度、能力和方法。历史解释建立在时空观念、史料实证和历史理解等核心素养基础之上,同时为形成正确的唯物史观这一核心素养创造条件。因此，它能综合体现学生的历史学科素养。

但以上论述只是从一个方面说明了历史解释的重要性。从历史认识论这一深层次角度看，历史解释在高中历史教学中更具重要性。由于"历史"是过去发生的一切，因而作为研究对象（客体）的"历史"具有了一个突出特点——这是一个研究者（主体）根本无法直接面对的研究对象（客体）。事实上，历史学家研究的"历史"并非真实的历史存在，而只是历史存在遗留下来的一部分史料中介，如文献、文物、遗迹、社会习俗和心态等等。但这些史料中介无论多么丰富和真实，其本身却不能构成一个完整的体系，它也不会自己说话。所以，"历史"必须要通过历史学家复杂的思维过程才能显示出来。这种思维过程的结果显然不是真实的历史存在，而是深深打上历史学家烙印的一种历史认识，也就是史学。

自20世纪以来，兰克"再现全部历史真相"的信条受到质疑。现代西方史学理论界普遍认为，在历史认识领域，历史解释是无所不在的，并出现了以波普尔、享普尔为代表的历史的覆盖定律解释观，以克罗齐、柯林伍德为代表的历史的理性解释观，以奥克肖特、雷尼尔为代表的叙述解释观，等等。其中，克罗齐的"一切历史都是当代史"和柯林伍德的"一切历史都是思想史"的著名历史哲学命题已经为大家熟识。唯物史观也认为，历史认识是史学主体即历史认识者经由严格批判（考证）的史料中介而对历史客体即已经发生过的历史事件或过程的能动反映。

由上述分析可知，高中生主要的学习对象历史教材（史学）是而且只是编撰者对"历史"的一种解释而已。但在实际教学中，我们往往发现，由于从小开始就一直受"教师教教材"和"考试考教材"的影响，学生往往把历史教材等同于"历史"；教材的内容就是真实而全面的历史存在。因此，在高中历史教学中，历史解释这一核心素养更显重要。

是否具备历史解释这一核心素养的重要标志是，有没有具备历史解释的意识。如果有人对学生说"从前有座山，山上有座庙，庙里有个老和尚"的故事，他首先思考"从前"是什么时候？"山"是哪座山？这就说明学生有了"时空观念"意识。与此类似，当学生阅读历史教材或其他历史文本某一内容时，如果马上思考"编撰者（作者）为什么要这样解释？""还有其他不同解释吗？"这说明他已经具备历史解释的意识。

高中生历史解释意识的养成不是仅靠一两次的说教或一两节课的灌输就

能够完成的,它需要一个潜移默化的过程。在这一过程中,一个比较好的途径是"用两条腿走路",教师一方面借助平时必修课程的教学不断进行点滴渗透,另一方面借助相关校本选修课程的开发和开设。

以必修课程教学为例。在某教师开设的一节"抗日战争"展示课中,通过四个"思考"即为何会有抗日救国梦?抗日救国梦为什么能够实现?抗日救国梦实现对中国意味着什么?抗日救国梦真的实现了吗?和五种"记忆"即有一种行为叫残暴、有一种精神叫爱国、有一种力量叫团结、有一种评判叫客观、有一种凝聚叫民族这两条线索串联起"一寸河山一寸血——抗日救国梦的再思考"。其中,教师在分析"为何会有抗日救国梦"时,巧妙地引用了《蒋介石日记》中的相关史料来揭示蒋介石在全面抗战前内心所想;在分析"有一种评判叫客观"时,又充分引用了陈钦《我的河山:抗日正面战场全纪实》的相关史料来叙述国民党军队在整个抗战中所做出巨大牺牲。这样的教学使学生对抗战时期的蒋介石和国民党(国民政府)有了不同于教材的新认识,也由此更好地理解了教材的"历史解释"属性。在平时必修课程教学中,教师坚持有意识地引用不同历史解释的最新学术成果,可以逐步开启学生的智慧之门。

再以校本选修课程为例。一位教师曾经开发和开设一门"你所不知道的历史另一面——基于史料搜集、选取和理解的历史解释"的校本课程。在课程开始之初,教师先让学生分组完成并介绍一个学生熟悉的历史人物——袁世凯。然后,教师从史料的搜集、选取和理解三个角度对各组的"袁世凯评述"进行点评;在课程的中段,教师穿插"史料的概念和分类""史料的收集""史料的选取""史料的理解"和"史料的解释"等微型讲座;在课程的完成阶段,教师让学生按组再自行选取感兴趣的某一历史事物(人物或事件),并结合上述讲座内容,以史料为依据,以历史理解为基础,完成"你所不知道的某某历史事物(历史人物或历史事件)另一面",对该历史事物(历史人物或历史事件)进行理性分析和客观评判。教学实践证明,这一选修课程不仅很好地提升了学生学习历史的兴趣,也对历史教材的历史解释属性理解更深。

二、历史解释素养达成的教学实践

(一) 落实历史解释素养的教学设计

20 世纪 70 年代末,中国迎来了伟大的历史转折,党的十一届三中全会在解放思想的基础上,做出了把党和国家的工作重心转移到经济建设上来,实行改革开放的伟大战略决策。为什么一定要改革开放？这是讲述本课的前提条件，但却不是本课的重点。为此，授课教师设计在导言中解决这个问题，通过安徽省委书记万里在大灾之年视察灾区的所见所闻，揭示国民经济已经到了崩溃的边缘，不求变无以为继，变则通，通则久。

家庭联产承包责任制的关键在于解放生产力和发展生产力，这要通过突破旧的人民公社体制的束缚来实现。直接讲人民公社体制的弊端，讲家庭联产承包责任制的措施，学生很难理解，也没有切身感受。为此，在实际操作过程中，授课教师力图避免就概念讲概念，而是通过民谣这一通俗易懂的史料来突出上述问题，最后通过改革开放前后农村发生变化的图片来让学生参与、体验。尤其是对改革开放前后两个婚礼的比较，学生参与研究、讨论，最终形成新的认识。

对外开放学生能够感受到，但是不能理解为什么要开放、怎样开放的、开放有什么好处。为此，在实际操作过程中，授课教师设计了流行语感受变化这一环节。流行语是一个国家某一时代的"口头禅"，在一定程度上体现时代的印记。学生通过对比，也就能够理解为什么要开放、怎样开放的、开放有什么好处。

浦东的开发开放对于上海的学生来讲最有感触，因此，这一部分授课老师主要集中精力通过材料讲清楚浦东开发开放的必要性，讲清楚浦东作为我国改革开放进入新阶段的标志。以下我们具体看一下华东师大版高中教材第23课"改革开放"教学设计简案。

【教材分析】

第七单元"中国社会主义事业的开拓"主要是讲党的十一届三中全会后至今，中国社会主义建设事业的发展历程。主要由三部分组成：社会主义建设事业指导思想的发展历程；社会主义建设事业的具体实践过程；社会主义建设过程中的祖国统一大业。这三部分相辅相成，共同建构起建设有中国特色的社会主义理论和实践框架。

第23课"改革开放"是社会主义建设事业的具体实践过程。主要讲党的十一届三中全会后，随着思想的不断解放，改革开放不断走向深入和成功。它证明了社会主义建设事业指导思想的正确。

从这一课的教材来看，主要由三个子目组成：家庭联产承包责任制开启了改革开放的大幕；经济特区的建立把改革开放引向全面和深入；浦东开发开放则是改革开放走向新阶段和取得显著成果的重要标志。这三个子目共同构成了建设有中国特色社会主义的具体实践过程。

在这个过程中隐含着两个关键问题:随着改革开放的深入,思想也在不断解放,而思想的不断解放又推动着社会的不断进步;随着改革开放的不断深入,邓小平理论逐渐形成,邓小平理论的不断形成又推动着改革开放的不断深入。

【学情分析】

高二学生已经具备了一定的分析问题和解决问题的能力,但是考虑到学生虽是改革开放的受益者,却对改革开放的背景、改革开放的艰辛并不了解和理解。况且,学生还没有学习从新中国成立到改革开放这一段的历史。因此,在教学中尽量不使用过多的概念而是偏重感性材料和对材料的理解。

【教学目标】

1. 知识与能力

(1) 知道包产到户、包干到户、家庭联产承包责任制。理解家庭联产承包责任制在农村解放和发展了生产力。

(2) 知道深圳、珠海、厦门、汕头四个经济特区的建立。理解经济特区是改革开放的一项创举。

(3) 知道上海、天津等14个沿海港口的开放;知道长三角、珠三角等经济开放区;知道海南建省。

(4) 知道浦东开发开放。理解浦东成为我国改革开放进一步深化和取得显著成效的重要标志。

2. 过程与方法

(1) 阅读与理解民间歌谣,强化从民谣类史料中汲取信息、解释历史的意识和方法。

(2) 观察和理解图片,通过对比感受改革开放前后的变化,尝试从图片中感悟历史和分析历史的方法。

(3) 回顾不同时代的流行语,感受改革开放后祖国发生的深刻变化,体味国家的"口头禅"在历史发展进程中的时代印记作用。

(4) 聆听改革开放艰辛历程的叙述,感受思想解放的必要性和紧迫性。

3. 情感态度价值观

(1) 感悟改革开放过程中思想解放的艰辛历程,养成实事求是的良好作风。

(2) 理解邓小平等伟大人物在改革开放过程中的重要作用。

【教学重点和难点】

1. 重点:家庭联产承包责任制和经济特区的出台与建立过程。
2. 难点:中国三十年的改革开放到底取得了什么?

说明:

改革开放的艰辛历程具体贯穿着思想解放这一主线,思想解放是改革开放的前提。这一主线又具体体现在改革开放的具体措施上,因此,讲清了家庭联产承包责任制和经济特区的来龙去脉,也就讲清了思想解放这一主线。

建设有中国特色社会主义的基本思想路线是什么?就是实事求是。所谓实事求是,就是把马克思主义和中国革命的具体实践相结合,走出一条有中国特色的社会主义道路。改革开放的艰辛发展历程,得以不断发展和深化,其最根本的原因就在于坚持了实事求是这一思想路线。

【教学过程】 (略)

(二) 落实历史解释素养的教学实践实录与解析

以华东师大版高中教材第23课"改革开放"一课为例。

导入新课:

师:1979年1月1日,美国出版的、对整个世界有着深远影响的新闻类周刊《时代》石破天惊地将1978年的"年度风云人物",授给了邓小平,标题是:《邓小平,中国的新形象》。

《时代》周刊事后承认,那年的评选,邓小平并不是热门候选人。因为他刚刚复出,中国经济一片凋敝,中国在世界中还微不足道。但就是在这种举步维艰的情况下,《时代》周刊还是为邓小平大胆进行经济改革和主政后的务实而大胆的风格投上了赞赏的一票。

30年后的今天,我们不得不佩服当年《时代》周刊的编辑们作为新闻工作者的敏锐性和前瞻性:邓小平和他开启的中国的改革开放不仅改变着中国,一定意义上也深刻地改变着世界。

30年的历程到底有多艰辛? 30年的历程到底有多伟大? 今天,我们这堂课的聚焦点就在这三十多年改革开放的艰辛与辉煌,一起解读三十年来的改革开放。首先我们把历史镜头定格在1978年安徽的一个小山村。

（教师出示安徽凤阳县小岗村图片）

师：这里是安徽省凤阳县的小岗村，1978年1月30日，安徽省委第一书记万里驱车来到了这里，他走进一家破败的茅舍，一进门就看见蹲在灶口的一位老人和两位姑娘。万里亲切地同他们打招呼，一连喊了几声，老人都未动身。当村干部告诉老人，这是省委第一书记时，老人才缓缓站起来。万里惊讶地看到，寒冷的冬天里，老人竟未穿裤子。他又招呼那两位姑娘，她们也不肯移动半步，村干部说："她们也没有穿裤子，天气太冷只能坐在灶口取暖。"万里鼻子一酸，泪水夺眶而出。他哽咽着说："当年老区人民抛头颅洒热血为革命做出了巨大牺牲，可今天还食不果腹、衣不遮体，解放都28年了，没想到老百姓竟然穷到这种地步。"作为执政党的省委书记，面对解放近30年依然赤贫的农村，面对他治下的人民，万里流下了愧疚的眼泪。同学们，万里看到什么现象他流下了眼泪？

生：看到的是百姓贫穷，穷得连裤子都穿不上。

师：万里又是想到了什么他流下了眼泪？

生：当年老区人民抛头颅洒热血为革命做出了巨大牺牲，可今天还食不果腹、衣不遮体，解放都28年了，没想到老百姓竟然穷到这种地步。

师：万里看到的现象应该出现吗？

生：绝对不应该。

师：结合学过的知识，万里看到的现象出现的因素有哪些？

生：一大二公的人民公社体制下，人民的生产积极性被束缚。

（教师适当引导：当时，我国农村实行的管理体制是什么？这种管理体制下，如何组织生产？产品如何分配？会有怎样的情况出现？）

师：是呀，新中国成立近30年了，人民早已翻身做了国家的主人。然而，翻身的老区人民为何还要挣扎在贫困线的边缘呢？50年代以来的欣欣向荣的现代化建设之花何以会结出如此苦涩难咽的果实呢？这一年的夏秋之际，安徽遭受百年不遇的大旱，不采取措施，百姓流离失所、逃荒要饭的现象会愈演愈烈。以万里同志为第一书记的安徽省委做出了"借地度荒"的决定，凡是集体无法耕种的土地，借给社员种麦种菜。鼓励多开荒，谁种谁收，国家不征统购粮，不分配统购任务。这个大胆的决策，犹如及时雨调动了农民的积极性，也鼓励了小岗生产队的分田到户破土而出。

【实录解析】

大部分老师能有意识地注重"历史解释"这一核心素养的培育,但仍然存在重知识轻素养,重结论轻思维的现象,离课程标准的要求还差得很远。

受"老师教教材""学生学教材"的影响,学生往往把历史教材等同于"历史",认为高中历史教材的内容是真实而全面的历史存在。但事实上,受各种因素的制约,教材的叙述与史实会有些许出入,且随着史学研究成果的不断更新,历史解释也在不断发展,所以引导学生对历史教科书保持清醒的认识和批判性思维非常必要。

在本节导入新课这一过程中,教师通过一段故事性的描述向我们展现了改革开放前,中国农村生活的真实情景。这样做,既是对教材关于改革开放背景的一个补充,又在某种程度上揭示了改革开放的紧迫性和必要性。强国梦是近代以来几代中国人的共同心愿,新中国成立后,以毛泽东为首的第一代领导集体也在为这个梦想和心愿而努力奋斗着。然而,1956年党的八大后,由于受国际和国内各种因素的影响,不切实际的目标与口号,违背社会发展规律和经济发展规律的做法,终于酿成了十年"文革"的惨剧。

在"横扫一切牛鬼蛇神、踢开党委闹革命"的十年岁月里,阶级斗争成为党和国家工作的重心,经济建设中,"宁要社会主义草,不要资本主义苗""割资本主义尾巴"的呐喊声不绝于耳!终于,在探索中,僵化了思想认识;在建设中,僵化了管理体制;贫穷,成了我们不得不面对的尴尬的现实。

环节一:坐牢杀头也心甘

师:1978年11月24日晚,在凤阳县闻名的三靠村"吃粮靠返销、用钱靠救济、生产靠贷款"的小岗村气氛忽然紧张起来,没有背井离乡逃荒要饭的18户农民的户主,悄悄地聚到会计严立华的家里,召开了一个秘密会议。经过整整一夜的痛苦挣扎与思想斗争,一份看起来更像生死文书的土地承包书诞生了。他们发誓,要消灭饥饿,然后,订立了这样的一个包干到户契约。

这个惊天动地的契约,现作为中国当代史的珍贵文物,收藏在中国国家博物馆,藏品号为GB54563。

(教师出示材料一)我们分田到户,家家户主签字盖章,如以后能干,每户保证完成每户的全年上交的公粮,不再向国家伸手要钱要粮。如不成,我们干部坐牢杀头也甘心,大家保证把我们的小孩养活到18岁。(小岗村承包书)

　　师:小岗村村民的举动怎么会有坐牢杀头的危险?让我们回过头来再仔细看一看这份生死文书。问题会出在哪句话呢?这个契约的出现有它的必然性和偶然性,你认为分别是什么呢?

　　生:问题在分田到户。必然性:消灭饥饿;偶然性:国家政策的松动,如:借地度荒。

　　师:分田到户显然违背了当时国家极力推行的人民公社体制。那么,人民公社体制的弊端在哪里?

　　(教师出示材料二)请看两首反映人民公社体制的民谣。"头遍哨子不买账,二遍哨子伸头望,三遍哨子慢慢晃,到了田头忘带锄,再去回家逛一逛。"

　　(教师出示材料三)出工一条龙,干活一窝蜂;工分都平均,大家不用争。

　　师:根据歌谣,想象人民公社体制下的农村场景,同学们能否谈一谈人民公社体制的弊端在哪里?

　　生:农村体制和思想僵化,农民生产没有积极性,平均主义和大锅饭盛行。

　　师:对,体制和思想僵化导致当时农村又是怎样的生活状况的呢?

　　(教师出示材料四)交通靠毛驴和行走,运输靠小车和背篓,通讯靠喇叭和人吼,治安靠柴门和家狗。早晚天天喝菜粥,中午白薯窝窝头,一天三顿难见油。

　　师:善良的农民不知道,就在他们冒着坐牢杀头危险自发的订立生死文书的同时,党中央也在紧锣密鼓地讨论着怎样才能摆脱"左"的束缚,让农民生活尽快好起来,会议的紧张程度是有过之而无不及。这次会议的全称是中央经济工作会议,然而,在长达36天的时间里,几乎都在争论着党的思想路线到底是"两个凡是"还是"实事求是"?结果,同学们都知道了,在紧接着召开的十一届三中全会上,重新确立了实事求是的思想路线,做出了改革开放的伟大决策。

　　农民的举动为改革开放提供了最理想的突破口。又几经反复,我国农村的体制改革终于尘埃落定。1980年的收获季节,万里再次出现在灾区,他挨家挨户看了一遍,只见各家各户能装粮食的东西都装得满满的,有的屋里放不下,就挖地窖藏了起来,大人小孩眉开眼笑。男人们围着万里说长道短,女人们赶紧回家炒花生,然后把热腾腾的花生一把一把塞到客人们的兜里。目睹此情此景,万里禁不住热泪盈眶。小岗村的个案没有大张旗鼓的宣传,但是,已经被人民公社体制束缚得筋疲力尽的广大农民却争相效仿,走上自己的富裕路。

师:同学们,万里这一次看到什么现象他流下了眼泪?

生:农民可以吃饱饭了。

师:万里又是想到了什么他流下了眼泪?

生:(略,学生自由发挥)

师:万里前后两次流泪,给你留下的最大的启示是什么?

生:解放生产力,调动积极性。国家政策的制定要符合实际。党群关系、干群关系等等。

(教师适当引导:帮助学生有所收获,尤其是中国在这一段历史时期的变化向我们昭示了一个真理:马克思主义的普遍真理一定要与中国的实际相结合,才能真正地指导实践)

师:安徽农民自发的包干到户、包产到户成功了,但是,很多人甚至当时一些党的高级领导人对此想不通。当万里向中共中央领导人痛陈农民的贫困绝望、提出非把土地划给农民建立责任田不可、否则无法扭转危局时,领导人不同意,他说只有把人民公社精神更深地灌入农民心中,抓紧阶级斗争,才能振兴农村。两人争论时,叶剑英、邓小平在场。万里得到邓小平支持,邓小平插话时重申了他的"猫论",叶剑英也站在邓小平一边。

当时的中央领导人提出解决农村问题的办法是什么?

生:抓阶级斗争,贯彻人民公社精神。

师:有哪些因素可能影响他主张用这样的办法?

生:(学生自由发挥:毛泽东时代的伟人崇拜、它自身找不到解决问题的办法、不了解情况等等。)

(教师出示材料五:农村改革的推进时程表)

师:1982年,中央一号文件:全国农村90%以上的生产队建立了不同形式的农业生产责任制——专业承包联产计酬、包产到户、包干到户等,都是社会主义经济的生产责任制。

1983年,《关于实行政社分开、建立乡政府的通知》,结束了人民公社体制。

1993年,八届全国人大一次会议将"家庭联产承包为主的责任制"写入宪法。

如果说,以包产到户、包干到户为主的家庭联产承包责任制开启了改革开放的徐徐大幕,打破大锅饭、砸烂铁饭碗。那么,几乎与此同时的对外开放则不断将这种变革引向深入。对内改革与对外开放交相辉映、相得益彰,中国走上了发展经济的快车道。

【实录解析】

历史教育最重要的不是让学生记住历史知识,记住的知识将会随时间的推移而逐渐淡化、归零。历史教育培养学生的历史认识、历史视野、历史思维等综合品质,将会伴随一生、终身受益。知识忘掉不要紧,但学生学会了怎么全面、客观、辩证、发展、动态地看待人世间的人和事。

在第一个环节,教师运用多种手段,尤其是通过对材料的分析和与学生的对话交流,向学生具体解释了为什么会有坐牢杀头的危险?为什么会秘密签订承包书?为什么会有后来的生产大丰收,以及小岗村的巨大变化。

家庭联产承包责任制的关键在于解放生产力和发展生产力,这要通过突破旧的人民公社体制的束缚来实现。直接讲人民公社体制的弊端,讲家庭联产承包责任制的措施,学生很难理解,也没有切身感受。为此,在实际操作过程中,授课老师力图避免就概念讲概念,而是通过民谣这一通俗易懂的史料来突出上述问题,最后通过改革开放前后农村发生变化的图片来让学生参与、体验。学生参与研究、讨论,最终形成新的认识。

环节二:杀出一条血路来

师:谈对外开放,就要谈经济特区;谈经济特区,就要谈深圳;谈深圳,就要谈蛇口;谈蛇口,一位蛇口乃至深圳开放的"拓荒者"袁庚不得不提。

1978年,61岁的袁庚走马上任的招商局是清朝时候成立的。1872年12月26日,清廷批准李鸿章奏折,成立轮船招商局。1950年,招商局香港分公司的13条轮船起义,从此成为交通部驻香港的代表机构。历任交通部部长都兼任香港招商局董事长,所以副董事长便是实际上的负责人。从李鸿章算起,袁庚是第29任掌门人。

瞩目海港码头,萦绕在袁庚心头的是,他能把李鸿章在106年前下的那盘棋,重新走得风生水起吗?

袁庚对招商局和香港进行了一番考察后,就想,如果要发展这个企业,就必须有制造业,要有工厂。

(教师出示香港及其周边地区地图)

袁庚就把想法向当时的副总理李先念报告。去时,他把古今所有的深圳地图都带去,说招商局成立106年到现在几乎什么都没有,现在希望国家能给一块地方。李先念用笔在深圳地图上一画,把南头半岛包括今天华侨城在内的七八十平方公里都划了进去,说:"袁庚,这个都给你。"当时考虑到没钱开发,袁庚不敢要那么多的地方,他跟李先念说,我就要2.14平方公里的蛇口。蛇口开始开发是1978年10月,正式批准是1979年1月,1月31日正式进驻蛇口。当时在中央党组负责进出口的是谷牧,非常支持袁庚为代表的招商局的想法,鼓励袁庚说招商局要在内地开发,就要搞些工厂引进一些外资,打破这个框框。

多年的情报工作,让袁庚养成了读报的习惯,从报纸的字里行间获取信息。香港招商局订了三份报纸:《文汇报》《大公报》《新晚报》。袁庚阅读这三份报纸,虽然觉得比当时内地报纸开放多了,但是他还是觉得不解渴,就跑到楼下买回一大摞各式各样的报纸,既有亲大陆的,也有右翼势力的,甚至还有反动报纸。他看了这些信息,感觉必须得走出去才行。他找到招商局总经理金石商量,决定以招商局名义在香港举行一次盛大招待会。

"让我这张老脸到前台去亮相。"袁庚笑着说。

1978年11月1日,在香港富丽华酒店,举行袁庚的亮相招待会。袁庚身穿崭新黑色西服"堵"在距离扶手电梯一两米的走廊旁,热情地迎候各方来宾。他的夫人临时从北京飞来,一袭白色西裙秀丽端庄,站在夫君右手边不远处。她的旁边站着总经理金石、副总经理郭玉俊以及两三位部门经理。这一天,袁庚的"肢体语言"传递着一种尊重与友好,明白无误地向参会的香港各界人士展示了一位中国官员的风范与礼仪。

霍英东来了,船王包玉刚来了,船王董浩云也来了,中华总商会会长王宽诚也携商会诸多成员一同驾到,一些香港社会名流也来了。他们都收到了袁庚本人亲笔签名的请柬。亲切地握手、问候,"招商局搞开放,你一定要支持啊!"嘉宾们感受到了这位董事长真诚和热度,缩短了彼此内心的距离。

当富丽华酒店可容纳四五百人的大堂几乎全被挤满后,金石正式向香港各界名流隆重推出袁庚。此时的袁庚百感交集,少年时到香港的经历,青年时期在港九的情报工作,抗战后的与英军谈判,此后牢狱之灾也与香港有联系。现在,他又一次踏上了这块熟悉的土地。

为表明他的"表叔"身份,袁庚没用熟悉的粤语,而是用了普通话:"久违了!我是袁庚。在座的人,有些是我的熟人或朋友。我曾经是大陆华南抗日游击队中的一员,在1945年时,我代表华南游击队与英军代表夏将军在这里谈判过,帮助夏将军一同维持过香港的治安。现在,交通部派我来到招商局,出任常务副董事长,希望大家多多关照,多多支持我!"

袁庚的亮相轰动香港。翌日,香港各大报刊对袁庚莅港迅速作出积极反应。有媒体称袁庚的亮相标志着招商局"开放改革提上议程"。有的媒体称穿西装带夫人的袁庚在公众场合露面,是中国正在酝酿重大变革的一个信号,传递着让香港人欢欣鼓舞的中国从此打开大门的信息。此后,袁庚与招商局在香港办事顺当多了,谁会无视这个有着中国背景的窗口的开放呢?

袁庚的亮相,外面相对更容易接受,也是真诚欢迎。可是,内部的思想解放才是更大的问题。80年代,开发蛇口第一件事就是埋葬自内地偷渡香港者尸体。这是为什么呢?短短的10多年,上海、广州的繁华就看不到了,人们都要冒着生命危险往香港跑。袁庚想,这起码很大原因是没有调动每个人聪明才智,我们要当响当当的中国人,政治现代化必不可少。"忘记过去就是背叛历史"!可是怎么才能解放人的思想呢?

在1978年,袁庚曾带着人到香港看三级片,可把手下的人给吓坏了。可以想象,看这样的影片在当时是什么样的结果。但是袁庚说,出了什么问题他负责。结果就去看了。当然,袁庚他们并不是为了去看色情电影。看了一半出来,袁庚对大家说,三级片也不过如此,并告诉大家为什么要去看。袁庚说,大家总是说有些东西是坏的,比如看三级片等,但你自己都不知道,甚至都没接触过,你怎么知道它坏呢,而且坏在哪里,甚至有多坏呢。

看三级片只是一个小故事。当年的袁庚,就是在这些小事情上也在引导大家解放思想,从中可以看出他做事的魄力和细致程度。

提到蛇口,提到袁庚,首先想到的就是"时间就是金钱,效益就是生命"这个口号。这段名言曾传遍整个中国,激励着当时的改革者们。

说到这个口号的来历,还得从袁庚初到香港说起,当时的资本家给"表叔"

身份的袁庚上了一堂很现实生动的第一课。

1978年,袁庚到香港,资本家给袁庚上的第一课是拿钱当钱看。招商局买了一座楼,卖楼方人来了好多,楼下几部汽车停在那里,汽车发动机都没有停。一上去之后,大家一手交货,一手交钱,签字。签完字,对方拿着支票,几个人一道就下去了。只剩下一个老板和招商局袁庚谈善后的事,那张支票用车以最快的速度,马上存到银行里去了。那天星期五,第二天是星期六,银行关门休息两天,星期五15时之前不到银行去交那张支票的话,他们要损失2000万元存3天的利息,当时是几万元。

袁庚说,如果是我们内地的同志,那就无所谓,这张支票就放到家里去。他没有这个观念!这就是第一课。袁庚也坦言,他接触经济工作以前也是一窍不通,但是他发现了经济工作中存在的毛病很多。

招商局下面有不少子公司,一检查,发现支票在家里过夜,大家根本不当一回事,就是内地理财的办法……他很快就把财务换掉了。换上的新财务来了,袁庚就给他讲这个道理,一个礼拜之内他就能够接受。于是,新财务就对财务工作加以整顿,经过整顿以后,用袁庚的话讲是"财源滚滚而来……""时间就是金钱"的说法随之就诞生了。

至于"效益就是生命"的来历,就不是一个故事能说明了。袁庚回忆说,招商局当时有两个修船厂。别人同样的修船厂,船一来,需要多少钢铁马上计算好,什么东西好像两下子就搞好,一拍手好像就能收到钱。而招商局的修船厂好像无所谓,船送来后,上去敲敲打打,至于什么时候修好就不清楚了,总之,给你修好就行了。但是,一条船十天修好和二十天修好,对顾客来讲是大不相同的。所以招商局的两个修船厂当时生意不是很好。这种效率怎么和人家比?这也说明当时的国企职工,脑子里根本就没有效率观念。

这个口号出来后曾引起广泛的争议,"金钱""效益"的说法在当时那可是个新鲜事,人们的完全接受还需要一个过程。这个口号的广泛传播还有一个有趣而有名的故事很值得一提。

袁庚是个很讲究做事方式的人,善于以经济的高速成长来博取中央的支持,这可以说深谙中国为官之道,也可以说他政治成熟。1982年,他让人做了一块很大的标语板,竖在工业区管委会的门口,上面就写着这个口号。

1984年,邓小平视察蛇口,袁庚陪同汇报。邓小平到新建的码头视察,袁庚乘机试探着说:"这个码头会通到香港,可以走4000吨的船。"邓小平讲:"很对。"即将结束时,袁庚说道:"首长,我们在路口竖立一个标语,时间就是金钱,效率就是生命……"话音未落,陪同父亲前来的邓榕答道:"我们在进来的路上看到了。"邓小平接着说:"很好。"袁庚立即回过头来,一本正经地对负责记录的秘书说:"记录下来,首长说:'很好。'"邓小平和在场的人都笑了起来。

一个"很对"、一个"很好",就两句话。一个是对蛇口码头通往香港的肯定,一个是对口号的肯定,也是对蛇口和袁庚的肯定。

此后,这一标语口号风靡全国,成为当时最著名的改革经典语录,在内地改革中引起了巨大反响,也成为蛇口精神,乃至深圳精神、广东精神、改革精神的象征。

1. 特区的建立

师:经历了十年"文革"的混乱,改革开放之初,我们和国外的差距到底有多大?

二战后的三四十年,是世界经济高速发展的时代,各国几乎处于同一个起跑线起跑,经过发展,人家有了高速公路,我们没有,人家有了高速铁路,我们还是没有;亚洲四小龙崛起了,我们还在内斗。那么,是什么羁绊着我们前进的步伐呢?

(教师出示宝安的图片)

师:深圳的前身是广东省宝安县,这里是祖国的南大门,提起广东省宝安县,现在已经没有多少人知道了。一条深圳河将深圳和香港分开,改革开放前,这里是大陆居民逃往香港的最主要通道。然而,对外开放之初这里是全中国的焦点。

(教师出示材料六)

宝安有个罗芳村,河对岸的新界也有个罗芳村。不过,宝安罗芳村的人均年收入是134元,而新界罗芳村的人均年收入是13 000元;宝安农民一个劳动日的收入为0.70—1.20元,而香港农民劳动一日收入60—70港元,两者差距100倍。更耐人寻味的是,新界原本并没有一个什么罗芳村,居住在这里的人竟然全都是从宝安的罗芳村偷渡过去的。

师:仅一河之隔,收入为什么会相差100多倍?下面的一个材料也许会解释我们的疑问:

(教师出示材料七)菜一会多得要烂掉,少的时候又没有菜吃;鱼,市面上都是死的,没有活的;猪肉什么都要凭票供应……到广州郊区番禺县,鱼塘里的鱼全是活的,而广州市场的鱼全是死的。当地的渔民说死鱼活鱼的收购价格是一个价,都是5毛钱一斤,渔民把鱼运到车上要打氧气成本就贵,我当然就要死鱼啊。那么价格能不能动呢?不能动,这是国家规定的价格,价格动了以后市委要受处分。好菜坏菜一个价,100斤菜不能超过4.6元,超过4.6元就是违法了。

师:结合材料想一想:一河之隔,经济发展差距如此之大的主要原因是什么?

大家想想看,在这样的体制下,我们能吃到新鲜的蔬菜和鲜鱼吗?不改变现状行吗?

师:对外开放的时机和突破口终于出现了。1979年4月,广东省的主要领导习仲勋、杨尚昆向中央汇报了工作,还提出了一个设想和要求:要利用毗邻港澳的有利条件,实行特殊政策和灵活措施,加快对外开放和经济建设。结果当时一位领导人就说:如果广东这样搞,那得在边界上拉起7 000公里长的铁丝网。邓小平认真听取了汇报,其实在他脑海里早就思考着一个问题:改革开放需要一个突破口、一块试验场,在这里放手搞,万一失败了也不要紧,就那么一小块地方。邓小平沉思了良久说:这块地方该叫什么?"就叫特区,陕甘宁开始就叫特区嘛!中央没有钱,可以给些政策,你们呢自己去搞,杀出一条血路来!"

师:同学们想一想:第一,深圳搞出口特区有什么优越条件?

生:毗邻港澳,可以吸引技术、引进资金、侨资、设备和管理经验。

师:第二,有这样的优势,为什么以前不利用?

生:毛泽东时代受冷战的影响,关起门来;独立自主、自力更生。

师:第三,那位领导人要拉起7 000公里长的铁丝网在担心什么?

生:担心资本主义的东西如洪水猛兽般袭来。

师:就这样,1980年,党中央、国务院决定在深圳、珠海、厦门、汕头试办经济特区。

2. 对外开放带来的新气象

师:经济特区的"特"在利用一些优惠政策吸引外资,引进境外先进的技术、设备和管理经验。经过一段时间的发展,带动了国内乡镇企业的大发展。与此同时,思想上的矛盾冲突也越来越尖锐。

(教师出示材料八)引进外资,我们的钱都让外国资本家赚走了。引进技术,这是抛弃独立自主、自力更生。引进管理经验,这是让外国资本家剥削工人。特区先富了,全国都穷了。特区是在发展资本主义,广东已经不姓社了……(摘编自马立诚、凌志军:《交锋——中国三次思想解放实录》)

师:在这关键时刻,1984年1月,邓小平南下视察了四个经济特区和上海。在深圳,邓小平登上罗湖商业区的国际商业大厦,看到高楼林立,到处是一片欣欣向荣的景象,兴致勃勃地听着深圳领导人的汇报,脸上露出了欣慰的笑容。

特别值得我们关注的是,在登上了珠海的罗三妹山,下山时,警卫员建议他原路返回,他却斩钉截铁地说:我从来不走回头路。1984年2月1日,邓小平在珠海宾馆,他给深圳特区题词。

(教师出示材料九)深圳的发展和经验证明我们建立经济特区的政策是正确的。(邓小平1984年1月26日)

师:大家想一想:是什么原因让邓小平说我从来不走回头路?

生:特区的发展变化,取得的成就。

师:邓小平是1984年2月1日给深圳题词,但,题词的落款写的却是离开深圳的1月26日,想一想这是为什么?

生:实事求是,深思熟虑。

(教师出示改革开放格局形势图)

师:1984年,中央又进一步开放了上海、天津等14个沿海港口城市。1985年,先后开辟了长江三角洲、珠江三角洲、闽南三角洲、辽东半岛、胶东半岛、环渤海地区等为经济开放区。1988年,批准海南建省。

依据这张对外开放格局图,同学们能否总结出,我国对外开放格局的特点?

生:点、线、面相结合,由沿海到内地,全方位、多层次、宽领域。

师:这个特点体现出我国发展经济的一种什么样的思路?

生:由局部到整体,逐步实现共同富裕。

师:1985年9月邓小平又一次被美国的《时代》周刊选为封面人物。

请同学们仔细读《时代》周刊封面,周刊比较客观地再现了哪些情景?

生:画面很清楚地对毛泽东和邓小平两个不同时代的生活进行了对比。一边是游行的队伍高举着马克思的画像,农民在田里插秧;另一边是忙忙碌碌的上班族、高楼大厦、汉堡包、照相机等消费品。

师：周刊显然错误的地方在哪里？

生：CHINA Moving Away from marx.题目：中国正在远离马克思。

师：为什么说时代周刊明显错了？

生：邓小平领导的改革开放正是体现了马克思主义的实事求是的基本思想路线。

师：非常好，对外开放给中国带来了巨大的变化。

第一，计划经济体制下，人们的日常消费品要凭票证购买，改革开放后人们可以在商场、超市任意购买。城市面貌也发生了巨大的变化。

第二，随着改革开放的进行，乡镇企业和民营企业不断发展壮大。国家基础设施建设也进入了一个新阶段，高速公路网遍布全国。

【实录解析】

历史学本身就是一门对过去进行解释和认识的学科。历史教育的主要功能不是让学生记住很多知识，而是教会学生怎样全面、辩证、客观、发展地看待人类的过去。……历史是什么，不需要学生探究，那是史学家的事儿。我们探究的是怎么看它，怎么解释它。

在这个环节中，教师充分利用材料，从学生能够感受到的对外开放的成果出发，帮助学生理解和认识为什么要开放、怎样开放的、开放有什么好处。学生通过对比，也就能够理解为什么要开放、怎样开放的、开放有什么好处。如果说，农村的家庭联产承包责任制无意间开启了改革开放的大门，它的成功向我们证明了贫穷不是社会主义，社会主义的本质就是要发展生产力、解放生产力。那么，对外开放则在突破思想观念束缚的基础上，向我们展示了让一部分人、一部分地区先富起来，推动共同富裕的深刻内涵。

环节三：发展就是硬道理

1. 魅力浦东

师：对中国的改革开放，社会上至今流传着一句话。80年代看深圳，90年代看上海。80年代，在以深圳特区为先锋的对外开放取得一定成绩、积累了丰富经验后，90年代一开始中央就把目光聚焦在了上海。为什么是上海呢？

80年代后期上海得了严重的"城市病"，道路拥挤，空气污染，人均绿化全国倒数；80万个煤球炉，还有80万个马桶，算一个国际大都市，但黄浦江上发生大雾的时候，船就过不了。（前浦东新区区委常委邵煜栋谈浦东开发）

与此同时，20世纪80年代末90年代初，国际形势发生了急剧的变化，东欧剧变，苏联解体，国内的"左"倾思想趁机抬头，大有覆灭改革开放伟大决策之势，在这关键时刻，改革开放的总设计师邓小平冒着严寒，果敢地挺立在时代的潮头，在改革开放最紧要的关头，支持浦东的开发开放。

（教师出示浦东开发开放前后的图片和材料）

请同学们读教材第112页的小字部分："浦东开发比深圳晚，但起点可以更高，我相信可以后来居上。"（邓小平）

师：浦东的起点可以更高，高在哪里？

生：改革开放的成果、经验、教训，依托上海的优势（定位高：国际经济、金融、贸易中心）。

师：浦东的发展定位会使浦东成为一座什么样的新城区？

生：外向型、多功能、现代化的新城区。

师：你到浦东感受到这种城区特点了吗？

2. 天鹅之舞

师：浦东开发开发的时候，东欧剧变，苏联解体，正是国际形势发生巨大变化之时。国内，围绕着市场经济到底是姓资还是姓社问题，争论越来越激烈，严重影响了改革开放的进行。

1992年，已经88岁高龄的邓小平也在密切关注着局势的发展，他在思考着，从哪里打开突破口，怎样驱散人们心头的疑云，他要最后推中国一把，扭转改革滑坡的局面。留给老人的时间不多了，幸运的是，老人紧紧抓住了机会。南方谈话就是老人的"天鹅之舞"。

（教师出示邓小平南方讲话图片和材料十）判断的标准，应该主要看是否有利于发展社会主义社会的生产力，是否有利于增强社会主义国家的综合国力，是否有利于提高人民的生活水平。计划多一点还是市场多一点，不是社会主义与资本主义的本质区别。计划经济不等于社会主义，资本主义也有计划；市场经济不等于资本主义，社会主义也有市场，计划和市场都是经济手段。（《邓小平文选（全三卷）》）

师：以邓小平为首的中国共产党人的正确决策和领导，使中国的改革开放事业得以顺利进行，并不断深入。经过十几年的开发，浦东已经成为一座外向型、多功能、现代化的新城区，初步建立起国际经济、贸易、金融、航运中心的基本框架。浦东已经成为上海重要的经济增长极，成为中国改革开放进一步深化和取得显著成就的重要标志。目前南汇区并入浦东，形成了大浦东，这必将为整个上海乃至中国的世纪腾飞贡献力量。

师：流行语，是一个国家的"口头禅"。它在大众中口口相传，并有明显的时代印记。

同学们对比一下，60、70年代与80年代流行语，你看到的变化在哪里？这种变化反映了哪些社会现象呢？

生：（自由发言，略）

师：30年前开始的改革开放，揭开了中华民族伟大复兴的历程。这30年是改革开放不断深入发展的30年；这30年是思想不断解放的30年；这30年也是有中国特色理论不断形成的30年。改革开放改变了中国，中国的改变也必将影响整个世界。

【实录解析】

总体来看"改革开放"这一课，教师不仅紧紧抓住"为什么改革开放"和"怎样改革开放"以及改革开放"带来了什么变化"这个最核心的主题线索展开教学，更为有意义的是，突出了历史课程的最大特点——历史的有人、有事、有理、有情、有思的故事！教师自觉地运用了五个故事。从现代课程论的视野看，整个过程是用五个典型的故事"逻辑与历史相一致"地串联起来的，从教学内容上看：

课堂导入：万书记奇遇——母女一条破裤子；

第一环节：小岗村密约——坐牢杀头也心甘；

第二环节：深圳的诞生——杀出一条血路来；

第三环节：走向全世界——发展才是硬道理；

课堂小结：时代的印记——流行语中的心声。

从转变学习方式来看，是让学生经历了一个从聆听、理解教师讲故事，到自己深入、对话和生成故事的过程。正是因为有了这样的学习过程，学

> 生才可能鲜活有神地初晓改革开放的大致历程；懂得其中有过莫大的艰难曲折和小平同志以及当时领导人乃至人民群众的丰功伟绩；体验实事求是、一切从实际出发，走有中国特色社会主义道路的本意和作用。

三、历史解释素养达成的实践启示

（一）历史解释教学的确立原则

《普通高中历史课程标准》对"历史解释"是如此定义的：历史解释指以史料为依据，以历史理解为基础，对历史事物进行理性分析和客观评判的态度与能力。按照这一定义，历史解释必须具备三大要素：

1. 历史解释要有实证的意识

历史解释要有实证支撑，历史解释也要有理论依据。我们经常告诫学生：历史观点的呈现一定要做到"以史引论、史论结合"。我们可以这样说，这里的"论"其本质就是历史解释，通过解释得出自己的主观判断；而这里的"史"，当然就是指历史的史实以及用史实来实证，实证的关键在于"实"与"真"。所谓"凭证据说话""一分证据说一分话"，就是要告诫我们有几分证据说几分话，不能凭空臆造。

而史实证据又是通过丰富的史料来呈现的。因此，历史解释在很大程度上是对史料的梳理和解释。我们不能否认，史实失真、史料不实必然会造成历史解释的偏差，也必然会造成学生核心素养的缺失。例如在"文化大革命"时期，孔子"民可使由之，不可使知之"的思想遭到了严厉的批判，但当时人们对这句话的历史解释基本上是按照这样的思路来梳理的：孔子把人民看作"下愚的人"，所以不可使知，只能让他们听从驱使，以此得出孔子政治思想保守和鼓吹愚民政策的历史结论。虽然关于这句话的句读有不同的版本，如："民可使，由之；不可使，知之。"或"民可，使由之，不可，使知之。"其基本内涵相差不多：即当执政者认为老百姓的道德、行为符合"道""礼"的要求时，就随他去，不要管他；如果老百姓的道德、行为不符合"道""礼"的要求，就要引导他。但笔者认为，要对这句话得出准确的历史解释，就应该梳理孔子一生的思想脉络和民本理念以及孔子说这句话的前后因果。通过这样的求真、求实的探索，我们就会得出不一样的历史解释。综合孔子的一贯思想与主张，孔子不仅没有什么愚民思想,相反,他一直致力于儒家德化政治、顺民应天、开启民智思想的宣传,前者的历史解释实在是对历史真实的误读。如果"从孤证不立"的史学方法来看,作为孔子的忠实信徒,孟子一贯主张民贵君轻,有这种主张的人怎么还会津津乐道于愚民政策呢?因此,历史解释首先要有实证的意识——占有真实、全面、客观和科学的史料并尽可能地用足和用好这些史料。

要用足和用好史料,必须遵循以下准则:首先,克服主观臆断。教学的过程也就是依据课程标准和教材对历史现象进行主观解释的过程,因此,根据教学内容筛选史料是无可厚非的。但一些教师纯粹为了满足学生的猎奇心理,把一些文学加工的影视作品和小说奉为圭臬,以博学生一笑,这是得不偿失的。更有甚者,一些教师根据教学内容的进展,自己"编写史料",这明显是"先入为主"的思想在作怪,你把史料造得再逼真、教学效果再热闹,说不定离史实越远。这不仅不能真正启发学生的历史思维,更会扰乱学生的历史判断,影响学生历史解释素养的培育。其次,切忌断章取义。史料的产生往往不是孤立的,都有它产生的前因后果。但一些教师在教学实际中,往往盲目追求课堂教学的效果,断章取义,舍本逐末。这也是影响历史解释能力的养成的。义和团运动发生时,时人的记载大不相同,如清朝刘以桐的《民教相仇都门见闻录》一书是这样记录的:(团民)"均自备口粮,毫无滋扰。"晚清大臣刚毅的记载更是让人神往:"拳民出死力为国宣难,入京以来,秋毫无犯。"[①]但与之截然不同的是劳乃宣的《奉安杂存》一书:"其党焚杀劫掠,无所不至。"当时的教民樊国果的记载更让人感觉恐怖:"(义和团)劫掠焚杀,愈土匪。"[②]断章取义地选取其中任何一则史料,都不能准确而又全面地反映历史的全貌,也不能客观、全面地对义和团运动作出科学的、符合历史的解释。再次,防止以今鉴古。历史是过去发生的,而历史的解释者则无时无刻不受自己所生活时代的影响。因此,要准确、客观地解释历史现象,就必须跳出时代的束缚,尽可能地置身于历史人物与历史事件的发生当时当地,给他们以合理的解释。梁启超在《五十年中国进化概论》一文中这样描述:"1915年袁世凯公开复辟帝制,遭到全国人民的强烈反对,83天后被迫取消帝制。1917年军阀张勋拥戴清朝废帝溥仪登基,在全国人民的怒斥声中,12天后,复辟丑剧草草收场。任凭你像尧舜那样圣贤,

---

① 沈云龙主编:《近代中国史料丛刊》,台湾文海出版社1966年版。
② 沈云龙主编:《近代中国史料丛刊》,台湾文海出版社1966年版。

像秦始皇、明太祖那样强暴,像曹操、司马懿那样狡猾,再想要做中国的皇帝,乃永远没有人答应。"①用我们现在的眼光来解读复辟事件,感觉不可思议:清政府一夜之间分崩离析、民主共和已经深入人心,作为亲历者的袁世凯、张勋之流为何还会冒天下之大不韪呢?以他们的阅历与智商难道看不出这是火中取栗吗?我们只有把这些历史人物置身于辛亥革命结束时的历史现状中才能得出正确、合理的解释:辛亥革命未能触及封建的儒家思想,帝制以及封建残余还有其生存的土壤,民主共和之路还是非常漫长的。

2. 历史解释需要思辨的能力

历史是过去发生的事,具有不可再现的特点;历史又是由人来解读的,不可避免地带有主观色彩。但是否意味着历史事件就可以随意演绎?历史结论就可以随意解读?历史人物就可以随意戏弄?答案当然是否定的。近代文史大家胡适先生曾说过:"科学的方法,说来其实很简单,只不过'尊重事实,尊重证据'。在应用上,科学的方法只不过'大胆的假设,小心的求证'。"②胡适先生所提的科学方法,实际上就是思辨的意识与能力:在占有大量真实、全面、客观、科学史料的前提下,大胆假设,再运用科学的方法、严谨的思维以及严密的逻辑进行小心求证,力求全面的复盘历史现象,只有这样的解释才是能被大家所认可的。

当前,"抗日神剧"充斥荧屏,其基本思路几乎不变:日本鬼子愚笨弱智、呆傻无能,革命志士勇敢无畏而又无所不能,把残酷、血腥的抗战演绎为儿戏。实际上这是对14年抗战历史的歪曲解释:面对如此无能的敌人,我们为什么还要进行14年抗战?我们为什么还会牺牲3 000多万名勇敢的战士与无辜的平民?这种不符合逻辑的历史解释,缺乏历史思辨能力的历史演绎,其危害性绝不亚于歪曲与捏造历史。因此,历史解释中最关键的就是思辨能力。思辨基于客观与理性,客观发生的历史事件是通过人的主观阐释来呈现的。因此,对历史的解释不可避免地受到主观因素的影响。我们也知道,历史解释要做到完全客观是很难的,但过分主观的阐释又是历史解释的大敌,这就需要我们站在客观的高度,坚守理性的底线,尽可能客观地解释历史事件。要做到此,必须坚守两个前提:

---

① 《梁启超全集(第七卷)》,北京出版社1999年版,第4028页。
② 胡适:《胡适谈读书》,百花洲文艺出版社2016年版,第45—46页。

第一,讲客观就需要避免片面的观点——只知其一不知其二的想法是与客观背道而驰的。农民起义是推动历史前进的动力,这是毫无疑问的。历代农民起义从陈胜、吴广的"王侯将相宁有种乎"、黄巢的"均平"思想到王小波、李顺的"等贵贱、均贫富"和太平天国的"平均主义"思想,农民起义的目标不断在提高,对社会问题的认识程度也在不断深化。"官逼民反"的现状对后来的统治者都带有极强的警示作用,迫使他们调整统治政策,这也就是大规模农民起义后往往出现"盛世"的原因。但我们也应该对中国古代的农民起义进行客观全面的分析:农民阶级毕竟不代表先进的生产力,他们始终不能摆脱"改朝换代"的怪圈——这也就是农民起义为什么往往只能"共苦",却很少能"同甘"的原因之一。同时,从历史发展的长时段来说,他们的破坏性往往大于建设性——流寇主义的作风和缺乏先进思想引领的纲领指导,使他们往往功败垂成。这种客观、全面的认识,能使历史解释者从客观的角度分析问题、认识问题,尽可能还原历史的真相。

第二,讲理性就需要克服偏激的思维,可以说偏激止于理性。革命史观盛行之时,镇压过太平天国运动和义和团运动,签订了许多卖国的不平等条约的李鸿章,在所难逃地被批倒、批臭,并曾经以中国近代史上最大的卖国贼而写入史册。但在近代史观盛行之后,作为洋务派的代表人物,李鸿章又被无限地拔高,在某部历史剧中,李鸿章忧国忧民的形象,让人感觉高大无比。这种偏激的解释都不是核心素养的养育方向。同样,现在"五种社会形态"的说法在历史教学中矢口不提,这种偏激的做法也给中学历史教学带来了一定程度的困惑和混乱。现在中学历史课堂的教学中,古代史已经几乎不呈现奴隶社会、封建社会的字眼,如春秋战国就用社会大变革来替代原先的奴隶社会解体、封建社会兴起,这还能理解。但在近代史中,教师又不可避免地碰到"半殖民地半封建社会"这样的概念,学生就会产生思维的困惑:封建社会是什么样子的?中国到底什么时候进入封建社会?半封建社会又是什么样子的?这些问题不解决,历史的延续感与精确表述就会遇到无法解决的障碍。

思辨成于逻辑与表达,逻辑是正确表达思维或思想的工具,是正确、合理思考的能力。而表达则是思辨能力的最终输出口。要准确而有条理地解释历史事件,就必须对历史事件进行分析、比较、综合、概括、判断、推理并有序表达自己的思考结果和思维过程,这个过程也就是思辨的过程。

首先,讲逻辑要强调严谨的推理。历史事件的解释过程实际上就是对历史事件全面复盘的过程,这个过程需要严密的逻辑和缜密的推论。人民教育出版社历史教材必修1中对宗教改革是如此描述的:"宗教改革在更广泛的社会层面和更内在的心灵角度传播了人文主义。"①那么怎么才能运用缜密的逻辑推论给学生解释宗教改革呢? 马克思对马丁·路德倡导的宗教改革有过这么一段充满逻辑思维的评价:"它破除了对权威的信仰,却恢复了信仰的权威。它把僧侣变成了俗人,但又把俗人变成了僧侣。"②很明显,马克思这句话的含义是建立在马丁·路德发表《九十五条论纲》后所宣传的"因信称义"——每个人可以凭自己的虔诚信仰得到拯救,破除了对原来的权威教会和教皇的信仰,僧侣原先独一无二、起到信徒与上帝之间的阶梯作用的地位也不再神圣。同时,他号召人们信仰唯一的神圣权威——《圣经》,认为个人信仰是建立在自己对《圣经》的独立理解上,人人都可以取得以前僧侣所把控的天主教会神学说教的垄断地位,这就狠狠打击了教会的统治,也跳出了文艺复兴只传播于知识分子阶层的局限,使广大教徒都能感受到人文主义的精神,摆脱教会的强权统治。这样的解释,入情入理,经得起推敲。

其次,讲表达要重视条理的叙述。历史现象纷繁复杂,枝蔓纵横。如何从这些枝枝蔓蔓的历史细节中找出主干,梳理出条理,理清楚脉络,也是历史解释必备的要素。宋元时期是我国历史发展的一个关键时期,它上承鼎盛时期的隋唐、下启逐渐落伍的明清,很多知识分子都曾充满向往地说过:"如果能够选择,我愿意生活在宋代。"这到底是一个怎样的时代? 为什么它会让人们如此神往? 我们可以用"多元文化的碰撞交融与文明的高度发展时期"这一个主题,进行条理化叙述:宋元时期是我国民族融合的又一个高峰,各民族文化与汉族文化进行紧密地交融,我们有史为证:契丹文化——当时乳酪传入中原,契丹服饰在中原广为流行。西夏文化——西夏文化虽然失传较久,但现在正逐步展现其风采。当时西夏冶铁业发达,出现了竖式风箱鼓风,制造的兵器号称天下第一;印刷业繁荣,出土了世界最早活字印刷实物等;其他如制瓷、毛纺织业也非常发达。他们还重视儒学、广建学校、开设科举、创建文字,等等。女真文化——他们仿照南宋改革官制,语言、饮食、服饰"皆习汉风"。蒙元文化——仿效中原,建立行省,发展农业,推广棉花种植,等等。

---

① 《历史(必修1)》,人民教育出版社 2007 年版。
② 马克思:《黑格尔法哲学评判·导言》,《马克思恩格斯选集(第一卷)》,人民出版社 1965 年版。

这一时期,中外交流还十分繁盛,许多中国的古代科技文化成就,都在此时传播到世界各地;宋元时期文明的发展已经达到了相当的高度。宋史专家邓广铭说:"宋代物质文明和精神文明所达到的高度,在中国整个封建社会历史时期之内,可以说是空前绝后的。"①此时农牧文化交融,经济重心南移;城市商业繁荣(坊市界限打破、出现商业街区,出现纸币、商标、广告等新事物,城镇发展);社会生活丰富(诞生传统节日、瓦肆等);文学艺术多彩(词曲的出现);科学技术先进(三大发明及棉纺织业)——当欧洲人还生活在闭塞的封建庄园中,头脑被神学禁锢时,中国社会已经呈现出一片生机盎然的景象,出现了许多"革命性"的举措。这样的条理化梳理,使宋元时期的社会风貌栩栩如生的展现在大家面前,这样的历史解释也是非常具有感染力的。

3. 历史解释需要深层的感悟

感悟,是指人们对特定事物或经历所产生的感慨与体会,是一种心理上活动过程。历史学习的大忌就在于机械读背、简单识记,缺乏对历史事件的理性审视与历史人物的深层对话,这对历史解释的培养是不利的。

首先,走进历史深处是形成感悟的源泉。历史学习绝对不能只停留在书本上、只落实于结论中,要尽可能地还原历史事件的发生现场,尽可能地置身于历史人物的活动时空,了解他们的喜怒哀乐、体会他们的情感立场。民国时期的名士杨度以保皇立宪而闻名于世,因此,我们往往主观地给他套上保守、落后的帽子或者贴上顽固派的标签。但我们应该知道历史人物的性格与特征具有复杂性,不是简单的"好人""坏人"能够区分的。我们必须深入了解历史人物的人生经历、生活时代以及思想主张的产生过程,才能对他加以客观的评判。

杨度生活于改良与革命思潮激烈碰撞的时代,但他对改良立宪情有独钟。他在《君宪救国论》一文中明确表示:中国如不废共和,立君主,则强国无望,富国无望,立宪无望,终归于亡国而已……也正因为坚持这样的观点,在中国同盟会成立后,孙中山力邀杨度参加时,他仍坚持走君主立宪救国道路:吾主君主立宪,吾事成,愿先生助我;先生号召民族革命,先生成,度当尽弃其主张,以助先生。努力国事,斯在今日,勿相妨也②。可见,杨度虽然让

---

① 邓广铭:《谈谈宋史研究的几个问题》,《社会科学战线》1986年第2期。
② 杨度:《君宪救国论》,刘晴波主编:《杨度集》,湖南人民出版社1986年版,第566页。

人感觉有迂腐之意,但拳拳救国之心还是跃然纸上的。我们可以说他不能顺应时代的潮流,但不能否定他爱国与救国的举动。立宪失败后,他的思想也发生了很大的改变,逐步倾向于民主共和。甚至在晚年白色恐怖盛行之际,加入了中国共产党。曾有人说他投机,但他说:方今白色恐怖,云何投机?[①] 可见,走进历史人物的深处能让我们更加清晰地感受他们的心跳,抚摸他们的脉搏,与他们同呼吸、共思考,这种叙史见人、论史求通的历史解释更具吸引力。

因此,教师在讲述历史事件时,就可以以某一历史人物为线索,贯穿其时代背景、所思所行及其产生的社会影响。笔者在讲述戊戌变法这一内容时,以康有为为核心和线索进行探讨。19世纪末的中国,正处于中西交汇、新旧激荡的大变局时代,康有为就是这个时代的焦点和缩影。他的思想新旧杂糅,他的主张矛盾交织,这正是处于转型期的时代赋予他的特点。而这样的特点使他托古改制的近代化改革步履维艰。他的所为浅尝辄止,他的结局迷茫踌躇。康有为最大的问题是时代带给他的,不能苛求他超越他的时代。戊戌变法的失败体现出时代特点下的个人际遇和近代社会转型的艰难性。整个教学过程设置如下四个环节:

环节一:生平经历　新旧交替(所因)

环节二:著作主张　中西杂糅(所思)

环节三:变法实施　浅尝辄止(所为)

环节四:人生际遇　迷茫踌躇(所果)

处在新旧交替、社会转型时代背景下的康有为(所因),其思想不可避免新旧杂糅、其主张无法摆脱矛盾交织的现象(所思),导致其变法只能浅尝辄止(所为),最终其人生志向无法实现,也不知如何去实现,陷入迷茫踌躇(所果)。同时借以大量、多元的史实论证,如此的历史解释何愁学生不能理解,其核心素养不能发展。

其次,感悟的关键在于形成自己观点。历史解释绝不能人云亦云,了无新意。在当前的中学历史教学中,跟风的现象比较普遍,这对自己观点的形成是非常不利的。在旧的中学历史教材中,讲述中国资本主义萌芽的历史时,往往会出现这样一个争议性的讨论题:如果没有"欧风美雨"的渗入,中国能否独

---

① 何汉文:《杨度传》,湖南人民出版社1979年版。

立发展成资本主义社会？原先设计该问题基本上有一个共同的结论——即使没有"欧风美雨",中国也是会发展资本主义社会的,是西方的入侵打断了中国资本主义萌芽的道路。但现在由于史学界对"欧风美雨"对中国资本主义萌芽的影响逐渐占有压倒性的优势——没有"欧风美雨"中国很难发展到资本主义社会。因此,现在的教材几乎不再出现原先的争议性问题。实际上这种"一刀切"的做法也是值得商榷的,让学生对这些问题进行商榷、争议有何不可呢？这种争议和商榷的过程最能培养学生的历史解释素养。类似这样的争论实际上还有"辛亥革命到底是成功还是失败？",等等。

课堂历史教学中,学生对历史的感悟,源于教学的重难点,而教学重难点的确立,固然基于内容主旨的设定,但从上位视角,应当关注到中学历史课程的内涵,即"人是创造历史的主体"的基本观念,强调"人是认识历史的主体"这一思想方法,因此无论是课堂教学还是课后作业,都需要引导学生理解历史认识的形成过程,养成"论从史出"证据意识,而基于历史证据的表述背后,传达的是对逻辑意识的关注。

仍以初中统编教材(五·四学制)第三分册第二单元"近代化的早期探索与民族危机的加剧"为例,在"时空观念是教学设计的线索"章节,"以有效设定的教学目标来落实时空观念的核心素养"的论述中,笔者曾设计过如下的作业评价:

根据所学知识,将"甲午中日战争示意图"中字母代表的内容填入表格相应位置。

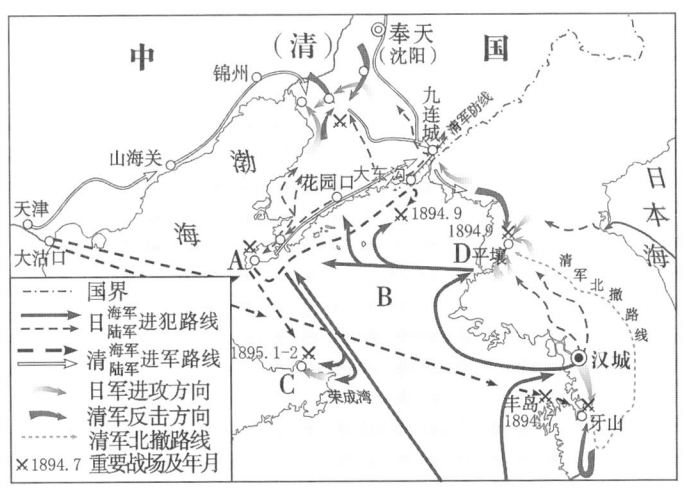

时　　间	事　　件
1894年初	朝鲜东学党起义,清廷应朝鲜国王请求帮助镇压
7月	日军进攻驻守_____的清朝军队
	日军于丰岛海面袭击清军运兵船
9月	日军分多路围攻平壤
	日军与北洋舰队于_____展开激战
1894年底	日军攻占_____后展开大屠杀
1895年初	日军攻占_____,北洋舰队全军覆没

本题在廓清单元结构的前提下,明确中国近代化早期探索的过程是对民族危机不断加剧的回应,中国逐渐沦为半殖民地半封建社会的过程,也是中国蹒跚走上近代化道路的过程的单元主旨基础上,就大致知道"甲午中日战争的战争过程"这一具体教学目标而进行落实时空素养的作业设计,接"理解清政府在甲午中日战争中的惨败,宣告了洋务运动这一中国近代化早期探索破产"的教学目标,就前题的表格末行作进一步的设问来有效落实历史解释这一核心素养。

前题表格中于"1895年初,日军攻占威海卫,北洋舰队全军覆没",意为甲午中日战争终结于"北洋舰队全军覆没"。但另有观点认为这场战争的终结应以"中日签订《马关条约》"为标志,两种说法各有道理,你赞同哪一种说法?简述理由,并说出另一种说法的可取之处。

所有历史叙述在本质上都是对历史的解释,本题设计的目标便侧重于如何理解对同一史事不同的诠释与评价。学生若需完成本题,需要调动已有的史学知识,对"战事终结"拟定标准,而对于标准的表达,业已传达了学生对不同历史解释的看法。由于本课属初中课程,学生的认识水平尚处于较为初级的阶段,因此在本题的评价标准上,学生能够依据相关史实加以解释,自圆其说即可。

学生若以"停火"作为战事结束的标志,则说明学生对战事的理解仅停留于战事本身。若在作业中此类回答大量出现,教师便需要反思在课堂教学过程中是否过分注重了对战争过程的叙述而忽视了解释战后两国发展轨迹的差异。

本题的设计意图在于让学生借此意识到北洋舰队是以李鸿章等人为代表的洋务派苦心经营成果，是洋务运动近30年以来至为关键的成就，"舰队全军覆没"代表着洋务运动的破产，事实上也意味着这场以"中体西用"为核心理念的自救改革的失败，这场中日双方一赌国运的战争也就此画上了句号。而若以《马关条约》签订作为战事终结的标志，则更关注于战后两国国运的对比，《马关条约》无疑是一杯中国数百年来忽视海防酿成的苦酒，但毋庸置疑，19世纪末是为中日两国社会转型的关键时期，这一时期骤然而至的巨额战争赔款、繁苛不平等条款与巨大的国际影响断送了晚清这场王朝自救的改革，某种程度上，甲午中日战争也就此"终结"。

因此，从历史认识的角度，设计关注对于史事的诠释评价，建立对历史人物和历史事件的观点和看法，从而达成对历史的感悟是课堂历史教学中所不可或缺地。

（二）落实历史解释教学的基本实施策略

中学历史教师一般很少能像大学专业从事历史研究的历史专家一样提出新观点，发现和研究新史实。中学历史教师的主要任务应该是把专家们研究的成果以教材为载体，通过自己的理解与内化，运用通俗的语言和得体的表述，把繁杂的历史知识和合理的历史思维渗透给学生，提升学生学史的方法和能力，帮助学生形成积极的、符合社会主流价值的人生观与价值观。因此，中学的教学有较为严格的目标设定与内容要求，不可能泛泛而谈、海阔天空，也不可能漫无边际、随心所欲。学科核心素养的提出，给广大中学历史教师提出了一个全新的命题，但也带来了极大的挑战。这些学科核心素养如何在课堂教学中贯彻实施？我们说三维目标不够严谨、科学，那么教学目标是否还是需要提倡？在核心素养的大背景下，怎么落实我们中学历史的教学目标？对一线历史教师来说，了解核心素养的基本内容固然重要，但他们更为关切的是学科的核心素养在课堂教学中应该如何有效渗透、怎样有效落地。如果停留在泛泛而谈的角度，就会陷入添标签、记概念的误区，对中学历史教学的启迪意义是不大的。我们可以遵从以下策略，培养学生的历史解释素养。

1. 站在课程的高度

要培养学生的历史解释素养，就必须纠正一个传统的思维定式，即教材是一切教学的依据和蓝本。如前所述，许多教师对课程改革的理解就停留在教材的变动上,缺乏从课程的高度来认识课程改革。正因为如此,讲授教材知识、考查教材内容就被教师奉为圭臬,历史解释也就失去了多视角、多角度的乐趣,学生唯教材结论是从,影响了课堂教学的有效性和学生核心素养的养成。我们应该知道,教材是课程知识呈现的一个载体,是教师进行学科教学的一种依据,但课程则不同。

首先,相较于教材而言,课程的资源更为丰富。可以这么说,凡是有助于学生学习的资源,都属于课程资源——教材的资源有限,课程的资源无限。要能让学生形成严谨的历史解释素养,就必须尽可能地拓宽学生的视野,丰富他们的内涵积淀,培养他们的求证意识。如文天祥与《正气歌》已成为耳熟能详的经典,但学生对这些英雄人物往往带有机械的、标签式的解释与崇拜,如此解释必然不能真正打动学生的心灵。我们可以引导学生充分利用课程的其他资源,收集有关文天祥的生活轨迹,让学生还原文天祥的心路历程,这样就能让人物形象更加鲜活,历史解释更加真实。作为南宋状元和官僚阶层,文天祥早年也曾过着骄奢的生活——"声乐满于前",但一旦元兵南下,国破家亡之际,他立即"毁家纾难",过上了颠沛流离、九死一生的抗元生活,真正称得上是妻离子散,其斗志之坚定、斗争之艰苦,从《指南录后序》一文中可见全豹。有多少人面对这种断崖式的生活剧变会逐渐丧失斗志与信心,而文天祥的行为已经展现了自己的不凡。但文天祥更加伟大的是在他被俘后。古人云:"慷慨赴死易,舍生取义难。"洪承畴被俘后也曾有过慷慨赴死的想法与表现,但在高官厚禄以及美酒美色的诱惑前,败下阵来,让人不齿。而文天祥面对南宋恭帝以及忽必烈的亲自劝降、面对长达两年多的囚禁折磨、面对高官厚禄的诱惑,淡然赴死,唯有舍生取义的精神支柱,才能造就文天祥的伟大。这样的历史解释是从教材里无法得到的。

其次,相较于教材而言,课程的整合度更高。实事求是地说,教材的知识是平面的,教师要进行有效教学也必须对教材进行统整、补白与完善,把平面的知识转化为立体的认识和历史的见识。但由于教材的资源有限和教材内容始终存在滞后的因素,就需要教师从课程的高度进行整合:引入新史料和新成果,拓展学生的思维;联系现实与社会,渗透时代精神;联系其他课程知识,拓宽学生视野。在地化是相对于全球化而来的另一种趋势和潮流,是指一个地区或国家,任何一种经济或商品流动,必须适应地方需求,才有可能加速发展。历史教学中如果运用在地化的理念,也能更好地整合教材,进行科学的历史解释。如杭州是一个历史文化名城,有丰富的在地化资源,如果我们能把宏观的教材知识与微观的地域文化有机结合,就能使历史解释更有说服力。五四运动爆发后,迅速在全国引起了很大的反响,浙江第一师范(今杭州高级中学)掀起的"一师风潮",可以说就是五四新文化运动的延续与深入,是浙江新旧文化和新旧思想的一次交锋,为中国革命培养和造就了一大批骨干分子。这种在地化的整合,能使历史解释更加接地气,更有说服力。

再次,相较于教材而言,课程的评价更多样。如果仅以教材的知识来评价,知识点的掌握就成为一条主要的指标,纸笔考试也成为较为容易操作的手段。而课程评价就不一样,学生课程资源的收集、整理、辨析情况,学生在架构课程的过程中所体现的素养与意识是纸笔考试所无法替代的,这就需要寻求多样的评价方法来完善学生的综合素养。在中学历史课堂,教师可以把纸笔考试和日常表现有机结合,充分挖掘历史辩论课、历史故事课、历史小论文比赛多种教学形式,让学生的历史解释素养得到充分展现。如果教学时间紧,无法单独安排这样的课型,也可利用课堂五分钟等时段,精心设计解释主题,如"我所认识的文化名人""我所看到的不一样的历史事件",等等。让学生充分利用课程资源,完成历史解释,教师再给学生以综合的评价,这样的教学才会真实、有效,这样的课堂才会生动、活泼。课堂教学的过程就是学生建构课程的过程,也是学生在教学经验中不断生成经验的过程。教师更应该引导学生收集课程资源、整合课程知识、形成学科认识和见识。

2. 发掘学生的活度

课堂教学气氛的沉闷与学生主体意识的弱化是历史解释素养养成的主要障碍,虽然以学生为主体的教学理念已经众所周知,但我们也必须看到,理念的表述容易,实践的渗透较难。课堂教学教师满堂灌的现象时有发生。尤其是在课堂中经常能看到学生被动学习的场面——唯教材结论是从、唯教师讲述是从。有时一堂课下来,学生说得最多的一句话就是:"老师,讲慢点!我还没抄好!"这样的课堂,不仅学生缺乏基本的主体意识,也很难养育以理性、客观、思辨为基本特征的历史解释素养。因此,发掘学生的活度成为历史教学的主要方向,正如叶圣陶先生所提倡的,他并不称赞某老师讲课时有怎样的最高艺术,最要紧的是看学生,而不是光看老师讲课[①]。要发掘学生的活度,我们必

---

① 叶圣陶:《叶圣陶语文教育论集》,教育科学出版社 2015 年版。

须把握课堂教学的两个前提:

首先,要有对话的意识。德国的克林伯格认为,在所有的教学中,都进行着最广义的对话,不管哪一种教学方式占支配地位,相互作用的对话都是优秀教学的一种本质性标识①。对话教学应该体现以下基本理路,围绕对话双方都感兴趣的话题,运用辩证的思维和已掌握的旧知,不断相互启发、产生新知。它不是零散的、细碎的问题交流,而是长期的、深层的思维碰撞,这对历史解释素养的养育是绝对有好处的,也是克服"满堂灌"教学的有效克星。

如华师大版教材"罗马法"这一课,涉及的知识概念多——包括习惯法、成文法、公民法、万民法和自然法等;需求的现实联系广——罗马法的精神对依法治国的现实到底有怎样的需要和启示;激发的学生兴趣浓——古罗马的辉煌总能让学生神往。为此,设计对话的主题,培养对话的意识,成为这节课的有效途径。我们可以让学生阅读教材后进行自主梳理:你认为这节课可以形成怎样的阅读框架?在阅读中需要老师给你怎样的指导?习惯法、成文法、公民法、万民法和自然法等知识概念你是否都了解和理解了?在师生的不断对话中,师生共同构筑了罗马人的法律从习惯法(约定俗成,属于祖辈传承的行为规则。但贵族往往垄断立法权并随意曲解法律)——成文法(《十二铜表法》是第一部成文法,使法律有章可循,打破了贵族对法律的垄断)——公民法(是平民斗争的结果,使罗马公民的地位提高,激发了他们的爱国热情与参政积极性)——万民法(是罗马帝国扩张的产物,适应了社会发展的需求),如此,罗马人的法律逐步完善。学生能够梳理出这样的一个罗马法律的基本线索,附加上年代、编制好时间轴,就会对学生的历史解释产生积极有效的帮助。但在对话中,学生往往不知道应该如何纳入"自然法"这一概念。教师则可以根据学生的需要出示两则史料,双方一起对话、师生共释。

材料一:法是一种自然的权利,是理智的人的精神和理性,是衡量正义与非正义的标准。(西塞罗:《国家篇 法律篇》,商务印书馆1999年版)

材料二:自然法是一种昭示了绝对公理和终极价值的正义论。在西方文化中的 natural,指的是一种不随人的主观意志而改变的客观世界。"natural"是永恒的,无条件的,这就决定了人权的普适性。(菲尼斯:《自然法与自然权

---

① 转引自陈惠芳:《小学数学生态课堂对话教学的现状与对策》,《江苏教育研究》2012年第23期。

利》,中国政法大学出版社2005年版)

　　通过对这两则材料的解读,师生通过共同对话可以得出:罗马法之所以对后世影响深远,不仅在于它法律的完备——万民法等法律构筑了古代最为完备的法律体系。罗马法之所以能被后人所景仰,关键在于他们的法律之魂——自然法所蕴含的、具有普适性的法律精神。正像法国历史学家内莫在《罗马法与帝国的遗产》一书中所说:罗马人通过法律创造了个人的权利,而让其他个体或集体都尊重这些权利[①]。中世纪以后的所有政治体制在设想和构建的时候都会考虑以人的存在为准绳。只要不以人为本便没有一个政治体制能够长久地得到认同。这就是对罗马法最好的解释。

　　其次,要有质疑的精神。教学不仅仅是传授一些知识,而是要教给学生"社会的、智慧的、道德的价值",而这种价值是经过质疑精神而获得的。

　　众所周知,"素质教育是以人(受教育者)为出发点,以人的身心发展为目的,注重人的独立性、积极性、自主性和创造性等品质"[②]。随着互联网+和知识经济时代的深入发展,素质教育的内涵也就注入了崭新的内容,就是以培养学生的创新精神和实践能力为重点。为此,我们的教育就必须转向致力于"要善于发现和开发蕴藏在学生身上的潜在的创造性品质"[③],这既是时代的发展对人才需求标准提出的一个重要变化,同时也是时代的发展赋予教育事业的一项紧迫使命。

　　质疑的主要表现为不拘泥于"定论",强调多角度思考问题。在历史解释时,我们往往会误解,认为"观点"是现存的,无非是书上那些性质、意义、作用、影响等。这样我们就进入了误区,进入了要求学生由事实记忆向"观点"记忆转化的怪圈,须知历史事实无法改变,但不同阶级、不同时代的人对其看法肯定是不一样的。与此同时,我们还不能否认个体认识的差异性,所以教师在充分承认学生的个体认识过程后,必须加强对课本隐性知识和隐性联系的挖掘与揭示,利用(或依托)课本所提供的历史知识去创设问题情景,有目的的设计一些有梯度、逐级抬升,能引起学生共鸣的题目,尽可能地激励和引导学生打破思维定式,激发学生的问题意识,让学生产生疑问,培养他们发散性思维(指

[①] 内莫著,张竝译:《罗马法与帝国的遗产——古罗马政治思想史讲稿》,华东师范大学出版社2011年版。
[②] 藏铁军:《考试与素质教育》,《中国教育报》1997年7月26日。
[③] 赵恒烈等:《历史学科的创造教育》,山东教育出版社1997年版。

思维主体在开展思维时,围绕某个中心问题向外延伸辐射的思考和联想,根据已有信息,从不同角度、不同方向思考问题,从多方面探索多样性答案的一种开放式、求异的思维形式),大胆发表自己的独立见解,为不同素质的学生提供一个展示其个人禀赋的宽阔舞台。学生对各种历史人物、观点或书本的质疑就是一种创新,所以我们可以说激疑是创新的基础和核心,当然我们还应防止怀疑一切的态度。

但是我们又不能拘泥于课本,还应把史料引进课堂,让学生"用自己的眼光看历史,同时承担起培养学生阅读等方面的基础学科能力的责任"①,用史料和问题创设新的历史情境。学生作为这一特定环境下的决策者,就必须结合教材和史料体验历史情景,并对他所面对的众多材料进行选定、解释,而历史事件或者历史现象它本身具有的特点就是有着明显抑或是不明显的前因后果以及进程,因此学生在作出选定、解释时,无形中就加强了思维的过程,这个过程就是精神探险的旅程。在这个心灵的旅途中,学生不仅仅是被动地接受历史教育,更是在自己的精神世界中构建一种对认识和社会的终极关怀。而且在参与的过程中,学生说出的正是他们对历史最直观、最真切的体会,反映出他们成长中认识事物、处理问题的一般态度和方法,使我们可以有的放矢地开展教学活动,在师生的教学过程中建立真诚、理解、民主、和谐的心理氛围,使学生的认知结构得以改组或"再建",体现出人文基础学科的人文精神。

当然我们通过质疑、解疑,更深一点还存在疑问,留到以后的学习生活中去解决,历史教学的意义不在于得到一种科学的结论,重要的是在这个过程中,培养了学生实事求是解释、评价历史,全面、具体分析问题的能力,鼓励学生有创见地回答问题,大胆发表自己的独到见解的勇气,在潜意识中鼓励、培养学生质疑、辩难,不唯书、不唯上、只唯实的人文精神,培养学生"求真"的意识,同时在"求真"中构建学生诚实的人格。

如"霸王别姬"的故事同学们几乎都耳熟能详,许多学生甚至都能演绎霸王悲歌与虞姬和词。但真实的史书是否有这样的记载呢?在让同学们查阅《史记》《汉书》等史著后就会发现,两部正史都没有提及虞姬自刎这一细节,甚至都未能提及虞姬的结局,这一悲情唱和一幕,是后人"以常情度之而已"。后人甚至对虞姬的和词"汉兵已略地,四面楚歌声;大王意气尽,贱妾何聊生!"加

---

① 王钢城、李新生:《史料教学模式的探讨》,《历史教学》1998年第5期。

以考证后得出,认为当时不太可能出现这样成熟的绝句。通过这样的引领,让学生发现问题,寻求实证,重新解释似乎已成定论的历史真相。同样,北宋平民发明家毕昇鉴于雕版印刷费材、费工、费料的现实,发明了活字印刷。人民教育出版社历史教材(必修3)对该项发明的表述是这样的:"宋代平民毕昇创造了活字印刷技术,实现了印刷史的一大革命。用胶泥制作的活字排印,节省了雕版的费用,提高了印刷效率,以经济、方便的形式推进了文化的传播。"[①]按照这样的描述,学生必然会形成这样的一种思维定式,雕版印刷是印刷术的起始阶段,所以有很多的不足,毕昇的活字印刷术应该弥补了雕版印刷术的不足,所以能被称为印刷史上的革命,而且活字印刷术在当时应该是广为传播。教师可以设计一些问题,启发学生的质疑意识。如中国的雕版印刷术真的同活字印刷有这么大的差距吗?为什么现存的书版遗存绝大多数是雕版印刷的呢?活字印刷在当时是否马上推广了呢?我们为什么现在很少看到其书版的遗存呢?通过质疑,引发学生检阅相关资料,就会形成如下的历史解释:我国的雕版印刷术已经非常成熟,有印刷史上的"活化石"之称,正因为如此,美国哥伦比亚大学教授、汉学家卡特认为:雕版印刷术,诚可谓中国最重要之发明。而活字印刷术由于种种原因,在当时流传并不广。当然,我们质疑的目的不是否定活字印刷术的贡献——活字印刷术的革命性举措是无法否认的,但任何一种先进的发明也必须经历一个适应的过程。在质疑之余,教师还可以引发学生的进一步思考,活字印刷术在当时的流传情况到底怎样?有哪些因素造成那样的情况?你对此有什么看法?通过这样的质疑、求证、推理,学生的历史兴趣与历史解释素养都会有很大的提高,这也是历史教学的目的所在。

3. 凸显内涵的深度

解释是一种思维活动的体现,也是一种情感的交流。因此,得体的历史解释是建立在对所学知识的清晰把握和内化理解的基础上的。中学生对中学历史一直有这样的一个尴尬处境:教材我看得懂,但我不知道哪些需要内化;老师设计的问题,我事后可以答出,但自己学习时就想不出来;单一的历史事件能够理解,但相互的迁移与拓展就显得力不从心。针对这样的现状,我们应该引导学生挖掘知识的内涵,积淀解释的素养。

首先,要明晰显性知识。显性知识是指教材中明确呈现的内容,如基本的

---

① 《历史(必修3)》,人民教育出版社 2007 年版。

概念、基本的结论以及基本的条目。对教师来说,可以理解为"教什么",对学生来说则可解释为"学什么"。这是一件看似简单,实则不易的工作——核心概念解读不清,必然会影响学生的史实积淀;核心结论理解不明,更会影响学生的历史解释。因此,教师在教学过程中,应该引导学生真正理解这些看似不难的显性知识,完成基本的历史知识积淀。人民教育出版社历史教材(必修3)专题一第四课"明末清初的思想活跃局面"讲述了李贽、黄宗羲、顾炎武、王夫之以及唐甄等思想家的思想主张,思想史的内容往往是学生学习的难点,其思想的艰涩难懂,其内涵的理性深奥,往往使人望而却步。但如果我们以一个核心概念作为主线入手,引导学生梳理显性知识,学生的学习能力就会有很大的提升。黄宗羲的代表作《明夷待访录》内涵丰富,体现了他的思想主张,我们可以引导学生从解读书名这一概念入手,进入学习的通道。这本书的书名是什么意思,同学们是否知道?你们看到这部书名的第一种解读是什么?教师呈现关于这部书的解释:明夷——有智慧的人处在患难之世;待访——等待后世明君来采访采纳。并进一步引领:这是一个什么样的患难之世?除了黄宗羲以外,有智慧的人还包括哪些人?他们分别提出了怎样的"治世观点"等待后世明君的采纳?

显性知识中最难明晰的就是对概念的剖析,概念不清,必然会导致史实不明、结论不通。因此,概念的解读要深入,只有深入,才能浅出,才能让学生理解课本的一些基本结论。以"孤秦陋宋"为例,"孤"的核心是"私",王夫之曾言:"故秦汉以降,天子孤立无辅,祚不永于商、周。"[1]由于秦朝以来,统治者把天下当作是自己的私产,天下为一人之天下、一姓之天下,与所有天下人为敌,这里的"孤",就是彻彻底底的"孤家寡人"之意。而"陋"则是浅陋、见识短浅之意。宋代以来,统治者玩弄权术、压制人才如辛弃疾、岳飞等,昧于时势,软弱无能,失去多次收复中原的机会。当时的统治者有人而不知所用、有财而不知所施、有兵而不知所使,故称其为"陋"。可见历代统治者"因私而疑,因疑而失天下"[2],所以专制主义是"天下之公"的大敌。不深入浅出地解读这一概念,学生是很难理解王夫之超越前人的反封建专制的思想的。因此,显性知识是历史教学的前提,显性知识不清,就如同史实不明,是很难对历史事件作出准确

---

[1] 王夫之著,舒士彦点校:《读通鉴论(第一卷)》,中华书局2013年版,第2页。
[2] 王夫之撰:《船山全书》,岳麓书社2018年版。

解释的。

其次,是内化隐性知识。隐性知识是一个看不见、摸不着但学生又是必不可少的学习铺垫。知识在线公司的首席执行官荣·扬(Ron Yang)对显性知识与隐性知识的总量、存在方式和相互关系曾作过比喻性的说明:"显性知识可以说只是'冰山的一角',而隐性知识则是隐藏在冰山底部的大部分。隐性知识是智力资本,是给大树提供营养的树根,显性知识不过是树上的果实。"① 可见,要培养学生的历史解释素养,就必须让学生探究冰山的底部,了解果实的成熟路径与方式,真正理解历史现象,认识历史规律,这是历史解释的基础。

历史知识的错综复杂,光靠教材中的显性知识是很难让学生实现历史理解的。笔者认为隐性知识的内化必须做好三个环节:第一,梳理逻辑主线。教材主要采用陈述语句进行知识的叙述,同时为了完整地呈现这些历史人物与事件,往往平铺直叙,缺乏逻辑的梳理,给学生的整理和学习带来一定的难度。同样以人民教育出版社历史教材(必修3)专题一第四课"明末清初的思想活跃局面"为例。该课内容共分五目:李贽的反正统思想、黄宗羲的"天下为主,君为客"、顾炎武思想的启蒙精神、王夫之的"孤秦陋宋"批判、唐甄论"凡为帝王者皆贼也"。显然,这些显性知识就是一些思想家及其思想的罗列。这时期为什么会产生这么多的思想家,他们为什么又会提出这样的思想主张? 他们的思想有没有共同的规律和主张可供探寻? 不理清教材的逻辑主线,会对学生的学习带来极大的不便。为此,本课按照思想家的"家国情怀"这一主题,梳理如下的逻辑主线:历家国之痛——分析他们的生活时代,反思时弊;怀家国之忧——探寻"经世"之良方,梳理不同的思想主张、归纳共性的思想内容、找出主要的思想指向;观家国之运——他们的经世思想有没有发挥作用? 为什么? 经过这样的梳理,就把散落的历史知识很好地串联起来,便于学生的理解,为历史解释提供了很好的素材。

第二,迁移知识内涵。迁移是挖掘隐性知识的有效手段,我们知道历史知识是相互联系、互为因果的。历史事件与历史人物只有联系起来,才能看清事物的全貌。但这种迁移和因果推断,正是隐性知识之所以"隐"的所在,是非常

---

① 转引自闻曙明等:《高校科研人员隐性知识的识别与管理评判标准》,《研究与发展管理》2007年第4期。

考验学生的历史素养的。黄宗羲提出"工商皆本"的思想主张,只有把它同"重农抑商"政策结合起来比较、分析,才会理解这一主张提出的时代价值和历史意义,也才能让学生理解教材中关于黄宗羲思想产生的结论性表述:"这些主张是明朝末年传统社会关系发生变化的具体反映的含义。"①同样,教材中提到"为中国近代反封建专制主义的思想家们提供了有力的思想武器"②这一结论,我们可以引用以下两则材料让学生迁移、比较。

材料一:16 至 17 世纪的中国,新的经济形态还十分微弱、脆嫩,明清时期的早期启蒙思想家们先天不足,具有一种时代性的缺陷,黄宗羲、唐甄们提不出新的社会方案,只能……来修补封建专制制度。(张岱年、方克立主编:《中国文化概论》,北京师范大学出版社 1994 年版)

材料二:谭嗣同十分推崇王夫之,认为其著作是"兴民权之微旨"。章炳麟改名为绛(顾炎武初名绛),号太炎,明白宣示他是顾炎武学说的继承者。梁启超将《明夷待访录》视为"宣传民主主义的工具",孙中山则抽印《明夷待访录》中的《原君》《原臣》分发同志,鼓动反对清王朝的民主革命。(赵世瑜总主编:《高中历史教材(必修 1)》(岳麓版),岳麓书社 2009 年版)

教师可以设计一系列问题,如:材料一所说的"先天不足"表现在哪里?是怎样造成的?他们为什么提不出新的社会方案?既然提不出新的社会方案,为什么资产阶级革命家们还要采用他们的思想?这种迁移与因果分析,能帮助学生理清教材中未能呈现也无法呈现的隐性知识,帮助他们形成历史解释的内化因子。

第三,挖掘人文价值。历史作为一门人文科学,在传授人文知识外,更应该注重培养学生通过知识的内化,形成自己的气质修养、人文精神,即苏霍姆林斯基强调的那些培养人的灵魂、意识、情感和信念的知识。生硬的文字、僵化的概念、显性的呈现是很难挖掘人文的价值、唤醒学生人格的心灵的。这就需要教师进行梳理,引导学生内化、思考。在人民教育出版社历史教材(必修3)专题一第四课"明末清初的思想活跃局面"中,教师以历家国之痛——怀家国之忧——观家国之运的教学主线来构建教学逻辑,就很好地体现了人文精神。如果我们在教学中加以进一步的内化,其效果肯定会更好。在明清鼎革、

---

① 《历史(必修3)》,人民教育出版社 2007 年版。
② 《历史(必修3)》,人民教育出版社 2007 年版。

山河变色、血雨腥风的"天崩地解"之时代,摇尾乞怜者有之、事不关己者有之、寻求富贵者有之。在举动之间,随时有可能身死家灭的高压之下,却有这么一批人"怀种族之奇耻,究兴亡之要因,于是排斥夷狄,批评专制"。这是一种怎样的精神?一种怎样的勇气?他们不仅仅是发发牢骚、骂骂当权者,而是怀着沉痛之心深刻反思。对于明朝的灭亡,感到最沉痛的是明朝的遗民。——那么明朝为什么会灭亡,是反思的核心内容。——灭亡的重要原因,就是所谓的"清谈误国"。——要治国平天下,应该怎么办呢?虽然顾炎武、黄宗羲、王夫之的学术观点不尽相同,但他们得出了一个相同的结论,即"回到六经"。他们这种浓郁的家国情怀和自觉的人文觉醒,真正体现了身处家国、心忧天下的人文价值,是传统文化的精髓之所在。他们的思想主张虽然未能有本质的突破,但其批判求实精神及力主改革的理论勇气,体现了中国传统知识分子的人文精神和历史使命感,对我们现在社会生活以及理论创新都是一种极大的激励。

历史解释素养是一种较高的心理品质,绝非一朝一夕就能一蹴而就。中学阶段是学生的理性思维形成的关键时期,如何让学生通过历史的学习形成系统的历史知识、敏锐的历史思维和宽泛的历史视野,形成科学、严谨的历史解释,必须靠广大历史教育工作者在学习中领悟、在教学中渗透、在生活中积累,唯有如此,才能真正地"读史明智"。

第六章　家国情怀是教学设计的归宿

一、家国情怀素养落实的要点解读

（一）家国情怀素养要点的解读

《普通高中历史课程标准（2017年版）》中将"家国情怀"作为历史学科核心素养之一，并指出家国情怀是诸素养中价值追求的目标，也是学习和探究历史应具有的人文追求，体现了对国家富强、人民幸福的情感，以及对国家的高度认同感、归属感、责任感和使命感。[①] 教育部《完善中华优秀传统文化教育指导纲要》也将开展"以天下兴亡、匹夫有责为重点的家国情怀教育"放在开展中华优秀传统文化教育的重要位置，要求"中华优秀传统文化教育的重点在于弘扬以爱国主义为核心的家国情怀教育、社会关爱教育和人格修养教育"。凸显了国家对家国情怀教育的高度重视。其中"人格修养"关注个人规范，"社会关爱"凝结社会诉求，"家国情怀"蕴含国家意志。某种程度上，"社会关爱"和"家国情怀"最终都指向学生的人格塑造，这也是中学历史教学强调"叙史见人"的导向与价值。

历史学科承载着立德树人的教育功能，在拓宽学生历史视野，发展其历史思维的同时，必须以培育学生的家国情怀为价值归旨。教师通过教育教学实践，力求将中华优秀传统文化讲仁爱、重民本、守诚信、崇正义、尚和合、求大同的时代价值，融于教、育于学。作为历史教育工作者，深切理解家国情怀的教学意蕴及其生成路径，显得十分必要。

1. 家国情怀的基本内涵

家国情怀是中国人民世代奋斗形成的情感积淀，也是中华民族几千年发

[①] 中华人民共和国教育部制定：《普通高中历史课程标准（2017年版）》，人民教育出版社，第5页。

展历程中形成的价值追求,更是中华优秀传统文化的精髓。家国情怀的现实表征突出表现为"对故土的至深热爱、对天下苍生的朴素情感、对共同文化信仰的执着、对普遍价值准则的认同固守等方面。这些构成了中华优秀文化传统的价值源流,与中华优秀传统文化'讲仁爱、重民本、守诚信、崇正义、尚和合、求大同'的时代价值是相吻合"。一般而言,家国情怀的内涵,体现以下层面:

第一,家国同构的体现。《孟子·离娄上》说:"天下之本在国,国之本在家,家之本在身。"这段经典论述呈现了天下到国家,再到家庭,直到个人的逻辑包容关系,也是个体、家庭与国家具有共通性即"家国同构"观念的集中体现。家国同构体现了"家"和"国"难以割舍,"国"是"家"的延伸,"家"是"国"的构成,以及个体、家庭和国家的利益具有一致性。

第二,对国家的认同感。家国情怀不仅将着眼点放在"家"上,它还要求人们树立奉献于"国"的道德情操。家国情怀体现了个体依附于共同体的归属感,明确表达了从天然血缘基础上的伦理亲情到对文化、民族和国家高度认同的情感升华。家国情怀是中华优秀传统文化的精髓,也是中华民族精神和时代主旋律的体现,为培育学生对国家的认同感提供了心理基础和文化根基。

第三,责任和担当意识。中华文明语境下的"家国情怀"是"个体对其所生活的家庭、家族以及邦国共同体的认同、维护,表现为情感和理智上热爱共同体,自觉承担共同体责任"。家国情怀将个人层面的奋斗和国家、社会的理想融为一体,昭示着个体对共同体的责任意识和担当情怀。中国古代,"兼济天下"是文化精英们践行家国情怀的方式,当下中国,为"中国梦"而奋斗顺应并推动了"家""国"内涵的发展。

2. 家国情怀的价值指向

历史学科教育应关注和着力于培育学生的家国情怀。价值认识、价值判断和价值引领是家国情怀教育的三大目标,构成了历史学科教育的价值指向。具体而言:

第一,价值认识。教师应帮助学生充分认识家国情怀的含义与价值,同时在此基础上加深对家国情怀核心素养的理解。家国情怀的表现形式既有对家庭的关爱,也有对家乡的眷恋;既有对祖国文化的认同,也有对国家和民族的担当。它是中华优秀传统文化中具有恒久价值的精神之一,认识家国情怀时应该特别注意引导学生领悟中华民族几千年发展历程所表现出的这种人文精神,特别是对国家、民族和文化的高度认同感。

第二,价值判断。所谓价值判断,一方面是"扶正",即引导学生将"以热爱祖国为荣,以危害祖国为耻"作为基本价值选择;另一方面就是"纠偏",对学生错误的、有瑕疵的价值观进行澄清。中国古代先贤提出的修身、齐家、治国、平天下就是体现家国情怀的重要价值判断。引导学生对家国情怀做出正确的、理性的价值判断,不仅表现为一种对家庭、对祖国的深厚感情,更重要的是要求他们认识到"家国利害",处理好个人与家庭、与他人、与社会、与国家的关系。在社会多元化发展的今天,学校教育引领学生具备正确、理性的价值判断显得更为重要。

第三,价值引领。价值引领的目的是培养学生正确的价值观,并转化成他们的实际行动。从个体到家乡,再到民族、国家的螺旋递进关系,更能引领学生理解并认同对祖国和中华优秀传统文化的深情大爱。家国情怀是中国人民内心深处的情感共识,它可以释放出巨大的凝聚力,将家与国、个人命运与民族兴亡紧密联系,是中华民族永不言败的精神支柱。就个体而言,家国情怀可以激发学生"天下兴亡、匹夫有责"的担当意识,引领他们提升国家认同、关心民族命运、投身社会进步。

(二)初步理解家国情怀素养的落实方法

中学生在知识储备、认识能力与心理情况差异较大,因而在教学策略与目标的选择与达成上各有侧重。在初中学段,学生历史知识储备有限,故教师对具体史事的讲授至关重要,教育目标上也更多地指向感性认识的层面,以增强学生对中华优秀传统文化的理解力为重点。这就要求教师深入挖掘教材内容,以典型人物的典型事迹呈现人物形象,至于人物与事迹的选择与呈现,其背后必然有主旨、目标与方法的指引。高中学段,学生对历史知识已有所储备,教材本身对初中学段业已讲授过的史实部分往往只作简要的陈述,在教育目标上则以增强学生对中华优秀传统文化的理性认识为重点,教学上一般需要引导学生突破历史表象,感悟中华优秀传统文化的精神内涵和家国情怀。

可见,在初、高中历史教学中落实中华优秀传统文化教育和家国情怀的分野主要在教学目标的层面,这两者之间是从感性认知上升至理性认识的累进关系,而在具体的教学手段、教学方法的应用上,更是草蛇灰线,在主旨、目标与方法的引领下,灵活地运用各种教学手段落实中华优秀传统文化教育已成为大多教师的共识。

基于历史学科的学生家国情怀培育包括了学科课堂教学、校本特色课程、主题实践活动、历史教师人格涵养等多个路径。笔者仅就历史课堂教学主渠道为例,谈一谈家国情怀素养的落实方法。

1. 科学设计,体现学生的主体地位

基于培育学生家国情怀的教学设计,应从教学设计的起点、理念和中心三个维度进行规划:

第一,课堂设计的起点,应回归学生的学习基础。教师的设计思路应该从遵循教材文本逻辑,转变为尊重学生学习基础。所谓的学生学习基础,包括学生的现有学习水平、已有学习经验等。课堂设计以学生的学习基础为起点,可以使家国情怀的培育顺理成章,水到渠成。例如,教师在设计高中课程内容"汉字的起源"时,应联系初中"甲骨文的造字特点"等内容,从学生的已有学习基础和知识储备出发,实现知识的贯通。这样的课堂设计才能使学生听得懂、跟得上,抓得住学习要领,从而有利于学生家国情怀的培育。

第二,课堂设计的理念,应指向学生的自主建构。建构主义学习理论主张学生在学习的情境中"自主构建"。因此,教师应该引导学生在历史课堂情境中,挖掘历史课程资源中蕴含的价值,体验、感悟其精神内涵,通过学生自主建构的方式逐步形成家国情怀。与单纯的知识传递相比,家国情怀的培育更多的是一种知识内化、心灵体验与情感升华的过程。如教师在讲授华师大版七年级历史"文化思想的繁荣"一课时,在教学立意中就可以着重提出"这样一个动荡与变革共存的时代,不仅充满了魅力,而且也有现实意义。在漫长的历史演变中,春秋战国时期的文化思想对今天仍然产生着巨大的影响,这就是学习本课的意义所在。"

第三,课堂设计的中心,应促进学生的情感体验。家国情怀是一种对国家、民族和文化的深厚情感。因此,历史课堂设计应以激发学生的积极情感为中心,增强学生的情感体验,进而形成情感共鸣,以培育学生的家国情怀。

得民心者得天下。中共获得三大战役的胜利,固有领导者审时度势的智慧,但主要依靠的是广大人民的奉献,同时,各民主党派的支持和爱国知识分子的认同,也使中共在政治上占得先机。在讲述华师大版高中教材"解放战争的胜利"内容时,教师是如此叙述的。

师:……其实,正是从1948年起,国共两党从政治争夺、经济争夺,开始走向文化思想争夺和人才的争夺。1948年11月,毛泽东致电林彪,要求在平津战役中要尽力保护学校和历史遗迹,极力争取知识分子对我们的支持。也是在1948年,蒋介石责成傅斯年和蒋经国发起抢救平津教育学术界人士运动,主要对象就是高级知识分子和中央研究院的院士。国共两党在此时此刻如此行为,表明他们都已经把目光对准了战争之后的发展。就在北平被围之际,两名解放军干部在清华大学一位教授的陪同下,走进了清华大学建筑系教授梁思成先生的家。解放军干部摊开手中的军用地图,请梁思成在地图上标出重要古建筑的位置,划出禁止炮弹轰击的地区,并请他用最短的时间编写一份全国文物建筑的简目。

多年以后,梁思成说,那位解放军代表临走前对他说了这样一句话"请您放心,为了保护我们民族的文物古迹,就是流血牺牲也在所不惜"深深地震动了梁思成,也使他对中国共产党有了最初的认识。解放北平前夕,梁思成回忆说:"虽然我们的接触仅一个多小时,但是他们代表了共产党对古建筑的重视与爱护,使我从感情上一下子就和共产党接近了。"[①]许多像梁思成那样的知识分子从共产党人身上,看到了民族的未来和希望,他们中的许多人,接受中共的邀请,北上北平,筹备政协,与中共共同迎接新中国的建立。

教师在深度挖掘历史学科的文化内涵的基础上,在文化积淀中寻找民族认同感与自豪感,引导学生形成家国情怀,更加坚定地走实现民族振兴的"中国梦"探索道路。

2. 问题导向,以问题解决激活课堂

历史课堂培育学生的家国情怀,不能依靠机械地记忆现成的历史结论,而要将问题导向贯穿教学过程的始终,引导学生提出问题、分析问题和解决问题,以激活历史课堂的家国情怀教育。"任何一种教学方法的实施,都在一定程度上与问题的提出和解决有十分密切的关系。因此,教师在分析教学内容的基础上,要以问题引领作为展开教学的切入点,结合教学内容的逻辑层次,设置需要在学习过程中解决的问题。"[②]

第一,提出问题,激发学生的学习兴趣。家国情怀教育的教育元素蕴含在

---

① 屠文淑:《建国初期归国知识分子政治心理管窥》,《宁波大学学报(人文科学版)》2006年第2期。
② 中华人民共和国教育部制定:《普通高中历史课程标准(2017年版)》,人民教育出版社,第51页。

历史学科丰富的教学内容之中,教师既要善于发掘,提出相应问题,又要自然而成,符合家国情怀教育要求。教师应抓住教材中与家国情怀有关的教学价值点,深入发掘、剖析和利用,引导学生深入阅读和思考、讨论与探究。例如,在讲授华师大版七年级历史"文化思想的繁荣"一课时,教师是如此导入课堂教学的。

师:同学们,你们有没有学过《百家姓》?

生:有/无。

师:这是成书于宋朝初年的启蒙读物。宋朝的皇帝姓什么?

生:赵。

师:所以,赵姓放在第一家。但是,伴随着宋朝的灭亡,这样的排名受到颇多争议,就有人提出"天下第一家"的应该另有其姓,是哪个姓呢?就是孔姓。为什么孔姓能独占鳌头呢?原来这与孔姓中的一位名人有关,是谁呢?

生:孔子(孔丘、孔仲尼、孔夫子、孔圣人)。

师:孔子被后人称为圣人,他为什么会如此受人尊重,他身上到底有什么独特之处呢?老师翻了下书,找到两大特点。第一,是他的身高。《史记·孔子世家》中说"孔子长九尺有六寸,人皆谓之'长人'而异之"。九尺六寸,到底有多高呢?我们经常讲尺寸,指的是长度单位,一尺等于十寸。现代,一尺约等于33.3厘米,那么九尺六寸是319.6厘米,这个数据可信吗?问题出在哪里?

生:不可信。

师:这告诉我们,在阅读古籍的时候,要学会考证,每个时代的数量单位的值是会有变化,所以我们不能用今天的尺去量古人的身高。在老师的考证之下,《史记》所处汉代,一尺约等于23.1厘米,孔子的身高到了今天就是221.76厘米,接近于今天姚明的身高。但也有人比老师考证得更加仔细,他们考证出孔子生活的春秋时期,鲁国尺约为19.7厘米,那么孔子也有近190厘米的身高。

无论是现代还是那个物资贫乏的古代,190厘米的身高都可以算是"长人"而让人惊异。接下来,我们在看孔子身上的第二个特点,就是他的年龄,在医学不发达的春秋战国时代人均寿命是31岁,今天中国男性的平均寿命是72岁,而孔子活了73岁,在当时他的长寿也是极其少见。那么,异于常人的身高、世间少有的长寿是孔子被后世推崇的真正原因吗?

生:不是。

师：同学们说得非常好，正是孔子在思想文化领域做出的重大贡献，才有了后人对他倍加推崇。那么今天，我们就来了解一下孔子，以及那个他所生活与思考的时代，那个文化思想极其繁荣的时代。

在课程导入时提问"同学们，你们有没有学过《百家姓》？"作为一本家喻户晓的启蒙读物，大家基本都至少听闻过其书名，故一开篇就获得了学生的共鸣。随后教师通过引导，将关注的话题转向了孔子，而又以孔子的身高作为主要切入点，"孔子长九尺有六寸"，九尺六寸如果按现在的度量，换算下来竟有319.6厘米。这一细节极大激发了学生的好奇心与探究心理。利用该细节，最终成功地完成了新课的导入，同时还渗透了"考证材料"的史学方法——原来古代的度量与今天日常生活中使用的度量相差甚远，必须考证后进行换算才行。进而，教师提炼和升华课堂要旨。

第二，分析问题，提升学生的思辨思维。"思辨性思维就是思考和辨析的思维。所谓思考是指对历史问题进行分析、综合、推理、判断等思维活动；所谓辨析指的是对历史问题能够多角度考察，有证据的辨别分析。"[1]家国情怀的培育离不开基于问题分析的思辨型方法的指引。

如在讲授华师大版八年级"当代世界的多元文明"单元"西欧与日本"一课时，教师借助对不同国家欧元硬币上图样、欧元纸币上图样的对比与解读，在源于学生的生活经历的基础上创设问题，引导学生认识和体悟欧盟"联合之路"的核心理念：在开放和交流中，实现"多元一体"！（授课内容详见 27 页"唯物史观是教学设计的根本"章节中"应用唯物史观教学设计的四个坚持"的案例）

第三，解决问题，促进学生的素养形成。"学生对历史学习问题的真正解决，不是简单地接受现成的答案，而是通过自己对相关史事的了解，尤其是对有价值的史料进行分析，用实证的方式对问题的要点逐一探讨，以可靠的史料作为证据来说明自己对问题的看法。"[2]因此，教师不应拘泥于现成结论，而应思考如何构建基于史料研习的教学，在解决问题的过程中培育学生的家国情怀。

历史发展自有其内在的脉络，通过叙述史事的延续与变迁回溯整体，进而提炼、升华主旨，是课堂教学活动中常见的方法。在课堂历史教学设计中，不

---

[1] 中华人民共和国教育部制定：《普通高中历史课程标准(2017 年版)》，人民教育出版社 2018 年版。
[2] 中华人民共和国教育部制定：《普通高中历史课程标准(2017 年版)》，人民教育出版社 2018 年版。

应仅仅针对一事、一课的教学目标,应当关注到洞察历史本体与历史认识的时代性和发展性。立足于公民教育的目标,设计的目的旨在帮助和促进学生追寻文明足迹、体验历史发展、知晓前人得失、汲取历史经验。

仍以初中统编教材(五·四学制)第三分册第二单元"近代化的早期探索与民族危机的加剧"为例,在时空观念是教学设计的线索章节,在"以有效设定的教学目标来落实时空观念的核心素养"以及在历史解释是教学设计的支撑章节,在"历史解释需要深层的感悟"的论述中,笔者曾设计过如下的作业评价:

根据所学知识,将"甲午中日战争示意图"中字母代表的内容填入表格相应位置。

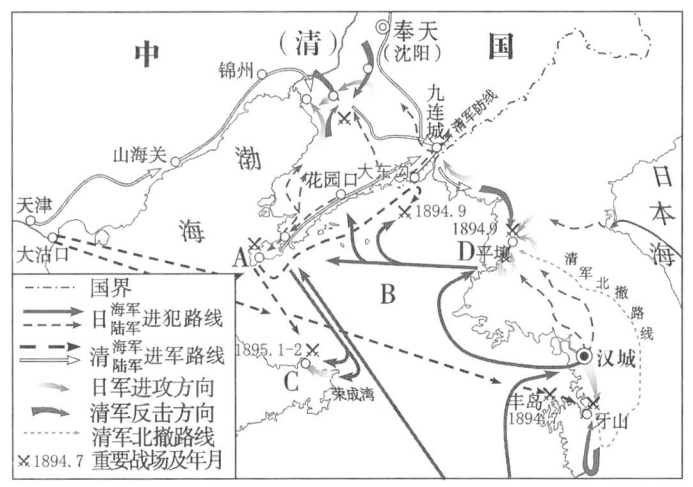

时 间	事 件
1894 年初	朝鲜东学党起义,清廷应朝鲜国王请求帮助镇压
7 月	日军进攻驻守_____的清朝军队
	日军于丰岛海面袭击清军运兵船
9 月	日军分多路围攻平壤
	日军与北洋舰队于_____展开激战
1894 年底	日军攻占_____后展开大屠杀
1895 年初	日军攻占_____,北洋舰队全军覆没

前题表格中于"1895 年初,日军攻占威海卫,北洋舰队全军覆没",意为甲午中日战争终结于"北洋舰队全军覆没"。但另有观点认为这场战争的终结应

以"中日签订《马关条约》"为标志,两种说法各有道理,你赞同哪一种说法?简述理由,并说出另一种说法的可取之处。

在了解并理解中国近代化早期探索的过程是对民族危机不断加剧的回应,中国逐渐沦为半殖民地半封建社会的过程,也是中国蹒跚走上近代化道路的过程这一单元内容主旨的基础上,针对单元结构和内容,就家国情怀这一核心素养可进一步深入设计。

"近代化的早期探索与民族危机的加剧"这一单元以"抗击八国联军"一课收尾,《辛丑条约》签订后,"中国完全陷入半殖民地半封建社会的深渊"。所谓"陷入"即已经指向了近代以来列强以不平等条约奴役中国的过程,故针对《辛丑条约》,教师可进行如下问题设计,以回溯这一单元中"民族危机"不断加剧的过程与影响。

问题1:20世纪初,清廷与列强再次签订不平等条约(影印件见右图),其中出现了庆亲王奕劻、北洋大臣李鸿章与11位列强公使的签字。据此推断,这份条约当是哪个条约?

问题2:该条约创下近代中国被迫签订的不平等条约中多项丧权辱国之"最",列举三项。

问题3:请以中国近代史上不平等条约之"最"为主题,自拟表格进行整理。

最早签订的不平等条约	《南京条约》

以上问题,第一问指向的目标依旧是知识识记,从条约签订的时间,签订条约的人物即可推断该条约是《辛丑条约》。第二问要求学生列举该条约所创下丧权辱国之"最",要求学生不仅关注条约内容本身,更要调动所学知识,对近代中国被迫签订的不平等条约内容加以回顾,方能通过比较,得出答案。第

三问就"最"这一目标设问,考虑到初中学生的学习能力与水平,给出"最早签订的不平等条约——《南京条约》"这一示例,学生在作答时,若就仅对照"最早签订"这一标准,写出"最晚签订的不平等条约——《辛丑条约》"固然亦是正确答案,但显然其学习水平仅停留在较低的模仿层次,若能够跳出"时间"范畴,如从开放通商口岸之数量,赔款金额之多寡,签订国家之范围等方面做答,自然能说明其较高的学习水平。

史事在延续和变迁的过程中,基由量变而引发质变。中国陷入半殖民地半封建社会深渊的过程亦然,清廷并非一日沦为帝国主义列强统治中国的工具,不平等条约的陆续签订是近代以来我国民族危机不断加深的缩影,我国近代化的早期探索就是对民族危机的回应。通过这一系列针对内容主旨与教学目标加以细化的问题设计,丰富学生学史的经历,完善其学史的方式,循序渐进的提升学生的思维品质和人格素养。

再如,学习"中国革命先行者孙中山"一课时,教师应引导学生了解并理解孙中山一生从救病到救国,从改良到革命,从揖美到联俄"三次转身"的原因,认识其身体力行践行爱国、救国的探索与追求,感悟其贯穿人生始终的厚重家国情怀。

3. 情境教学,提升历史课堂的生动性

情境教学是指在教学过程中,教师有目的地引入或创设具有一定情绪色彩的、以形象为主体的生动具体的场景,以引起学生一定的态度体验,从而帮助学生理解教学内容,并使学生的认知水平、智力状况、情感态度等得到优化与发展的教学方法。情境教学可以打破历史学习时空界限,使学生"重置"于"历史现场",提升历史课堂的生动性,进而培育学生的家国情怀。"历史是过去的事情,学生要了解和认识历史,需要了解、感受、体会历史的真实情况和当时人们所面临的实际问题,进而才能去理解历史和解释历史。"[①]所以,在教学过程中,教师在内容主旨和教学目标的引领下,设置多元历史情境,提升历史课堂的生动性,进而推进家国情怀的培育。

以初中统编教材(五·四学制)第二分册第一单元"盛唐气象"一课为例。"盛唐气象"一课前承隋唐创制,后接唐王朝由盛而衰的转折。其内容涵盖了

---

① 中华人民共和国教育部制定:《普通高中历史课程标准(2017年版)》,人民教育出版社2018年版,第51页。

盛唐时期多彩的文学艺术、开放的社会风气与融洽的民族关系等,并以"经济的繁荣"一目作为引领,承接前课所学,从政治清明与经济繁荣的视角对唐代"盛世"景象出现的原因作出了隐性的指引与说明。

我们在设计本课内容主旨的过程中,试以"破题法"切入,解析"盛唐气象"四字。"气象"典出宋代严羽《沧浪诗话》:"(唐诗)笔力雄壮,气象浑厚。"后其喻指渐变,"气象"成为形容盛唐的"专用"词汇。而在中国古代哲学观念中,"气"与"象"之间不仅存在着抽象与具象的区别,两者更有着"象"由"气"生的关联。而对盛唐的"气"与"象"进行解释,蕴含了从基本特征、主要贡献、历史影响的视角理解、解释和评价优秀文明成果的思想方法。而"盛"是后人基于前事的总结,凝练而成的"标准",但这些标准并非是统一而明确的,某种程度上,更是后人对时代汇聚的期盼。

因此,本课的内容主旨可设定为:融洽的民族关系、开放的社会风气与多彩的文学艺术是为盛唐之"象",政局昌明与经济繁荣是为盛唐之"气"。象由气生,气与象的交织构筑了盛唐的景象。而所谓"盛",是总结,是标准,更是期盼。

第一,设置多元情境,促进学生知情共育。教师应充分挖掘各种教学资源,针对不同的教学内容创设不同的情境,促进学生深度的学习历史,以实施有效的家国情怀教育。例如教师可以结合家国情怀教育的需要,设置学习情境(指在历史学习中遇到的史料、图表、史论等情境性问题)、生活情境(指在个人生活、家庭生活、社区生活中遇到的与历史有关的问题)、社会情境(指对与历史有关的社会问题的历史考察)、学术情境(指历史学术研究中的问题,如历史学家对某一历史问题有多种看法)等。

以初中统编教材(五·四学制)第二分册第一单元"盛唐气象"一课为例。

【教学实录节选一】

师:盛唐诞生了多彩的文学艺术成就,而唐诗便是其中翘楚。"诗仙"李白更为我们留下了众多脍炙人口的经典,《少年行》便是其中之一。从诗中看,这位少年欲往何处?

(教师出示材料:李白《少年行(其二)》和"唐长安城示意图"如图1所示)

生:酒肆,他想喝酒去。

师:吸引诗中少年的,除了酒,可能还有什么?

生:胡姬,那是来自西域的少数民族女子。

师:那仅凭此诗,能否确认,这家酒肆中的"胡姬"究竟是个体还是群体?

少年行（其二）

[唐] 李白

五陵年少金市东，
银鞍白马度春风。
落花踏尽游何处，
笑入胡姬酒肆中。

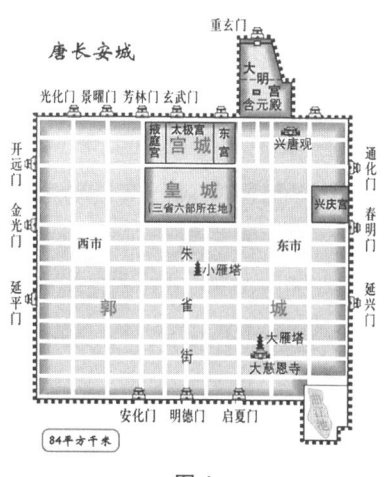

图 1

生：不能。

师：其实李白一生的诗作中，有八首曾经出现过"胡姬"，而其诗《醉后赠王历阳》中提及"双歌二胡姬，更奏远清朝"，基本排除了"胡姬"是个体的可能。那我们根据李白的诗作，能否证明"胡姬"这一群体在唐王朝普遍存在呢？

生：不能。

师：如果我们要求证这个结论，我们可以采取怎样的方法？

生：我们可以从同为唐代，但与李白不处于同一时期的诗人的诗作中再看一看，有没有其他诗人的诗歌里面，出现"胡姬"。

师：非常好，老师从贺朝、岑参、温庭筠与章孝标这四位与李白身处不同时期的唐代诗人的作品中同样找到了"胡姬"。在《旧唐书·崔融传》中也有"兴胡（胡人东迁来唐）之旅，岁月相继。"[1]的描述，这些又能说明什么？

生：说明来自西域的"胡姬"群体可能在唐朝较为广泛的存在。

师：很好，那我们就要进一步追问"胡姬"的形象究竟如何？又为何此时"胡姬"能够在唐王朝境内广泛存在？

【教学实录点评】

教师出示李白诗作《少年行（其二）》与"唐长安城示意图"，通过讲述唐长安城西市被称为"金市"的原因，就诗中"胡姬"的身份设问。从而明了"金

---

[1] 《旧唐书·崔融传》，中华书局2018年版。

市"得名的原因及"胡姬"的出现与时代风貌息息相关。

教师再次出示与李白同时代唐代其他诗人笔下的"胡姬",进一步丰满"胡姬"形象,追问唐代不同时期诗文中"胡姬"多次出现是否足以说明这一群体在当时普遍存在。从存在的明显疑点结论出发,了解仅凭诗文不足以还原"胡姬"形象,意识到还需其他史料加以佐证。

【教学实录节选二】

师:在出土的唐代文物中,有一件引起了考古学家的注意,就是这个"男装女陶俑"。在我们今天看来,女子着男装是一件并无不妥的事情,然而在儒家经典《礼记》中,有这样的表述:"男女不通衣服。"

(教师出示材料:唐男装女陶俑如图2所示)

生:这就有问题了,汉代之后儒学就是官方的哲学,女子着男装岂不是"离经叛道"吗?

师:同学们很敏锐,那我们不得不思考这样一个问题,这个陶俑所呈现的女子着男装的现象,究竟是偶然一例,还是一种流行于当时的社会风气?我们不妨先来看一个小故事。唐高宗李治统治时期,在一次宫廷宴席上,太平公主打扮成武官模样,歌舞于帝前。如果严格按照儒家学说的标准,高宗会作何反应?

生:肯定是不愉快,至少感觉没有面子。

师:好,那我们来看一看史书中的记载:"帝与后笑曰:'女子不可为武官,何为此装束?'"皇帝与皇后

图2

的这一笑,其实就已说明了高宗对此事默认、甚至是认可的态度。既然皇帝对"女子着男装"一事持此态度,而这一态度迅速地流出至民间,民间便开始出现了"或有着丈夫衣服靴衫"的现象。此时我们再次审视这件"男装女陶俑",通过文献和实物的相互印证,我们能够形成怎样的结论?

生:女子着男装是当时存在的一种社会现象。

师:你认为出现这种现象的原因何在?

生:皇帝的默许。

生:还有一种可能,这种现象不是太平公主的首创,社会上这种现象可能

早就出现了。但在皇帝的默许下,变成了一种流行的现象。

师:很好,那这一现象的出现能够折射当时怎样的社会风气?

生:从对女性的服饰流行上,可以看出当时的统治者在这方面比较开明,并不拘泥于儒家典籍,所以可以看出当时的社会风气比较开放。

【教学实录点评】

　　教师通过对唐代男装女陶俑服饰的讲解,结合《礼记》《新唐书》与《旧唐书》中对唐代女性服饰变迁的记载,从统治阶层对女子男装的态度,反映社会风气的变化。意图使学生明确服饰变迁是社会风气更新之表征,而统治阶层的赞许助长、加速了这一变化,唐代女子着男装并非个案。

第二,"神入"历史情境,提升课堂的生动性。"所谓'神入',就是使学生置身于历史发展的环境中去观察历史,站在历史人物的立场上去研究历史。'神入'的实质是一种置身于特定历史背景下的情境体验与对话。"它有利于学生加深对家国情怀的"体验",更为深刻、真切地体悟到历史知识背后鲜活、生动的历史内涵,以形成正确的历史学科核心素养。

再以初中统编教材(五·四学制)第二分册第一单元"盛唐气象"一课为例。

【教学实录节选三】

师:那请同学们讲一讲,你们认为什么叫作"盛"?"盛世"的标准究竟是什么?

(教师出示材料:杜甫《忆昔》和"唐朝户数统计"表)

618—754年唐朝户数统计		
唐高祖	618年	约180万户
	624年	约219万户
唐太宗	639年	约304万户
	648年	约360万户
唐高宗	652年	约380万户
唐玄宗	754年	约906万户

生：统治者要心系百姓。

生：经济要繁荣。

生：老百姓要过好日子。

师：好的，同学们，各位有没有发现，每位同学对"盛"的标准不尽相同，我们甚至很难明确所谓"盛"究竟需要符合哪些具体的条件，我们不难发现，"盛"是后人对前代的总结，更是无数向往与期盼的汇聚。

> 忆昔（节选）
>
> ［唐］杜甫
>
> 忆昔开元全盛日，
>
> 小邑犹藏万家室。
>
> 稻米流脂粟米白，
>
> 公私仓廪俱丰实。

（以上教学实录节选均由上海市西南模范中学　宫毅供稿）

【教学实录点评】

从杜甫《忆昔》切入，辅之以618—754年唐朝户数统计，拆解"气""象"与"盛"，讨论盛唐气象的内涵与"盛世"之标准。意图在讨论的过程中对唐代盛世之象出现的原因作出一定的解释，并凝结共识。认识到不同民族和睦相处是中华民族优秀传统文化的传承，而这一优秀的传统文化造就了盛唐气象。通过讨论"盛"的标准从基本特征和历史影响的视角理解、解释和评价优秀文明成果的思想方法。以文献和实物互相印证的途径，对盛唐多彩的文学艺术、开放的社会风气与融洽的民族关系进行了勾勒。

再如，讲授"汉字与书法"时，可以将柳公权的"柳体"代表作《玄秘塔碑》、张旭的草书代表作《古诗四贴》等图片通过多媒体展示出来，使学生"神入"中国书法艺术之美的情境之中，亲历书法艺术"无言的诗，无形的舞；无图的画，无声的乐"的特征。

4. 多元评价，提升课堂教学的实效

历史课堂的评价应以学生家国情怀的整体发展为着眼点，将评价贯穿于历史学习的整个过程，以评价促进家国情怀的培育。"要运用恰当有效的评价方法，系统搜集和科学分析处理学生的有关信息，综合发挥检测、诊断、激励、引导、调解、反馈等多方面的功能，准确判断学生学科核心素养的达成度。"[①]教师应注重家国情怀教育的多元化评价，以提高其评价实效。

---

① 中华人民共和国教育部制定：《普通高中历史课程标准（2017年版）》，人民教育出版社2018年版，第56页。

第一,注重目标完成评价。是否达到培育学生家国情怀的目标,是历史课堂教学的逻辑起点,所有的学习活动都应服务于实现它。以目标完成情况为导向的评价,一是可以校正课堂教学进程的走向,二是可以检验并促成教学内容的达标程度。教师关注目标完成的评价,既有利于评价教学完成的质和量,体现家国情怀目标导向的现实价值;又有利于评价学生学习可能达到的境界,尤其是家国情怀情感达成度,这是目标导向的潜在价值。

第二,注重学习过程评价。家国情怀教育具有长时性、结果非显现性的特点,它的形成往往体现在实施过程中以学生的情感体验带动的学生个体变化。学习过程中,学生学习态度、学习行为、学习方式、自我发展、同伴互动等因素,都关系到学生能否实现家国情怀教育的目标。因此,关注学习过程的评价,可以全面、及时、灵活地检测课堂教学中家国情怀教育的效果,并将学生的学习方式引导到生成式发展的方向上来。

第三,注重个性化发展评价。关注个性化发展的重点,应该突出学生在学习过程中对家国情怀的科学认识、情感倾向、价值取向等方面的变化。应改变倚重考查知识的做法,重视课程实施中学生的实践能力、创新精神以及情绪、态度和习惯等方面的变化,并关注学生个体差异和个性化发展。这种评价重视学习者在学习过程中的个性化发展价值,体现了历史课堂对学生个体的尊重,有利于达到家国情怀教育的最终目标。

总之,培育学生的家国情怀是历史教育的重要使命,也是一项复杂的系统工程。我们应从文化传承、价值引领的高度,全面认识历史学科进行家国情怀教育的教学意蕴,并立足课堂推进学生家国情怀教育,通过合理的引导与激励,培育学生的家国情怀。

(三)家国情怀素养在教学活动中的重要性

1. 教学目标应以培育学生家国情怀为追求

教学目标是预期的学生学习结果,在教师指导学生学习的过程中具有方向性的引领价值。一堂课的成功或失败,往往取决于教学目标的设置是否科学而合理。教学目标以培育学生家国情怀为追求,包含了以下要求:

第一,培育学生家国情怀是教学的逻辑起点。逻辑起点关乎历史教学的立意,它要求深入挖掘历史学科的育人价值,树立以培育学生家国情怀为导向的教学意识。在理论上,教学目标要突出培育学生家国情怀的目的性价值,建构符合家国情怀培育的预设性目标。在实践上,教师要具有目标性意识,时刻关注着家国情怀培育目标的引领和实现。

以华师大版第四分册第三单元"中国特色社会主义道路"这一单元为例,其下设五课,依次是"伟大的历史转折""经济体制改革""对外开放""建设中国特色社会主义""为实现中国梦而努力奋斗",寻找其中的核心课文,不难发现中国特色社会主义道路建设的起点无疑是以中共十一届三中全会为开端的伟大历史转折,其开启了我国改革开放和社会主义现代化建设的历史新时期,究其会议的作用与影响,无法绕开的是其"拨乱"与"反正"两项具体内容,即通过停用"以阶级斗争为纲"的口号,平反冤假错案等一系列措施纠正"左"倾错误,以确定解放思想、实事求是、团结一致向前看的指导方式,将党和国家的工作中心转移到经济建设上来。此后经济体制的改革、对外开放的政策,中国特色社会主义理论体系的形成与为实现中国梦努力奋斗的追求,某种程度上可被视作"拨乱反正"政策的延续与创新。

因此,这一单元的内容主旨似可确立为:中共十一届三中全会开启了我国改革开放和社会主义现代化建设的历史新时期,通过对既往探索历程的反思与总结,中国共产党开辟了中国特色社会主义道路,以对内改革与对外开放为途径,历经几代领导核心的不断坚持与发展,逐渐形成了中国特色社会主义理论体系,确立了中国特色社会主义制度,发展了中国特色社会主义文化。时至今日,我国综合国力不断增强,人民生活水平大幅提高,正在向全面建成小康社会实现"中国梦"的目标迈进。

在确立了单元内容主旨后,采用纲要图式的方式呈现这一单元各课内容间的逻辑关联(见下图),若仔细观察,可以发现,各课间的具体内容并非完全以"课"为分野,而是互有勾连,这也说明了中国特色社会主义的探索道路并非是以时序单线贯通,而是政治、经济、文化多轨并进的整体转型。

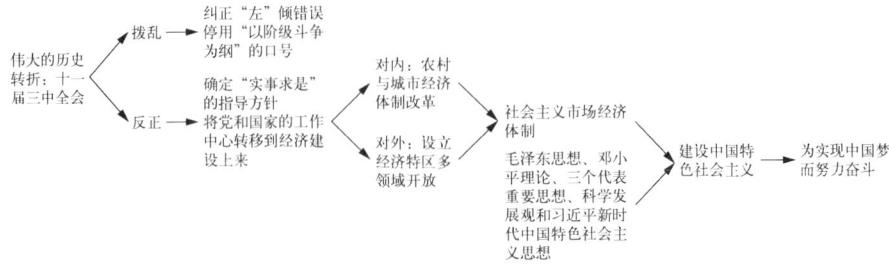

第二，发挥家国情怀对教师教学的统领功能。历史学科核心素养诠释了历史教育"培养什么样的人""怎样培养人"的问题，统领着历史教师的教学行为。培育学生家国情怀的教学目标，在引领教师教学方向、指导教学方法的选择、激励学生的学习、指导教学结果的评价等方面发挥着重要作用。

以初中统编教材（五·四学制）第一分册"两汉的科技与文化"一课为例，"两汉的科技与文化"近年可谓颇受热议，就此课而言，依据四种途径，皆可确立内容主旨：一是"单元—课文整体架构法"，即将此课置于"秦汉时期：统一多民族国家的建立与巩固"下，两汉的科技与文化成果是秦汉以来统一多民族国家建立与巩固过程中文明成就的集中体现。二为"破题法"，即如何看待这一时期"科技"与"文化"之间的关联，探究这种关联对多民族国家的建立和巩固究竟起到了怎样的作用，或是这些科技与文化成就的出现，是在怎样的时代背景下出现的？三是"寻新法"，2016年版教科书中未见与"张衡与地动仪"相关的内容，至2018年版课本中，"课后活动"栏目明确提到了"东汉张衡发明创制出世界上最早的地震仪器地动仪"。但是，这个地动仪早已损毁失传。后来，人们根据《后汉书》的记载，结合自己的研究，做出了各不相同的地动仪复原模型。既然地动仪"早已损毁失传"，后人矢志不渝的复原此物之目的某种程度上指向的便是历史意义而非科学意义。四是"史学方法统整法"，从"我们如何知道"的角度切入，承接第三条路径，阐释我们今天了解当时的科技文化成就的途径，事实上有很大一部分得益于当时科技水平的发展（如造纸术的发明），而科技与文化成就，本质上作为人类活动的成果，是人对历史认识的反应。

就上述方式择取其一，均可确立本课的内容主旨，若略作整合，也可表述为：科学技术的发展，为史料的保存创造了条件。两汉科技与文化的成就，是时人对当世的认识，更是对秦汉以来时代特征的凝练与概括，后人对历史上器物文明的模仿和复原，实质上蕴含着对前世的追思。

第三，以家国情怀指导学生学习结果的评价。一堂课的成败，取决于教学目标是否有效地完成。培育学生家国情怀是历史教育的核心追求，一切教学活动必须围绕它、指向它、实现它。作为教学目标，它负载着检验学生学习效果的功能，还可以指导教师不断修正历史教学的过程。

以初中统编教材（五·四学制）第三分册"从九一八事变到西安事变"一课为例，本课首句便是"日本对中国的侵略蓄谋已久"，并在"相关史事"栏目中以

1904年日俄战争、1919年日本组建关东军司令部、1927年日本内阁召开"东方会议"与1929年世界经济危机对日本的影响这四项史事,梳理并补全了日本在甲午战争后侵略中国的罪恶行径,昭彰了其欲进一步侵略中国的邪恶意图。就"九一八事变"而言,日方在递交给国联的所谓"证据"中,一再强调炸毁满蒙铁路是东北军所为,1932年,国联调查团完成了其报告,其虽肯定东北是中国领土一部分,对"九一八事变"经过也有某些公正和客观的叙述,但亦有模糊是非之语,例如其主张既不应该维持"满洲国"的现状,也不应恢复到"九一八事变"以前的状态,而是中日两国都应该从中国东北撤出武装力量,中国东北由西方列强各国共管。

因此本课的教学目标,就不应仅仅停留在对日本及列强对中国侵略的控诉层面,更应当关注到其"为什么这么说""这么说的背后隐藏着什么",因此不妨试将内容主旨确立为:就"九一八事件"而言,日方一再遮掩侵略事实反而说明了其长期以来的狼子野心,列强混淆黑白充分暴露了西方帝国主义国家对日本侵略中国东北的绥靖政策。针对同一历史事实,基于不同立场的各方固然有不同的解释,华北危机、西安事变亦然。搜集各方证供,明确事实,理解各方说辞背后的逻辑,这一时期中华民族民族危机日益深重与在这危急时刻中国人民的回应与选择便跃然纸上。

2. 教学内容应有利于培育学生的家国情怀

教学内容是指教学过程中学与教相互作用、服务于教学目标而有意传递的素材及信息。家国情怀不是简单的"标签",它有着丰富的育人内涵,蕴含在历史学科的教学内容中。教学内容应有利于培育学生的家国情怀,包含了以下要求:

第一,进行有利于培育学生家国情怀的内容选择。历史学科蕴含了丰富的教学资源,这些资源成为激发学生形成对国家的高度认同感、归属感、责任感和使命感的良好素材。教学过程中,教师应该进行精心的内容选择,对历史知识背后有利于培育学生家国情怀的课程内容充分挖掘,以唤醒师生内心的情感体验,促进学生家国情怀的形成。值得注意的是,教师不应该把历史学科的教学内容窄化为具体知识的教学,或拘泥于知识本身的教学,而丧失了对培育学生家国情怀的追求。

第二,建构有利于培育学生家国情怀的行动路向。教师应将学生家国情怀的培育贯穿于教学内容。教师所教与学生所学应趋向一致,共同指向家国情怀的培育。建构有利于培育学生家国情怀的行动方向包含了两个方面的要求：一方面，应生成合理的教学内容引导学生的学习心向。组织教学内容时，教师要强化育人意识，从磅礴的学科资源中组织教学内容引领受教育者形成"天下兴亡，匹夫有责"的理念，有目的地培育家国情怀。另一方面，应利用教学内容中的情感资源给学生以文化浸染，浸润式地培育家国情怀。教师应深入挖掘历史学科中的情感教育素材，创生适宜的教学内容，使学生真切体悟并培育家国情怀，使他们理解并认同社会主义核心价值观和中华优秀传统文化，形成对祖国和人民的深情大爱。

3. 教学活动应营造培育学生家国情怀的"场域"

教学活动是历史学科教育的基本形式，是教师按照教学目标通过适当的教学内容，对学生进行知识传授、情感激发和价值引导的一系列课堂活动。历史学科培育学生家国情怀的教学活动应具有教学现场感，即营造一定教学感染力的"场域"，以促进学生家国情怀的培育。该"场域"要满足下列要求：

第一，教学活动营造的"场域"应有历史学科意蕴。历史学科特征是培育学生家国情怀的立足点。"从学科特征看，历史学科以史料的真实性、内容的综合性和功能的借鉴性等特征，在学生情感的培育中具有得天独厚的优势"，培育学生家国情怀的教学活动应营造具有历史学科意蕴的"场域"，只有"在认识历史的过程中联系和运用知识，掌握探究历史的方法和技能，逐步学会全面、发展、辩证、客观地看待和论证历史问题"[①]，才能使学生的家国情怀得以提升和实现。

第二，教学活动应营造"场域"的人文性和浸润性。家国情怀是一种个体对国家、民族和文化高度认同的情感，也是"学习和探究历史应具有的人文追求"，因此人文性是教学活动营造"场域"的出发点和归宿。同时，学生的家国情怀不能凭空形成，更不能依靠说教和灌输形成，而应该通过富含家国情怀教育功能的教学活动去实现。这类教学活动营造出的"场域"的突出特征就是浸润性，即通过一系列历史课堂教学活动"润物细无声"地实现教育功能。

第三，教学活动应突出"场域"的体验性和探究性。历史学科的家国情怀教育不仅是一个"文而化之"的过程，也是一个"实践化之"的过程。历史课堂应从学科特征以及学生认知规律出发，构建具有体验性和探究性的教学活动，

---

① 周文波：《家国情怀：教学意蕴与生成路径（上）》，《历史教学》2018年第7期。

以激发学生的身心活力尤其是其学习的"内驱力",构建家国情怀教育的"场域"。例如,教师在设计初中统编教材(五·四学制)第三分册第 27 课"活动课:考查近代历史遗迹"时,应突出该课的体验性,使学生能"身临其境"寻访家乡与近代中国有关的建筑物、纪念馆等历史遗迹;同时,还应突出该课的探究性,引导学生对历史进行反思,使学生汲取历史智慧,能够将历史学习所得与家乡、民族和国家的发展和繁荣结合起来,立志为实现中华民族伟大复兴作出自己的贡献。

4. 教学效果应是学生家国情怀的深化和实践

教学效果是指教学取得的成效,一般包括教学目标的实现状况、教学内容的完成情况、教学效率的高低以及学生核心素养的提升情况等方面。作为一种学习和探究历史应具有的价值关怀,家国情怀的教育效果往往具有隐蔽性和内在性。历史学科培育学生家国情怀的教学效果主要体现在以下两个方面:

第一,学生对家国情怀的认知深化。通过历史课堂的学习,学生的家国情怀不仅停留在对家乡以及祖国的大川河流、风土人情和历史文化的热爱之情层面,还应形成了如下认识:一是对国家、民族和文化的高度认同,进而形成民族自信心和自豪感;二是将个人成长与国家发展紧密联系,认识到个人前途与国家命运的同频共振;三是融个人、家庭情感与爱国情感为一体,认识到形成家国情怀与实现中国梦伟大事业的统一性。

第二,学生能将家国情怀付诸实践。行为是内在素养的反映,而内在素养又同教育紧密相连。梁启超在其家书中说:"人生于天地之间。各有责任。知责任者,大丈夫之始也;行责任者,大丈夫之终也;自放弃其责任,则是自放弃其所以为人之具也。"学生的家国情怀不能停留在空泛无物的爱国主义口号上,它更强调"天下兴亡、匹夫有责",强调一种参与意识和担当精神。家国情怀承载了一种个人与国家紧密相连的命运共同体意识,它激励着青少年学生以祖国的繁荣为最大的光荣,以国家的衰落为最大的耻辱,为实现中华民族伟大复兴的中国梦而不懈努力。正如罗曼·罗兰所说的:生命赋予了人一种责任,就是精神的成长,这是生命赋予的责任,更是教育的使命。因此,学生能将家国情怀付诸实践,进而勇于承担社会责任,积极参与公共事务,是家国情怀教育收到成效的重要体现。

二、家国情怀素养落实的教学实践

历史课堂是家国情怀素养落实的一个重要基地，历史学科的特色更能凸显爱国主义教育、生命教育。

以下以上海市宜川中学吴红老师"辛亥革命与中华民国的建立——民主之光芒"（华师大版教材第五册第二单元）的教学设计为例。

（一）课堂教学落实家国情怀素养的教学设计

【内容主旨】

19世纪末20世纪初，在民族危亡之际的清王朝，处于风雨飘摇的统治之中。历经"欧风美雨"的洗礼，在"民主、共和"启蒙思想的指引下，结束了2000多年的封建王朝，建立中华民国。实则徒有民国之虚并无民国之实，中国仍旧徘徊在半殖民地半封建的社会中。在新旧交替的社会转型中，中国仍将探索未来之路。

【教学目标】

大致知道辛亥革命有关组织准备、思想传播、武装斗争、政权建设的相关史实，理解"三民主义"和《临时约法》的内涵。通过对多元史料的解读，全面解析辛亥革命的成败与影响，学生掌握运用辩证唯物主义和历史唯物主义的基本观点和方法评价历史事件的能力。通过孙中山的生平事迹追寻其革命足迹，了解其一生为实现振兴中华目标的基础上，感怀、钦佩以他为首的革命党人顽强的革命精神并对今日之中国有一份使命感。

【重点与难点】

1. 重点：辛亥革命步步深入的发展过程及其历史成果。
2. 难点：对"三民主义"和《临时约法》内涵的认识。

【教学设计】

1. 导入新课

中国人何时没有了皇帝？中国男人何时剪了辫子？中国女人何时不裹小脚？那就是百年前那场改变中国人命运的艰辛、曲折、沉重而又波澜壮阔的革命。这节课就让我们一起走近那段历史，走近那激情燃烧的岁月，感受烈士们为国家的命运、为民主自由的追求而战天斗地。（播放视频）

2. 讲授新课

环节一：山雨欲来风满楼（革命的准备篇）

一、民主之土壤——清末开明专制的努力

问题1：千里之堤，毁于蚁穴。当鸦片战争轰开中国国门的那一刻起，专制的中国就已经注定不能按着老路走下去了。那么清政府为此做了哪些尝试和努力呢？结果如何？

问题2：接连的失败只告诉了当时中国人一个道理：那就是谁在阻碍中国的富强与前进？阻碍中国的进步？

问题3：孙中山的救国道路经历怎样的曲折？

二、民主之星火——组织建设与思想传播

1. 组织建设

（教师出示材料一）吴玉章回忆说："无论光复会也好，华兴会也好，都缺乏明确而完备的纲领，更没有严密的组织，而且都受地方性的局限，不足以领导全国日益高涨的革命运动。"（沈祖炜主编：《辛亥革命亲历记》，中西书局2011年版）

问题：阅读材料思考，大家发现了什么问题？如何解决？那么如何使民主的火种播洒在更多人的心田呢？

2. 思想传播

环节二：惊天动地写春秋（革命的发展篇）

三、民主之诠释——三民主义

（教师出示材料二）惟是兄弟曾听见人说，民族革命是要灭尽满族民族，这话特错……我们并不是恨满洲人，是恨害汉人的满洲人。假如我们实行革命的时候，那满洲人不来阻害我们，决无寻仇之理。（孙中山）

问题：孙中山对满洲人持什么态度？

四、民主之斗争——各地武装起义：从广州起义到武昌起义

环节三：敢教日月换新天（辛亥革命功绩篇）

五、民主之践行——民国成立与《临时约法》

1. 新政权——中华民国的成立

2. 新宪法——《临时约法》

3. 新气象——帝制终结

环节四：月有圆缺古难全

六、民主之光芒——辛亥革命的功绩

七、民主之瑕疵——袁世凯当任民国总统

吴红老师的教学设计从真实的历史人物、真实的历史故事入手，洞察细

节。如导言的引入就放了一段视频,通过视频学生观察到辛亥革命当时的艰辛,孙中山、黄兴等领导人以"振兴中华"为己任的爱国主义精神。在教学过程中通过"历史最感人的遗书"这一案例,学生感受到林觉民等革命志士放弃小家顾全大家的革命者视死如归的英雄主义气概;在革命发展的高潮,南京临时政府成立后的一系列措施感悟到除旧布新的开拓创新精神,高昂的民主精神;同时又联系现实,百年后的今天以孙中山为代表的近代中国人民艰难探索与时俱进、热爱祖国的高尚品质来激发学生的爱国热情和培养学生的民族精神。辛亥革命的斗争精神极大地鼓舞了后人,它的失败也为中共取得新民主主义革命的胜利提供了经验教训,辛亥革命的精神永存。

在课程的设计中,教师灵活运用多样化的教学手段和方法,给学生的自主学习创造情境,变学生被动接受为主动学习,进一步培养学生探究历史问题的能力。通过学习辛亥革命进程中的复杂性和艰巨性,使学生认识到革命成果来之不易,应珍惜生命,努力奋斗。

(二)落实家国情怀素养的教学实践实录与解析

导入新课:

师:中国人何时没有了皇帝?中国男人何时剪了辫子?中国女人何时不裹小脚?那就是百年前那场改变中国人命运的艰辛、曲折、沉重而又波澜壮阔的革命。这节课就让我们一起走近那段历史,走近那激情燃烧的岁月,感受烈士们为国家的命运、为民主自由的追求而战天斗地。让我们一起来观看一段影视资料。(教师播放视频)

【实录解析】

中国人何时没有了皇帝?中国男人何时剪了辫子?中国女人何时不裹小脚?看似平实的语言,却蕴含着不平实的意义:民族、国家的发展进步,是以众多的细节所堆积而起的,也具体体现在每个人的进步中。家国情怀不是一句口号,而是要切实地落实在百姓的社会生活之中。

环节一:山雨欲来风满楼(革命的准备篇)

一、民主之土壤——清末开明专制的努力

师:千里之堤,毁于蚁穴。当鸦片战争轰开中国国门的那一刻起,专制的中国就已经注定不能按着老路走下去了。那么清政府为此做了哪些尝试和努力呢？结果又如何呢？

生：洋务运动，师夷长技以制夷；维新变法，学习西方的政治制度；百日维新，进一步改革中国的政治体制；同时进行了几次大规模的反侵略战争，如第二次鸦片战争，甲午中日战争等等。但是这些努力都失败了。

师：讲得好，接连的失败只告诉了当时中国人一个道理：那就是谁在阻碍中国的富强与前进。同学们，告诉我，阻碍中国进步发展的又是什么？

生：阻碍中国的富强与前进的是专制统治。

师：率先举起民主大旗、要革专制命的孙中山先生就是最早的一批人之一。因此，我们称孙中山是中国资产阶级民主革命的先行者。但是孙中山并不是一开始就主张革命的。

（教师出示有关孙中山的材料）

同学们能否归纳：孙中山的救国道路经历怎样的曲折？

生：行医救国——变法救国——革命救国。

师：对旧制度感到失望的并不仅仅是孙中山一个人，还有无数的心仍未死、血仍未冷的青年渴望着用实际行动，来改变这个一天天、一步步被列强吞噬着的国家。让我们看看他们为了自己的理想都做了些什么样的努力。

二、民主之星火——组织建设与思想传播

师：1894年，孙中山在檀香山成立了第一个资产阶级革命团体兴中会，提出"振兴中华"的口号，随后各地革命团体或革命组织如雨后春笋般出现。

（教师出示"各地革命组织示意图"）

师：但是这些革命团体或组织存在着一些共性，正如辛亥革命亲历者吴玉章回忆时所说的——

（教师出示材料一）"无论光复会也好，华兴会也好，都缺乏明确而完备的纲领，更没有严密的组织，而且都受地方性的局限，不足以领导全国日益高涨的革命运动。"（沈祖炜主编：《辛亥革命亲历记》，中西书局2011年版）

师：同学们请阅读材料并思考，大家发现什么问题？如何解决这个问题？如何使民主的火种播洒在更多人的心田呢？

生：要建立严密的组织，建立明确的纲领，要统一领导。

师：当时的孙中山也认识到这个问题，于是在1905年，在日本的东京，在孙中山的领导下建立了第一个全国性的资产阶级政党——同盟会，并把"驱除鞑虏、恢复中华、创立民国、平均地权"作为纲领。

师：同盟会的成立,使中国革命运动有了一个统一的领导核心,标志着中国资产阶级民主革命进入了新的阶段,那么如何使民主的火种播洒在更多人的心田呢？

生：要宣传。

师：随着形势的发展,同情、支持孙中山的人越来越多,一些资产阶级和小资产阶级知识分子从爱国主义立场出发,创办报刊,著译书籍,积极宣传民主革命思想,大造革命舆论,推动革命潮流急速向前发展。他们的加入,使得资产阶级革命派逐步建立起了自己的宣传阵地。代表人物有章士诚、邹容、陈天华等。

1903年,年仅19岁的邹荣在上海出版《革命军》。陈天华挥笔写下《绝命书》,于1905年12月8日晨,他蹈海自杀以抗议日本颁布的《取缔清国留日学生规则》,年仅30岁。我们可以用裴多菲的"生命诚可贵,爱情价更高。若为自由故,二者皆可抛"的诗句来概括陈天华的爱国行为。

师：那么是否当时中国民众都赞同孙中山等爱国人士的举措呢？

生：不一定。

师：从1905年开始持续到1907年,革命派和以梁启超为首的改良派,以《民报》和《新民丛报》为各自舆论阵地,围绕着要不要反满和推翻清王朝、要不要建立民主共和政体、要不要进行社会革命等一系列问题展开了一场大论战。规模之大,范围之广,争论之激烈,影响之深远,在中国近代史上是罕见的。通过论战,极大地促进了民主革命思想的传播。

师：革命党人的组织建立和思想传播的星星之火,在中华大地和海外已经能熊熊燃烧起来,注定了革命党人要书写新的历史篇章。

【实录解析】

此教学环节,教师通过一系列的历史回顾,让学生明了,虽有清末开明专制的努力,并为民主培育了丰富的沃土,但在列强的不断入侵下、在专制统治的不断强化下,最终在民众星星点点反抗中,在不断思想启蒙的宣传下,积聚了强大的反抗清朝统治的力量,民主之星火逐渐呈现燎原之势。描绘了以孙中山为首的革命党人为民族之崛起、为民主之创生、以振兴中华为己任而努力奋斗的精神。

环节二：惊天动地写春秋（革命的发展篇）

三、民主之诠释——三民主义

师：1905年11月，孙中山在《民报》的发刊词中把"驱除鞑虏、恢复中华、创立民国、平均地权"十六字纲领概括为民族主义、民权主义、民生主义，即"三民主义"的主张。

孙中山对满洲人持什么态度？

（教师出示材料二）"惟是兄弟曾听见人说，民族革命是要灭尽满族民族，这话特错……我们并不是恨满洲人，是恨害汉人的满洲人。假如我们实行革命的时候，那满洲人不来阻害我们，决无寻仇之理。"（《孙中山全集》）

生：推翻满族贵族的专制统治，但不会消灭满族。

师：民族主义包括"驱除鞑虏、恢复中华"两项内容，主张用暴力革命的手段，推翻满洲贵族的统治，变半殖民地半封建的中国为独立的中国，但并非宣扬狭隘的种族复仇。民族主义尽管有如此弱点，但民族主义的提出，顺应了当时革命形势发展的需要，在辛亥革命中起了特别重要的作用，除了极少数的满洲贵族外，它为爱国的各个阶级、阶层所接受，加速了清王朝的灭亡。

师：那么民权主义指的又是什么呢？

民权主义的核心是"建立民国"，即实行政治革命，推翻封建君主专制制度，建立资产阶级民主共和国。辛亥革命之所以为比较完全的资产阶级民主革命，正是由建立民国的政纲为标志的。当然，民权主义也有严重的弱点，它无从保证资产阶级实现自己的政治统治。

师：那么什么是民生主义？

民生主义，就是要用"平均地权"的办法来进行社会经济改革，孙中山认为，欧美国家虽强，而人民贫困，这样的社会将会引起社会革命的爆发，中国革命对此应该有所借鉴。以便防止日后发生社会革命。民生主义也有严重的缺点。

虽然三民主义有它的不足之处，但它毕竟是当时社会历史条件下最完整、最系统的民主革命纲领，为当时的革命指明方向。有了斗争目标，接下来就是革命党人为了实现民主的权利而进行的前仆后继的流血斗争。

四、民主之斗争——各地武装起义：从广州起义到武昌起义

师：以下是19世纪末20世纪初各地反清起义简表。

（教师出示材料三）19世纪末20世纪初各地反清起义简表（据《中国近代史资料丛刊——辛亥革命》整理）

19世纪末20世纪初各地反清起义简表

时　间	地　点	领　导	结　果
1895年	广州	兴中会(孙中山)	计划泄露遭破坏
1898年	皖、赣、湘、鄂等地	自立军(唐才常)	领导人被捕杀而失败
1900年	惠州	兴中会(郑士良)	弹尽援绝,被迫解散
1904年	长沙	华兴会	计划泄露遭破坏

师：同学们再看各地武装起义示意图(图略),1895年10月广州起义,1900年10月惠州起义,1906年12月萍浏醴起义,1907年5月黄冈起义,1907年6月惠州起义,1907年7月安庆起义,1907年8月钦州起义,1907年12月镇南关起义,1908年2月钦州廉州起义,1908年4月云南河口起义,1910年2月庚戌新军起义,1911年4月第二次广州起义即黄花岗起义。可以说各地起义风起云涌。在众多的起义之中,涌现了无数的英雄。既有热血青年的侠骨柔情,也有巾帼英雄的英姿飒爽。如安庆、绍兴起义中秋瑾,在起义失败被捕后,在监狱里她坚贞不屈,挥笔写下"秋风秋雨愁煞人"七字,并说"革命党人不怕死,欲杀便杀"[①]。孙中山赠予她"巾帼英雄"的光荣称号。黄花岗起义前,敢死队队员纷纷写了感人肺腑的绝命书,敢死队队员之一的林觉民,写下了历史最感人的遗书。

(教师出示材料四：历史最感人的遗书)意映卿卿如晤……吾自遇汝以来,常愿天下有情人终成眷属,然遍地腥云,满街狼犬,称心快意,几家能够……吾充吾爱汝之心,助天下人爱其所爱,所以敢先汝而死,不顾汝也……汝体吾此心,于啼泣之余,亦以天下人为念,当亦乐牺牲吾身与汝身之福利,为天下人谋永福也。(林觉民：《与妻书》)

(教师出示材料五)父亲大人,儿死矣,惟累大人吃苦,弟妹缺衣食耳,然大补于全国同胞也,大罪乞恕之！(林觉民：《与父书》)

师：众多的起义虽然失败了,但它使"满廷上下,震恐失措",打击了清政府,唤醒了人民,也唤来了更大的革命风暴。

黄花岗起义之后的6个月,革命党人的又一次起义终于埋藏了清王朝,这就是武昌起义。在武昌起义后短短50天时间内,湖南、陕西、江西、云南、贵

---
① 李芸华：《秋瑾传》,北京时代华文书局2016年版。

州、上海、浙江、江苏、广西、安徽、福建、广东、四川纷纷宣告独立。各省的独立,真是"忽如一夜春风来,千树万树梨花开",使得革命形势空前高涨。

各省虽然独立,但没有一个统一的机关来领导,显然不利于与清廷做斗争。于是,建立一个中央政权,成为革命阵营面临的首要任务。革命的种子,在无数烈士鲜血的浇灌下终于开花结果了。

【实录解析】

何为民主?如何民主?民主为谁?教师通过对三民主义的诠释,对"历史最感人的遗书"的释义,对林觉民等革命党人为之拼搏努力的心声的呐喊,理解以孙中山为首的革命党人舍弃小家顾全大家的革命者视死如归的英雄主义气概,他们用自己的身体力行"惊天动地写春秋",在学生的心灵留下强烈地震撼,在感怀、钦佩革命党人顽强的革命精神同时对今日之中国的崛起、强大更添一份使命感和责任感。

环节三:敢教日月换新天(辛亥革命功绩篇)

五、民主之践行——民国成立与《临时约法》

师:1912年1月1日,孙中山在南京就任中华民国临时大总统,中华民国宣告成立。中华民国成立时,决定以五色旗为国旗。五色旗的旗面为红、黄、蓝、白、黑五种颜色,分别代表汉、满、蒙、回、藏五个民族。象征所谓"五族共和"。临时政府还决定改用公历,以中华民国纪元,1912年为民国元年。

以下是孙中山就任时的大总统誓词。

(教师出示材料六)倾覆满洲专制政府,巩固中华民国,图谋民生幸福,此国民之公意,文实遵之,以忠于国,为众服务至专制政府既倒,国内无变乱,民国卓立于世界,为列邦公认斯时,文当解临时大总统之职,谨以此誓于国民。中华民国元年元旦孙文(《孙中山全集》)

师:从誓词看,中华民国与清王朝比,新在何处?

生:这是一个以国民利益为上的政府。

生:是民主的政府而不是专制的政府。

师:为了实现这一目的,1912年春,孙中山在南京颁布了由参议院制定的《中华民国临时约法》,这是辛亥革命的重要成果之一。

(教师出示材料七)

第一章"总纲",规定:"中华民国之主权属于国民全体";

第二章"人民",规定:"中华民国人民一律平等,无种族、阶级、宗教之区别";"人民有保有财产及营业之自由";人民得享有人身、居住、财产、言论、出版、集会、结社、通信、信仰等自由。

第三章"参议院",规定:"中华民国之立法权,以参议院行之";

第四章"临时大总统副总统",规定:"临时大总统代表临时政府,总揽政务,公布法律";

第五章"国务员",规定:"国务员辅佐临时大总统,负其责任""国务员于临时大总统提出法律案、公布法律及发布命令时,须副署之";

第六章"法院",规定:"法官独立审判,不受上级官厅之干涉。"

(《中华民国临时约法(节选)》)

师:请同学们阅读材料,分析《临时约法》与以往封建法律相比,其新在何处?

生:国家主权属于全体国民,而以前是由帝王将相作为国家主权的所有者。

生:人民是平等的,在人身上是自由的。而这之前的中国都是等级森严,有高低贵贱之分的。

生:政府机构的职责是明确而独立的,政府官员的权利是受到限制的。比之前皇权的独断专制要进步。

师:同学们分析得非常好。但是武昌起义后,清政府被迫起用被罢黜的袁世凯,以应对危局。袁世凯上台后,一面组织军队向南方革命力量发动进攻,一年又派人南下和谈。孙中山等革命党人表示,只要袁世凯真心赞同共和,待清帝退位后就推举他为大总统。

1912年2月12日,宣统帝下诏退位,结束了中国最后一个封建王朝的统治。3月,袁世凯在北京就任中华民国临时大总统。4月,孙中山正式解除临时大总统职务,临时政府迁往北京。

【实录解析】

2 000多年的封建专制统治业已推翻,但如何践行民主?怎样维护民主?留给当时国人和学生的又是一个困惑和难题。孙中山为了国之大业、为了民主实施,前有就任临时大总统的誓词为证,后有果断引咎退位的华丽转身,更有《临时约法》这一法律的保障,学生能感悟到革命者的伟大、高尚的人格魅力,更会体悟到依法治国的必要性和紧迫性。

环节四:月有圆缺古难全

六、民主之光芒——辛亥革命的功绩

师:至此辛亥革命已告一段落,狭义上的辛亥革命指1911年武昌起义,而广义上的辛亥革命指以孙中山为首革命党人为推翻清王朝、建立资产阶级共和国而进行的一系列努力。那么辛亥革命到底给我们带来了什么影响呢?我们又该如何去评价它呢?在评价历史事件或者历史人物的时候,我们首先要确立一个评价标准,否则就没法客观、公正的评价。那么辛亥革命是否完成了革命领导者预先为之规划和设计的任务呢?

生:部分完成了,因为辛亥革命推翻了帝制,可革命成果被袁世凯窃取了。

生:完成了,辛亥革命后民主共和的观念深入人心,又颁布了一系列移风易俗的法令,推翻了清朝200多年的统治。

师:首先,辛亥革命推翻了清王朝的统治,推翻君主专制。其次,革命后建立了中华民国,颁布《临时约法》,用法律的手段保护革命的成果。而实现民主共和是同盟会三民主义之民权主义的基本内容,辛亥革命完成了这一历史任务。第三,辛亥革命使得民主共和的观念深入人心,这也是它的成功之处。尽管有人说它是假共和,真专制,可毕竟民主共和取得了在中国的正统地位!而这一点正是中国近代从传统走向现代,从专制走向民主的必不可少的前提条件!

七、民主之瑕疵——袁世凯当任民国总统

师:正如同学们所说的,以孙中山为代表的民主革命派没有能够保持住政权,将革命的成果拱手相让给袁世凯!在袁世凯的统治下,中国在政治上仍是专制,只不过从君主专制变成了军阀专制,这也正是辛亥革命的失败之处。

当21世纪的我们,沉醉在纸醉金迷的繁华世界里时,昔日先烈们所追求的民主自由的精神或许已经沉睡在心底的一隅。前事不忘,后事之师。我们应当保留一份居安思危的警觉在心头,当年国父孙中山并没有停止他的革命之路,为了捍卫民主共和,后来又领导了多次革命运动直至他生命的最后一刻,先生临终前的革命遗嘱"革命尚未成功,同志仍须努力"仿佛在天地间响彻,时刻警醒着我们。江山代有才人出,各领风骚数百年。孙中山在临终前留下的遗言仍将激励我们不断努力前进。

【实录解析】

　　辛亥革命之民主光芒不仅在于它的伟大功绩,其瑕疵也不仅仅因为袁世凯窃取了革命的果实,而是辛亥革命开启了中国民主、共和的先声,学生通过南京临时政府成立后的一系列措施,感悟到除旧布新的开拓创新精神和高昂的民主精神。同时又联系现实,百年后的今天,以孙中山为代表的近代中国人民艰难探索与时俱进、热爱祖国的高尚品质激发起学生的爱国热情和培养学生的民族精神,辛亥革命的精神永存。

三、家国情怀素养落实的实践启示

(一) 落实家国情怀素养的教学应确立的原则

1. 以历史课堂教学为主渠道培育学生的家国情怀

　　强化育人功能,变"历史教学"为"历史教育"。当前的历史课堂中存在着只关注学科知识的教学,而忽视学科教学育人功能的落实。历史学科的价值不仅仅是传授历史知识,更在于教会学生"学会学习、学会生活、学会做人",因此,渗透家国情怀的教育,成为历史学科教学的重要使命。变"历史教学"为"历史教育"有利于彰显历史学科的育人价值,实现由关注知识传授向关注学科育人的转变。引导学生树立"天下兴亡,匹夫有责"的观念,情境教育就成为其有效手段和途径之一。历史课堂教学如果陷入空洞的说教,那么其教育效果肯定会大打折扣。如果我们设置有情、有境、有趣的历史情境开展师生互动教育方式,挖掘课堂的情感教育素材,让学生"神入"具体的历史情境中,架起与历史对话的桥梁,感受历史的脉搏,在情境中激活隐性教育价值,在"神入"历史过程中实施和渗透家国情怀的教育,培育学生的家国情怀。历史学科蕴藏着大量情感教育的素材,这些素材对于形成和发展学生的情感、态度与价值观发挥着重要作用。教师应深入挖掘历史事件、历史人物中闪现的有关家国情怀的情感教育素材,重新建构课堂内容,并通过合理的引导与激励,使学生真切体悟爱国主义情感,进而培育他们的家国情怀。

2. 以历史校本课程为途径培育学生的家国情怀

　　历史校本课程可以弥补国家课程的不足,也是培育学生家国情怀的重要途径之一。传统文化离我们并不遥远,那些最让我们感到要珍惜的中华传统文化往往就在身边。从学生身边的家乡文化开发课程资源,更容易在学生中产生情感"共鸣",从而提升传统文化教育的实效性,推进家国情怀教育。与之同时,我们要解决好课程评价的问题,应避免将家国情怀教育的评价狭隘地理解。评价时,教师要从学生的知识习得、能力探究、思维方法与品质等方面进行考察,注重对学生进行激励性评价和个性化评价。评价关注学生的个体发展,尤其是关注学生在学习中的变化。

3. 以历史类主题实践活动为方式培育学生的家国情怀

历史学科渗透家国情怀教育,要解决"怎样教"的问题,也就是采取什么样教学方式的问题。历史类主题实践活动有着丰富的形式和内容,其中以活动型、体验型、探究型三种最为普遍。以感悟家国情怀为主旨的新颖、灵活、生动、有趣的社会实践活动,可以弥补历史课堂教学的局限。教师指导学生开展主题实践活动时,应选好实践活动主题,内容贴近学生的生活和学习的规律。还应整合各类教育资源,力求活动形式新颖。例如,教师可以利用寒假组织开展以"乡愁"为主题的教育实践活动,鼓励学生通过"贴春联、看年戏、猜灯谜、唱民谣、吃年饭、拜大年"等活动,参与家乡的民俗体验,感悟家乡的年味,让更多的"年"文化得到传承。这类主题实践活动有利于拓展学生知识视野,培养学生创新精神和探究能力,提升他们的家国情怀。

4. 在教师人格涵养的潜移默化中培育学生的家国情怀

教师人格的教育功能具有内隐性,对学生的成长往往起着润物无声、潜移默化的作用。因此,教师的人格涵养,也是渗透家国情怀教育的重要土壤。历史教师要具有正确的"家国观",教师要认识到家是国的基础,国是家的延伸,个人、家庭与国家是相互依存的整体。基于此,教师应引导学生形成国家归属意识。一方面,教师要通过历史教育加深学生对国家历史、现状和未来的认识,激发他们的国家认同感和民族自豪感。另一方面,教师还应在教学中渗透爱国主义教育,激发学生的爱国情感和志向,增强他们实现"中国梦"的历史使命感和责任感。历史教师要增强教育的感染力,教师作为学生的"导师",应以自己精湛的教学来感动学生、以自己独特的人格魅力来感染学生。以历史人物教学为例,历史教师一定要避免概念化,要在生动逼真、淋漓尽致的历史形象中发掘人物的精神和性格,让历史人物"活"起来,给学生以浓厚兴趣,进而达到历史学科人文熏陶的教育功能。历史教师要提升自身的人格魅力,言传身教是家国情怀教育的最佳途径,要达到言传身教的目的,离不开教师自身的人格魅力。教师应具备责任感和担当精神,以自身的思想品质来感染学生,通过人格示范来体现家国情怀。

总而言之,我们在历史教育中重视家国情怀的培养,不仅能使学生领悟中华优秀传统文化历久弥新的魅力以及社会主义核心价值体系的价值,也可帮助学生正确看待社会问题与国家现状,激励学生努力学习,以史为鉴,承担建设家国的重任。

(二) 落实家国情怀素养的教学基本实施策略

"家国情怀"是中国优秀传统文化的基本内涵之一。所谓的"家国情怀",是主体对共同体的一种认同,并促使其发展的思想和理念。"家国情怀"内涵丰富,并随着时代发展而变化。帮助学生将个人放进家国天下框架中理解,正确处理"个人—家—国—天下"体系之间的关系,走出现代性迷茫构成的认同危机。

1. 要厘清家国观念的千年流变

人民版"夏、商、西周的政治制度"一课有这样一段表述:"在禹之前,政治权力的交接通常以禅让的方式实现。禹死后,禹的儿子启继承了禹的地位。政治权力由'传贤'演化为'传子','家天下'的制度由此开始,国家成为帝王的私产,王权在一姓中世袭,宗族关系从此成基本的政治关系"[①]。要理解中国古代的家国观念,就要对这段话中涉及的诸多概念推敲深究。何谓天下?在中国文化当中,天下具有双重内涵,既指理想的伦理秩序,又指对以中原为中心的世界空间的想象。列文森在《儒教中国及其现代命运》一书中指出:在古代中国,"早期的'国'是一个权力体,与此相比较,天下则是一个价值体"。作为价值体的天下,体现在人间秩序上,便是一套文明的价值以及相应的典章制度。顾炎武的《日知录》卷十三《正始》篇中有"亡国亡天下"之说:"易姓改号,谓之亡国。仁义充塞,而至于率兽食人,人将相食,谓之亡天下。"国,不过是王朝的权力秩序,但天下乃是放之四海而皆准的礼仪秩序,不仅适用于一朝一国,而且是永恒的、绝对的仁义价值与礼乐规范。天下之价值来自超越的天道,而从西周开始,天就被认为内在的具有德性的,而天道与人道相通,天意通过民意而表达,天下也就因此拥有了既超越又世俗的伦理价值。所以,在古代

[①] 《历史必修(第一册)》,人民教育出版社 2009 年版。

中国人的"家国天下"之中,天下是最高的理想。有此铺垫,学生才能理解董仲舒"君主受命于天、天人感应"之说以及"北宋五子"将儒家的忠、孝、节、义提升到"天理"的高度,形成一整套囊括天人关系的新儒学的理论基础,才能领悟顾炎武发出"亡天下"悲鸣的忧患根源。

天下的另一个含义是地理意义上对以中原为中心的世界空间的想象。这个空间意义上的天下,始于西周,完成于隋唐,形成了以中原九州为中心、向东亚乃至世界呈同心圆辐射的结构。邢义田先生指出:天下的同心圆结构与周代封建的亲亲、内外完全一致,亲亲之义在差等,由亲而疏,由内而外,可以无限放大。天下由诸夏和蛮夷组成,中国在中心,可以推广到每一个角落,王者无外,进而天下一家,世界大同①。这里的"蛮夷"在古代中国并非一种族性概念,乃是一种文明性分野。夷夏之间,所区别之处乃是与天下价值相联系的文明之有无。如果蛮夷臣服于中原的礼乐政教,那就会被接纳为天下中国之一员,乃至成为统治者和皇帝,历史上并非个案。正如许倬云先生指出:在中国文化之中,没有绝对的"他者",只有相对的"我者"②。天下有绝对的敌人,即那些没有或拒绝接受中华文明教化的夷狄,需要夷夏之辨。但作为具体的夷夏,却都是相对的,可以教化,化"他者"为"我者"。天下是普世的、绝对的,而夷夏却是相对的、历史性的。可见,天下所蕴含的空间,要比地理概念的中国大。

今天的中国,是一个有着明确主权、疆域和人口的民族国家,而古代中国虽称国家,却不是近代的民族国家,而是王朝国家。历史上的王朝经常更替,但始终存在一个超越了具体王朝的政治——文明共同体,其不仅具有制度典章的政治连续性,更具有宗教、语言、礼乐、风俗的文明一贯性。从地理概念而言,古代意义上的中国是指中央王朝直接或间接控制的地域,既包括直接治理的郡县,也包括那些间接统治的册封、羁縻、土司之地。在中国的疆域之外,那些朝贡藩属国,虽然不属于中国,却是天下的一部分,通过朝贡体系参与到以中国为核心的天下秩序之中。显然,古代中国人的世界,是一个以自我为中心的世界。一旦与自我无关,并不再关心,不再是天下的一部分。天下不等同于世界,只是以中原文明为中心的那部分世界。传统社会的现实世界和意义世界,是镶嵌在宇宙、自然、社会的系列框架之中的。在中世纪欧洲,这是一个由

---

① 邢义田著:《立体的历史》,生活·读书·新知三联书店2014年版。
② 许倬云著:《我者与他者:中国历史上的内外分际》,生活·读书·新知三联书店2010年版。

上帝所主宰的神意世界。在古代中国,乃是一个家国天下连续体。个人的行动和生活的意义,只有置于这样的框架之中才能得到理解并获得价值的正当性。

《孟子·离娄上》曰:"天下之本在国,国之本在家,家之本在身。"因此,家国与天下是肉身与灵魂的关系。天下代表至真、至美、至善的最高价值,等同于天命、天道、天理,这一价值要在世俗社会实现,必须通过宗法家族和王朝国家的制度肉身。由此可见,天下价值不远离人,就在人间的礼法秩序和日常生活之中。个人若要识得此理,必须经过"齐家治国"才能达到"平天下",因而家国成为从自我到天下不可缺少的中间环节,而与出世的佛教、向往天国的基督教不同,儒家的个人良知之实现,必须通过在家族与王朝的公共事务之中的道德实践,所谓良知中的"致",不仅是对天理的领悟,更是对天理的践行。

在家国天下连续体当中,国并非近代的民族国家。在西周,"国"指的是周天子赐给诸侯的封地,到春秋战国时代,"国"指的是群雄争霸的诸侯列国,到秦始皇一统天下之后,"国"乃是以皇权为核心的王朝。这一以君主为核心的王朝国家,只是家国天下连续体中的中间环节,于下受到宗法家族伦理的规范,于上有天下价值的制约。王朝若出现逆天暴政,按照孟子的激进思想,便可以遵循天命起而革命重建王朝。因此,在家国天下连续体中,国家只是个中介物或者桥梁,并不处于核心的位置。到了近代,近代中国的启蒙知识分子普遍认为古代中国只知家族、不知国家,缺乏近代意义上的民族国家意识。为了建立近代国家,首先必须"去家化",批判家族主义,将国家从宗法伦理中剥离出来使其获得独立性。经过新文化运动的冲击,国与家脱钩,政治的公领域与社会的私领域分化。到五四时代,家族普遍被视为专制主义之渊薮,要建立民主共和,就必须首先打倒宗法家族,因此儒家的三纲思想成为首当其冲的目标。然而,这仅仅是观念上的,在政治实践领域,家国一体的残余物依然强大,以德治国仍然是与"依法治国"并用的治国理念。

因此,"家、国、天下"概念的梳理本身就是对中国政治史、思想史的一次全面回顾与反思。历史概念是人们对历史事实的概括和总结,它包含着特定的含义。当我们指导学生运用概念解释历史时,首先应让学生通过对史实的归纳、比较、综合形成历史概念。"磨刀不误砍柴工",只有把握了概念内涵,学生分析、评价历史事物才不会陷入"口出狂言""言之偏颇""胡言乱语"的窘境。

2. 要批驳家国观念的误读滥用

人民版必修 3 教材对顾炎武的"亡天下"之说做了如下的解释:"亡天下"是指整个民族国家的沦亡。维护一个王朝的政权是统治者的事情,而保卫整个国家民族,天下所有人都有责任。这种以一个概念解释另一个概念的事情能否停止呢?"民族国家"的概念顾炎武具备吗?顾炎武是要唤醒"天下所有人"挽救国家、民族吗?他的本意真是如此吗?"家国天下"怎么一下子蜕变为"民族国家"?从本质上来说,教材的这种解释真的很突兀。对于思想史概念的解读和理解应该通过原典语境阅读和时代背景结合中而获得,历史教科书编撰时最好不要给出所谓的"标准解答",更不要出现明显的概念"误读"。

历史教科书切记不要也不应随意拔高历史事件的意义。人民版必修 1 教科书将"三元里抗英"内容列入"近代中国维护国家主权的斗争"单元,并认为"三元里抗英是中国近代史上中国人民第一次自发的大规模抵抗外国侵略的斗争,表现了中国人民不畏强暴、抵御外侮的爱国精神"[①]。值得探讨的是,这时的三元里农民是否已经具有了明确的维护国家主权的爱国意识?教科书其实告知了农民反抗的起因是"1841 年 5 月,占据广州四方炮台的英军到三元里抢掠,当地人民奋起反抗,打死数名英军"[②]。既然如此,这应该是一场"保卫家园的斗争而不是保卫祖国的斗争",三元里农民着眼的是地方利益而非国家整体利益,这才是"前近代"意识的真实反映。有教师从家国同构的视角认为,保乡即等于保国,只要三元里抗英有助于打击英军侵略,增强抵抗的决心,客观上就具有了爱国的性质。这样解释似乎很有道理,但这难道没有偷换概念之嫌?乡与国毕竟不是同一回事。如果英军没有侵犯当地民众的基本利益,农民们会自发起来和官府一起抵抗吗?如果学生接触到教科书没有披露的史实:"第一次鸦片战争期间广州发生三元里民众抗英斗争的同时,包括三元里在内,广州一带不少民众充当英国军队后援,或背送弹药,或刺探情报,或参与作战"[③]又会作何感想?事实上,古代的所谓国家,本质上是"朕(皇帝)"的私产,是所谓"普天之下莫非王土,率土之滨莫非王臣"的帝王之物。其兴衰存废、统一分裂、奉送割让,"干卿底事"?普通百姓见惯了"城头变幻大王旗"。

---

① 《历史必修(第一册)》,人民教育出版社 2009 年版。
② 《历史必修(第一册)》,人民教育出版社 2009 年版。
③ 《中国近代史资料丛刊——鸦片战争》,上海人民出版社 2000 年版。

管它王朝更迭,照样完粮纳税,照样过日子。现代民族意识必须建立在现代工业化和城市化发展基础之上。愈到近代,由于生产力大发展,人们与民族国家的关系愈显密切,民族国家对个人的影响作用也愈来愈强,但远离现代文明的农民不容易感觉到此种关系之重要因而表现麻木,历史运动过程本身的复杂性也决定了"家国情怀"教育不能泛泛而谈。"家国情怀"教育若不能尊重历史真实,尽可能全面展现历史内在的矛盾冲突,一味把所有反侵略历史题材进行高大上的"爱国主义宣传",这样的做法是违背唯物史观的,也不能真正触动当代学生的心弦。

同样,对于"新文化运动"一课的教学也要全面、辩证地看待对于传统伦理道德的批判。有教师为凸显旧道德的危害,出示如下史料:

儒者三纲之说,为一切道德政治之大原:君为臣纲,则民于君为附属品,而无独立自主之人格矣;父为子纲,则子于父为附属品,而无独立自主之人格矣;夫为妻纲,则妻于夫为附属品,而无独立自主之人格矣。率天下之男女,为臣,为子,为妻,而不见有一独立自主之人者,三纲之说为之也。(陈独秀:《一九一六年》,《青年杂志》1916年第1卷第5号)

并依据材料设问:陈独秀为何将"三纲之说"作为新文化运动批判的重点?批判"三纲之说"对于中国进步有何意义?

教师如此的教学设计,其实已经给学生留下印象即"三纲之说"是与中国进步相对立的,只有打倒"三纲之说",中国才能民主、自由和富强。殊不知,"三纲之说"蕴涵人伦秩序,人伦的解体才是造成近现代中国社会动荡不安、道德滑坡的重要原因。人伦是一个极其重要的命题,而人伦问题的重中之重,总是脱不开君臣、父子、夫妇这三对基本关系,对社会和政治架构的讨论,也离不开这三条最基本的线索。不了解家国之间的人伦关联,我们很难实现超越性的人类文明。中国古代先贤正是从人伦出发,建立了自然与文明之间"文质彬彬"的关系。

明朝郝敬在《论语详解》中曰:"孝生于爱,礼主于敬。爱而能敬,亲而能尊者,礼之至也,天尊而地亲,……天尊,故敬也。……禽兽知母不知父,故亲而不尊,爱而不敬。先王制礼,立人道,以敬为本,义为质,所以节其爱,而济其仁也。"由此可见,爱是自然之情,敬是有秩序的爱,礼是典章制度和道德规范。礼对人类社会的作用之一是使人区别于禽兽,但并不是使人区别和超越于自然,而只是以有序的自然之质,区别于无序而混乱的自然之质。

在中国思想中,人伦秩序是天地秩序的体现,也是家国秩序的基础。正如《周易·序卦传》所说:"有天地然后有万物,有万物然后有男女,有男女然后有夫妇,有夫妇然后有父子,有父子然后有君臣。"可见,人伦秩序与天地秩序是贯通的。

最高明的精神境界,并不是现实生活之外的另外一种生活,而要在人情的质地中,寻求人伦的纹理。缘情以制礼,是始终不能丢弃人情的本然状态的。但礼乐文明的内核,又是对质朴生活的一种提升与文饰。所以,要达到极高明之境,必本乎中庸之道。从心所欲不逾矩的圣贤,恰恰不是标新立异、素隐行怪之人,而是最能体会日常生活的伦理,比一般人还要正常的人。所以《孟子·离娄上》云:"圣人,人伦之至也。"在这样的一套思想体系之中,天、地、人之间不会出现那种无可化解的断裂,而人伦则是这个体系中极其根本的问题。1940年,正当抗日烽火连绵、民族危亡之际,学者贺麟在《五伦观念的新检讨》一文中指出:"我在这中国特有的最陈腐、最为后世所诟病的旧礼教核心三纲说中,发现了与西洋正宗的、高深的伦理思想和与西洋向前进展向外扩充的近代精神相符合的地方。"[①]"纲常名教"深刻地影响着华夏文明的价值选择、精神气质和基本走向,也规范了一代又一代的中国人之社会群体及个人行为模式和立身处世的根本准则。

新文化运动时期,鲁迅和吴虞合力将礼教定义为"吃人"。但鲁迅的《狂人日记》虽然言辞激烈,影响极大,传统礼教究竟为何是吃人的,他却并没有明确指出。吴虞写了《吃人与礼教》来诠释鲁迅的意思:"吃人的就是讲礼教的,讲礼教的就是吃人的呀!"[②]鲁迅的另一篇小说《祝福》更经常被当成反礼教的典范。但若细究的话,我们看不出祥林嫂的厄运与礼教竟有什么直接的因果关系。不准再嫁的礼教并没有害死祥林嫂,而是野狼把她逼到了窘境,大伯来收屋恰恰是违背传统礼教的做法,鲁四老爷的厌恶也并未对祥林嫂造成多么实质性的伤害,祥林嫂之死更像是命运的无奈。

无论怎样怀疑人伦的价值,大多数人伦批判者并没有成为彻底的不肖子孙。面对如火如荼的新文化运动,就连陈独秀也担心过于激进的言论会把人们日常的亲亲之情都否定掉。他说:"现在有一班青年却误解了这个意思,他

---

① 贺麟著:《文化与人生》,商务印书馆2015年版,第64页。
② 吴虞著:《吴虞文录》,黄山书社2008年版,第32页。

并没有将爱情扩充到社会上,他却打着新思想新家庭的旗帜,抛弃了他的慈爱的、可怜的老母。这种人岂不是误解了新文化的意思?"① 吴虞也在《说孝》中说:"我的意思,以为父子母子不必有尊卑的观念,却当有互相扶助的责任。"② 历史教学就是要呈现多方面的史料帮助学生全面理解、理性评价历史,因为我们比古人更有条件、更有时间和耐心去观察历史的变数。

3. 要重塑家国观念的核心价值

"家国情怀"素养的落实主要包括两大路径:一是基于学科本位的,运用家国天下概念分析历史问题,主要培养学生以"家国观念"为线索整合历史、辩证思维的能力。二是基于行为主义的,通过引导学生参与社会公益活动、组建学生社团和互助合作的学习团队,收集和整理族谱、家庭史、地方史资料等活动的参与度来检测学生家国情怀教育的落实状况。因为"家国情怀"教育就是要强调学生重视个人修身、重视亲情、心怀天下。当代中国社会的个人,有着非常清晰的个人权利意识,也学会了公开表达自己意愿和声张自己的权利。但普遍缺乏责任感,这与当代中国缺乏各种社会、宗教和文化的共同体有关。参与公共活动,重构社群,加强集体主义教育,有助于学生找到归属感,激发责任感和奉献精神。

在互联网+和全球化日益发展的今天,"家国情怀"教育还应超越传统的天下意识,补充新的内涵和元素。众所周知,2018 年 3 月 11 日,第十三届全国人民代表大会第一次会议通过《中华人民共和国宪法修正案》将第三十五条"发展同各国的外交关系和经济、文化的交流"修改为"发展同各国的外交关系和经济、文化交流,推动构建人类命运共同体"。构建"人类命运共同体"是中国应对全球性问题给出的中国方案,是对人类文明发展新形态的中国研判,是新时代中国参与全球治理的中国态度,也是对中国传统"天下主义"的继承、发展与创新。

中国的文明传统不是民族主义,而是天下主义。天下的价值是普世的、人类主义的,而不是特殊的、某个具体的民族或国家的。固然,古代中国人除了讲天下,还讲"夷夏之辨",然而,古代中国人夷夏之辨不是固态化的种族概念,而是一个相对的、可打通、可转化的文化概念。正如前文所述,夷夏之间的区

---

① 陈独秀:《新文化运动是什么》,选自《陈独秀散文集》,上海科学技术文献出版社 2013 年版,第 65 页。
② 吴虞著:《吴虞文录》,黄山书社 2008 年版,第 13 页。

别只是与天下价值相联系的文明之有无。文明是可以学习和模仿的,历史上曾出现诸多以夏变夷、同化蛮族的事例,同样也有以夷变夏、化胡为华的反向过程。这就是中华民族多元一体的格局,也是近代仁人志士向西方学习的文化心理基础。中华文明之所以历经五千年而经久不衰,就是得益于其开放和包容,不断将外来的文明化为自身的传统,以天下主义的普世胸怀,融会万邦之长。今天中国要重新成为一个对全球事务有重大影响的文明大国,就不能用"中国的特殊国情"来自我辩护,而应站在全人类的视野与世界展开对话。因此,落实"家国情怀"核心素养目标不是简单停留在民族国家建构层面视角上,也不是固守传统文化,而是要割舍传统天下主义以华夏为核心的同心圆等级性权力和文明秩序,加入民族国家主权平等的原则。不再有华夏与蛮夷之分,中国与周边及世界各国应不分国之大小、国之强弱,平等对待,和平共处,这其实早在新中国建立初期的外交政策中已经有所体现。所以,新时期的"家国情怀"教育在对待学生看待世界的外在关系上要"去中心化",对各种形式的"华夏中心论""欧洲中心论"进行突破与超越,要理性地认识各种文明与文化内在的有限性、独特性和交互性,既反对以西方文明的游戏规则为潜在准则,又反对做民族主义的"愤青",要在多元、多极化世界中以不同文明和文化的"重叠共识"为基础,共同构建"人类命运共同体",开创全人类携手和平发展的新路向。

在中国特色社会主义建设中,历史教育要以"家国情怀"核心素养培养为抓手,让我们的学生保持文化自信、拓展世界眼光、增强凝聚力,并积极投身建设幸福家庭与和谐社会的活动,从而超越自我,在新的家国天下秩序中重塑自我认同。